大学受験スーパーゼミ 徹底攻略・きっちりわかる

基礎
英文解釈の技術100

桑原信淑／杉野 隆 共著

音声オンライン提供版

桐原書店

はじめに

本書は，好評を博した『英文解釈の技術 100』の基礎編として書かれたものです。既刊の『英文解釈の技術 100』は先生方や受験生の皆さんから高い評価と多数の激励をいただきましたが，この本がなぜ好評を博したか，その特長をまず記しておきましょう。

英文解釈には単語力・熟語力が必要なことは否定できませんが，何といっても文構造の把握が不可欠です。文構造の把握とは，文法という「科学」を武器にして，英文の複雑な構造を解体・再構成して理解するということです。そのため，特に主語（S）述語動詞（V）を発見する技術にこだわり，その SV を中心に，節や句を押さえて，さらにその上に組み立てられる解釈のテクニックの数々を身に付けてしまおうというものでした。

『英文解釈の技術 100』では，問題文は骨のあるものを選びましたが，それはどんな複雑な文でも，ここで学ぶ技術を駆使すれば構造が解けますよ，ということを実際に体験していただきたかったからです。その結果，この本の反響は私たちの予想以上で，高い評価と多数の激励をいただいたのは前述の通りです。ただ，その中で「文法的な理解に自信のない人や文型把握のままならない人でも楽についていける基礎的なものを」という要望も少なからず寄せられました。

こうした声に応えるために書かれたのが，この『基礎英文解釈の技術 100』です。本書では，英文法に自信のない人でも学習しやすいように配慮しました。つまり，文法の基本を説明・確認しながら，それをすぐ解釈に適用するという手法を取っていますから，読み進むうちに解釈はもちろんのこと，文法もわかるようになります。また，前著に比べて，英文の基本的パターンについても詳しく解説しました。

英文を解剖する手順，そして図解を駆使した点は『英文解釈の技術 100』と同じです。従属節を［　　］に，句を（　　）にくくり，文の骨格を浮かび上がらせる方法をとりながら，それを土台にさまざまな技術指導を展開します。例題や演習の英文が独力で理解できない場合は，解説を読んでから再挑戦してください。自信の有無にかかわりなく，本書の 100 の技術をマスターすれば，皆さんの英語力は飛躍的に伸びているはずです。ご健闘を祈ります。

1994 年 7 月

著者

改訂に寄せて

刊行以来，幸いにも受験生のみなさんに信頼されてきた旧版の改訂版を，この度，世に送ることになりました。きっかけは，今年 10 月に本書の弟・妹版にあたる『入門英文解釈の技術 70』を刊行したことです。これにより，「英文解釈の技術」シリーズは三部作になりましたので，構成をそろえるだけでなく，文の構造説明の展開・略語・用語を統一するために全体を見直すのが，読者のみなさんに対する著者の責任と考えました。

また，旧版には英文の構造を理解するために適切な例題が網羅されていますので，今回の改訂では例題を積極的に差し替えることはせずに，この間読者の方々からいただいたご質問に答えるべく，解説の補足や統一などにつとめました。

さらに今回の改訂では，みなさんから強い要望があった例題英文の CD を付けることができました。解釈の勉強は最終的には全文暗記ができれば完璧ですから，CD を大いに活用し，音読やリスニングにも励まれることを期待します。

なお，本書『基礎英文解釈の技術 100　CD 付新装改訂版』は，『入門英文解釈の技術 70』をふまえワンランク上という位置付けになっています。そこで本書からお使いになる読者の方々のために，『入門英文解釈の技術 70』だけで取り上げた解釈上必要な基本知識・技術を「学習の基礎知識プラス」として巻頭にまとめました。参考にしていただければ幸いです。

本書は旧版にも増して，読者の皆さんの期待に応えうるものと確信しています。

2008 年 11 月

著者

時代やニーズの変化を受け，これまでCDで提供してきた音声をオンラインで提供することになりました。より便利に音声を活用して学習していただけますことを願っています。

2024 年 4 月

桐原書店

もくじ

■副詞的 so that の把握

■準動詞の SP 関係の把握

■ with 構文の把握

■名詞・名詞構文の把握

■仮定法の把握

■比較表現の把握

■複雑な修飾関係の把握

■否定構文の把握

■倒置構文の把握

■挿入構文の把握

■そのほかの重要表現

本書の構成と利用法

英文を解釈するためには，その英文の構造が複雑になればなるほど，構造を見抜く力が重要になります。本書では，入試基礎レベルの文法を復習しながら，入試英文を読み解くために重要な100のテクニックを集中的に学びます。本書を活用し，構文の判別の仕方，また訳し方のコツを身に付けることで，英文を速く，正確に読むことができるようになります。

■本書の効果的な利用法

本冊

例題

- **単語の品詞**を推定しながら，文の構造を考えましょう。
  ▼
- 文型，**修飾関係**のほか，and/but/or などの**等位接続詞が結合する表現**を見つけましょう。
  ▼
- **句や従属節の役割**も考えましょう。
  ▼
- 自分で和訳してみましょう。

解説

- 解説を読み，**ポイントとなる文法の要点**を確認しましょう。
  ▼
- 文法の知識をどのように構造把握や解釈に運用するのかに注意して読みましょう。

例題・語句

品詞や自動詞・他動詞の区別，表現などを載せています。**文構造の理解に役立てましょう。**

文の主要素をつかむ技術

18 〈否定語＋ as 節〉の訳し方

次の英文の下線部を訳しなさい

In Japan, argument is impolite. The Japanese way enables everyone in a discussion to avoid all conflict. A discussion need **never** become an argument, **as** it so often does in the West. Because the point being discussed is never "important," argument is unlikely.

(桜美林大)

解法 かなり，手ごわい英文が出てきましたね。特に下線部などは，素直に訳せない典型例です。しかし，どんな英文でもSとVを発見し，文の主要素をつかまえていけば，必ず道は開けます。まず，第1文からチャレンジしましょう。

(In Japan,) argument is impolite.
では 日本 / 論争するのは / である / 無作法(で)
M / S / Vi / C

ここは簡単ですね。では，第2文。

The Japanese way enables
日本流の やり方だと / ～が…できる
(無生物)S / Vt
副詞的に訳す

everyone (in a discussion) (to avoid all conflict).
誰も(が) / 中の 討論 / ように を避ける / あらゆる 衝突
O / M / C(不)(Vt) / (O)
Sとして訳す

主語が人間のような生き物でない場合，その主語を**無生物主語**と言います。この場合，**主語を副詞的に訳し**，**文中の目的語を主語として訳す**と，自然な文になります。ここは，〈S enable O to Ⓥ〉「SはOがⓋすることを可能にする」の構文ですが，「SのためにOはⓋすることができる」のように訳すわけです。

さて，下線部。**〈否定語＋様態の as 節〉**の訳し方です。**様態の as** を「～のように」とばかり覚えていませんか。そのまま訳すとわかりにくい日本語になってしまいます。

例題・語句 argument 名 論争／impolite 形 無礼で／discussion 名 討論／conflict 名 争い／be unlikely「起こりそうにない」

構文図解
図解を見て，自分の文構造の理解を**チェック**しましょう。

討論は 必要がある 決して～ない になる 論争
A discussion need **never** become an argument,
S (助) (否・副) Vi C

のようには (討論が) しょっ中 なる で 西洋
[**as** it so often does (in the West)].
(接) S (副) (副) V(代動) M

〈**否定語＋[as S V]**〉**の場合，as** を「～ように」とすると，「西洋では議論になる」のか「西洋では議論にならない」のかはっきりしません。ちょっとした工夫ですが，**「～とは違って」とか「～のようには」と訳すと，わかりやすい日本語になります。**

さらに，前課で登場した**代動詞**があります。この does は becomes an argument (Vi + C) の代わりに用いられていることに気づけば，文意がはっきり読み取れます。

～ので 要点が いる 討論されて
[Because the point being discussed
(接) S(名) (現分) (過分)

である 決して～ない 「重大」(では) 論争は 起こりそうにない
is never "important"], argument is unlikely.
Vi (否・副) C S Vi C(形)

because 節を [ ] に入れると，残る argument is unlikely が主節となります。

全文訳
全文訳を見ながら，**自分の和訳を添削**しましょう。

《全文訳》 日本では，論争することは相手に失礼だと思われている。日本流のやり方だと，討論中の誰もがすべての衝突を避けることができるのである。西洋ではしばしば見られるのとは違って，討論が論争になる必要はまったくない。話し合われている論点が「重大性」を持つことは決してないので，論争には発展しない。

演習問題
例題と同じ手順で取り組んでみましょう。

演習 18 次の英文の下線部を訳しなさい。

"That is easy to understand, Dad," said the daughter. "Anything that can be handled, even if softer than butter, is called solid. So water is not solid, for I can't take up a pinch of it in my fingers as I can with sand."

(成城大)

演習：語句
例題の語句と同様に利用しましょう。

演習：語句 handle Vt を手で扱う／ even if「たとえ～としても」／ solid 形 固体の／ take up Vt を拾い上げる／ a pinch of N「N の 1 つまみ」

苦手な人は，いきなり例題に取り組むのではなく，最初に解説を読んでから例題にチャレンジしてみましょう。和訳は英文の図解を見ながら書いてみると練習になります。とにかく読み通し，何度でも，できるまでねばり強く取り組んでみましょう。必ず努力は報われます。

復習トレーニング

- 文構造と意味が理解できたら，音声を聞いて，すらすら読めるまで音読しましょう。

▼

- 音声を再生し，英文を見ないで**音声についていく練習**をしましょう。最後は暗唱できるのが目標です。

▼

- 例題の英文はスロー・スピードとナチュラル・スピードの2回読みで収録されています。音声を聞いて意味を考えたり，ディクテーションの練習をして，英文を体にしみこませましょう。

音声は「復習トレーニング」(p.202) に対応しています。音声は下のQRコードから聞くことができます。

音声 ▶ 

復習トレーニング

p.2 ～ p.200 までの英文 100 題を，解釈のポイントを示す太字なしで掲載しています。学んだことを思い出しながら，もう一度自分で和訳してみましょう。

また，付属の音声では，各英文を英文ごとに 1 回目はスロー・スピードで，2 回目はナチュラル・スピードで読んでいます。1 回目は意味を考えながら，2 回目はその意味を確認しながら聞いてみましょう。

音声 ▶ 

TR 2 本文：p.2

❶ Words are not the only means of communication. Gestures also communicate. Some gestures are used in more than one culture. Others differ from culture to culture.

TR 3 本文：p.4

❷ In the development of civilization the use of tools grew and multiplied. Later the use of steam power revolutionized the whole industrial organization and transportation.

TR 4 本文：p.6

❸ Japan has a problem. Japanese girls don't want to marry Japanese farmers any more and by the end of the century over half the villages in Japan could be ghost towns.

TR 5 本文：p.8

❹ Tokyo produces more than 5 million tons of garbage per year — an average of about one kilogram per person per day — and getting rid of it all has become a major headache for the authorities. A large proportion of Tokyo's trash is waste paper.

TR 2 音声のトラック番号を示しています。

別冊

演習問題の解説，解答集です。構文図解，要点を押さえた解説を収録しています。例題と同じ手順で利用しましょう。

❾ 演習 9 (問題→本冊：p.19)

Reading aloud is an educational tool as well as instrument of culture. As an educational tool, reading aloud is an aid to greater accuracy and better understanding of the written word.

【全文訳】声に出して本を読んでやることは文化を伝える手段であるだけでなく教育の手段でもある。教育の手段として，声に出して本を読んでやることは書き言葉をより正確に伝えより良く理解するのに役立つ。

【解説】〈B **as well as** A〉「A だけでなく B も」の**相関表現**をマークする。文構造は以下の通り。

Reading(S) aloud(副) is(Vi) { an educational(形) tool(C) (as well as) an instrument(C) (of culture). }

第 2 文の **As** は「～として」の**前置詞**。文構造は**共通関係**(→ 39 課)に着目する。

Reading(S) (aloud) is(Vi) (an) aid(C) to(前) { (greater) accuracy(名) and (better) understanding(名) } (of (the) (written) word)(M).

❿ 演習 10 (問題→本冊：p.21)

When I speak of internationalization, I do not mean the changing of external life styles but the development of internal new attitudes. Our motivations must be in step with the conditions of the time.

【全文訳】国際化について話すとき，私は外面上の生活様式を変えることではなく内面的な新しい態度を育てることを意味して(話して)いる。私たちの動機付けは現代の状況に合っていなければならない。

【解説】第 1 文の主節中の〈**not A but B**〉「A ではなくて(むしろ)B」をマークする。

英文解釈の勉強はこうする！

教科書などの解釈の勉強法では，「英文を見ると未知の単語に眼がいって，すぐに辞書を引く」「本文全体に眼を通さずに，授業に臨む」「わからない単語の訳を本文と無関係に辞書から書き抜いて，本文を読み出す」「テキストに日本語を書き込む」などはおすすめできない勉強の仕方です。どんな英文でも，まずは自力で解読して，辞書は予習のまとめの段階で引くように努力すると力がつきます。以下に効果的な予習・復習の手順を挙げておきますので，参考にしてください。

▶予習・復習の手順

❶ まず，新しい課を2回ぐらい**通読**し，**大体の内容を把握**。これで速読力がつきます。そのとき，名詞・動詞・否定語をマークする。

❷ 次に1頁くらいずつ，**音読**を2～3回する（音声教材を利用すると効果的）。

❸ **段落ごとの大意**を大雑把に頭の中でまとめる。

❹ **各文の構造**をSV... を中心に**品詞**を考えながら**分析**する。**句や節のまとまり**を判断したり，**修飾関係**も考える。**従属節を**[　　]に，**句**（前置詞句 etc.）を（　　）でくくる。動詞を見たら**動詞の語形**（原形・現在形・過去形 etc.)を判断する。**代名詞**，特に it の用法や they の示す**中身をはっきりさせる**。「それ／それら」と訳してすませないこと。

❺ and/but/or に着目し，頻繁に使われる「**共通関係**」「**共通構文**」を意識して，**語・句・節どうしの関係**を立体的にとらえる。

❻ 意味を考えるときは，**節や句を単位に語順にそった理解**を心がける。それによって，英語の表現形式に慣れるのが容易になる。

❼ **未知の単語や熟語**も，最初は自力で文の流れ（文脈）から判読する。

❽ 辞書を使って未知の部分を確認する。発音，品詞，訳語，できれば例文も。

❾ ノート（A4 版が使い勝手が良い）左頁に英文（コピーを貼るのも良い）・文構造を書く。和訳は右頁に書いて授業中に添削する。自信のある人は手ごわい英文についてのみ実行すればよい。左頁下に単語・熟語・構文・例文・語法などを整理する。ノート右頁下半分ぐらいは授業用にあけておく。

❿ **復習として，全文暗記**を目指してひたすら音読。和訳を見て英語を書いてみる。

学習の基礎知識

私達人間は，自分の考え・思いを伝えるときに「文」という形式を使います。英語では，大文字で始まり，ピリオド（.）疑問符（?）感嘆符（!）で終わる１語あるいは２語以上の語の集まりを文と見なしますから，たった１語の“Help!”でも，“I will do my best and ..., but I will never give up.”という表現でも，同じ１つの文ということになります。

多くの文は主語と述語動詞（＝主語について述べる動詞），及びそのほかの要素（目的語・補語・修飾語）で構成されています。文を構成する語は品詞に分類され，さらには，意味を持つ「２語以上の集まり」の仕組みと働きによって句・節に分類されます。

1 品詞

語は意味と文中の働きにより，以下の８つの品詞に分けられますが，１つの語が１つの品詞に属するとは限りません。複数の品詞にまたがる語もあります。

1 名詞

人・事物の名を表します。①主語・目的語・補語・前置詞の目的語 になるだけでなく，②同格語などの働きもします。

例 Taro, idea, student, tea など。
▶a good **student** のように，名詞を中心にしている語の集まりを「名詞群」と呼ぶ。

例文 **Taro** is a **student**.
▶Taro が主語，student が補語。

2 代名詞

名詞の代わりをする語で，主語・目的語・補語・前置詞の目的語 になります。

例 I, my, me, mine, myself, it, everybody など。
▶所有格の代名詞は **my** book のように名詞を修飾する。

例文 Taro is **my** friend. **He** is very kind.

▶He は Taro の代わりの代名詞。my は「自分の」を意味する所有格。

3 動詞

主語の動作・状態を述べる語です。目的語を持つ他動詞と，目的語を持たない自動詞に分けられます。can，must などの助動詞も動詞に分類します。be 動詞は動詞・助動詞のいずれにもなります 。

例 buy, go, write, live, know など。

例文 I **have** a car. I **drive** a car.

▶have は主語 I の状態を，drive は動作を述べている。

4 形容詞

①**名詞・代名詞を修飾**して**性質・状態**を表します。また，②**補語**にもなります。**冠詞**（a/an，the）も名詞を修飾する形容詞です。

例 young, happy, nice, interesting など。

例文 I like **red** wine. It is **delicious**.

▶red は名詞 wine「ワイン」を修飾。delicious「おいしい」は動詞 is の補語。

5 副詞

場所・時・様態・程度・頻度などを表します。①**動詞・形容詞・ほかの副詞を修飾**したり，②**句・節・文を修飾**，また，③ only/even/just などは**名詞・代名詞を修飾**します。

例 here, today, slowly, very, always など。

例文 Tom runs **very** **fast**.

▶fast「速く」は動詞 runs を修飾。very は fast を修飾。

例文 **Clearly**, you are right.「明らかに（明らかなことに），君が正しい」

▶Clearly は you で始まる文を修飾。

6 前置詞

名詞・代名詞の前に置かれ，**〈前置詞＋(代)名詞〉という「固まり」**，すなわち**前置詞句**となります。前置詞句は形容詞句と副詞句とに分けられます。

例 at, in, on, of, from, to, with など。

例文 I live **in** Sendai.

▶〈in Sendai〉が動詞 live を修飾している。

7 接続詞

語・句・節・文をつなぐ and のような**等位接続詞**と，if のように節のみをつなぐ**従属接続詞**があります。

例 and, but, or, if, when, because, that など。

例文 Sayuri **and** I are good friends **and** she teaches me English.

▶最初の and は語と語をつなぎ，2つ目の and は下線部の節と節をつないでいる。

8 間投詞

喜怒哀楽や驚きなどの感情を表したり，注意を引くときに使われる語です。文の中（**間**）に**投**げ入れられる**詞**(ことば)です。感嘆符が付くことが多いのが特徴です。

例 oh, hi, well など。

例文 **Oh**, that's nice! Let me have a look at it.「わぁ，すてき。見せて」
Well, all right.「うん，いいよ」

2 句

2語以上の語が集まって1つの名詞・形容詞・副詞の働きをしますが，その中に**〈主語＋述語動詞〉を含まない語群**，それを「**句**」と呼びます。働きに応じて**名詞句・形容詞句・副詞句**の3つに分けられます。

1 名詞句

名詞と同じ働きをする句で，**主語・目的語・補語・前置詞の目的語**になります。不定詞と動名詞で始まる句 が名詞句の主なものですが，不定詞は前置詞の目的語になりません。

例文 I want **to eat something**.「私は何か食べたい」

▶不定詞が動詞 want の目的語。

例文 I am interested in **training dogs**.
「私は犬を訓練することに関心があります」

▶動名詞で始まる句が前置詞 in の目的語。

2 形容詞句

形容詞と同じ働きをする句で，**名詞・代名詞を修飾**したり，**補語**になります。不定詞・分詞で始まる句・前置詞句 が主な形容詞句です。

例文 The boy **running over there** is my son.
「向うを走っている男の子が私の息子です」

▶現在分詞で始まる句が名詞 boy を修飾。

3 副詞句

副詞と同じ働きをする句で，**動詞・形容詞・副詞・文を修飾**します。不定詞や分詞で始まる句・前置詞句 が主な副詞句です。

例文 I went to the barber **to have a haircut**.
「私は髪を切ってもらいに理髪店に行った」

▶不定詞が述語動詞 went を修飾。

例文 The students walked home, **singing merrily**.
「生徒達は楽しそうに歌いながら歩いて帰った」

▶現在分詞で始まる句が述語動詞 walked を修飾。

3 節

〈主語＋述語動詞（＋目的語・補語・修飾語）〉が文の一部になっているとき，この語群を**節**と呼びます。節には**等位節**と**従属節**があります。

1 等位節

等位接続詞 **and**，**but**，**or** などでつながれる節を**等位節**と言います。

例文 He came (①) and she went away (②).
「彼はやって来て，そして彼女は去っていった」

▶①の節と②の節は品詞の性格がなく，〈主語＋述語動詞〉という同じ形をして，対等の（＝位が等しい）関係にある。更に He came. And she went away.のように分離できる。

2 従属節

〈従属接続詞＋主語＋述語動詞（＋…）〉で**名詞・副詞の働き**をします。
従属節は関係詞・疑問詞で始まることもあります。関係詞で始まる節は名詞・形容詞の，疑問詞で始まる節は名詞の働きをします。

例文 She went away (①) **when he came** (②).
「彼がやってきたとき，彼女は去っていった」

▶②の節は「時を表す副詞」の働きをし，①の述語動詞 went を修飾している副詞節。①のように従属節を抱え込んでいる節を**主節**と言う。

本書の略号・記号一覧

S	主語	**代**	代名詞
V	動詞または述語動詞	**代動**	代動詞
C	補語	**S（形）**	形式主語
O	目的語	**S（真）**	真主語
O_1	間接目的語	**O（形）**	形式目的語
O_2	直接目的語	**O（真）**	真目的語
P	述語	**名**	名詞（群）
X	SV 以外の文の要素	**形**	形容詞（句）
M	修飾語句	**冠**	冠詞
V_i	自動詞（相当句動詞）	**副**	副詞（句）
V_t	他動詞（相当句動詞）	**動名**	動名詞
v	助動詞	**不**	不定詞
助	助動詞（相当語句）	**疑**	疑問詞
Ⓥ	動詞の原形	**否**	否定
Ving	動詞の原形＋-ing	**比**	比較級
群前	群前置詞	**前**	前置詞
N	名詞	**接**	従属接続詞
進	進行形	**等**	等位接続詞
受	受け身	**先**	先行詞
現完	現在完了	**関代**	関係代名詞
過完	過去完了	**関副**	関係副詞
現分	現在分詞	**仮過**	仮定法過去
過分	過去分詞	**仮過完**	仮定法過去完了

■準動詞に関しては，以下のように文型を（　）付きで示しています。

to read a good book
（V_t）（O）

『学習の基礎知識』プラス

このコーナーでは，本シリーズの入門編『入門英文解釈の技術 70』で取り上げた70項目のうち，本書で解説していない事項についてまとめました。どれも基本として押さえておくべきもの，また，解釈する上で実践的に役立つものばかりです。確認しておきましょう。

1 be 動詞の用法

be 動詞には動詞と助動詞の 2 つの使い方がある。

(1) 動詞としての be 動詞

- **be ＋修飾語(M)**((M は時・場所など)
  → be 動詞は「いる・ある・起こる・行われる」という意味を表す。
- **be ＋補語(C)**(C は名詞語句/節・形容詞語句)
  → be 動詞は「…である」という意味を表す。

(2) 助動詞としての be 動詞

- **〈be ＋現在分詞〉**→進行形
- **〈be ＋過去分詞〉**→受動態

2 名詞

名詞は**形容詞・副詞**に転用され，さらに**同格語**にもなる。

3 従属節の目印

(1) 従属接続詞の **that ・ if ・ whether** で始まる節は**名詞節**か**副詞節**。

① **that 節・ whether 節**は**主語(S)**になる。

② **if 節は S にならない**。文頭の if 節は通常は**副詞節**。

③ **省略される接続詞**は **that** のみ。

(2) **疑問詞節**は**名詞節**。

(3) **関係詞**（関代・関副）**で始まる節**は，**名詞節**か**形容詞節**。

that 節・ when 節・ where 節は，**名詞節・形容詞節・副詞節**になる。

4 副詞節中の省略

(1) **〈S ＋ be〉**は**省略**される場合がある。省略される S は主節の S とは限らない。

(2) if 節・(al)though 節では，**一般動詞も省略**される。

(3) as 節は**「とき・ので・ように」**が基本的意味。「とき」には「つれて」も含む。

(4) 様態の as 節「(…する)ように」では，以下の**省略**が行われる。

①主節と共通する語句(SV，C，現在分詞・過去分詞)　②〈S + be〉

(5) as 節は C になる。

5 関係詞節を含む文

関係詞節を含む文には 2 つのタイプがある。

(1) 並列タイプ：主節の後に関係詞節が続く。

I have a friend **[who** is a doctor**]**.
S　Vt

(2) 割り込みタイプ：主節の中に関係詞節が割り込む。

The person **[who** came here yesterday**]** is waiting for you.
S　Vi

6 〈前置詞＋関代〉の修飾先

〈前置詞＋関代〉は節内の S・V・O・C のいずれかを修飾する。

This is the house [(in which) I live].

この文では，(in which)が副詞句として動詞 live を修飾している。

7 〈名詞＋ that SV〉タイプの英文の見極め

〈名詞 + that SV〉の**タイプは 3** つある。

(1) that は関代で S・O・C か前置詞の O。

I am not the person　**[that** I was 10 years ago**]**.
(先)　(関代)C S Vi

(2) that は関副で S・O・C にも前置詞の O にもならない。先行詞は限られた少数の名詞か副詞。

Tokyo is the place **[that** I live **]**.
(先)　(関副) S Vi

(3) that は**接続詞**で，S・O・C にも前置詞の O にもならない。that 節は**同格節**。

I believe in the idea [**that** everyone is equal].
S Vt O →（接）

先行する名詞は関副の先行詞以外の名詞。先行の名詞と同格節は離れることがある。

The idea occurred to me that everyone is equal.
（名詞）（同格節）

8 〈名詞＋ SV〉

〈名詞＋ SV〉を見たら，that を入れて **that 節を設定**する。上記**5**のどちらのタイプかをチェックする。

9 〈It is ＋形容詞/過去分詞＋ that 節〉

以下の 2 つの条件がそろったときは形式主語構文と決める。

It is true [(that) he is kind.]

①It is の後が形容詞か過去分詞　②(that) SV が見えた

10 〈It is ＋名詞＋ that 節〉

〈It is ＋名詞＋ that 節〉には **4 つのタイプ**がある。

(1) It が前出の表現を受けていない場合

① 形式主語構文　② 強調構文

(2) It が前出の表現を受けている場合

③ that 節は関係詞節　④ that 節は同格節

(3) 〈It is, that 〉の強調構文と〈not ～ but ...〉の組み合わせは 4 種類。

① It is not A but B that VX.　② It is not A that VX(,) but B.

③ It is B that VX, not A.　④ It is B, not A, that VX.

11 不定詞(to Ⓥ)の役割

to Ⓥには**名詞的・形容詞的・副詞的の3つの用法**がある。文中で不定詞の用法を判別するときは，**名詞的→形容詞的→副詞的の順でチェック**すると効率的。

(1) **名詞的** to Ⓥ はS・O・Cになる。

(2) 名詞的でなければ**形容詞的**で，前の(代)名詞と意味上関係があることが多い。

(3) 形容詞的でなければ**副詞的**。修飾先は動詞・形容詞・副詞・文。

12 Ving の判別

文中で Ving を見たら，**名詞的→形容詞的→副詞的の順でチェック**し，用法を判別する。

(1) 名詞的 Ving はS・O・Cか前置詞のO。**Ving を削除して文や意味が成立しなければ動名詞**。

(2) 動名詞でなければ**現在分詞**。形容詞的であれば以下の2つの役割を持つ。

① 名詞を前・後から修飾　　② 補語(C)

(3) 形容詞的でなければ**副詞的で分詞構文**。

13 比較級

比較級の前に not があれば肯定文(>)の逆向きの不等号にイコールをプラスする(**≦**)。

• I have more than 10 books. (肯定文)
X ＞ 10:「10 冊を超える本」

• I don't have more than 10 books. (否定文)
X ≦ 10:「10 冊以下の本」

14 Neither/Nor VS

Neither/Nor VS では，単に「S もまた～ない」と訳すだけでなく，Neither/Nor が**否定する対象を具体的に把握**する。

15 英文解釈の手順

英文解釈の手順は，まず① **構造を判断してから意味へ**，次に② 構造上の可能性が複数あるときは**意味で決定**する。

1 文の骨格SVを時制でキャッチ!

次の英文を訳しなさい

Words are not the only means of communication. **Gestures** also **communicate**. Some **gestures are used** in more than one culture. **Others differ** from culture to culture.

（四天王寺国際仏教大）

解法 人間の体を支えているのは骨格です。骨格がなければ人間そのものが存在できません。これと同じように，英文にもそれを支える骨格があります。それが**主語(S)**と**述語動詞(V)**です。このSとVを見つけると，驚くほど楽に英文の仕組みが理解できます。

本書では，まず最初の2つの課でこの「SとVを発見する技術」を学ぶことにしましょう。

ところで，**S**になるのは「〜は」や「〜が」に当たる**(代)名詞の主格**で，**V**は「〜である」や「〜する」を表す**(助動詞+)動詞**だということは知っていますね。ここで注意しておきたいのは，**(助)動詞は常に「時」を示している**ということです。そして，文章は，多くは時制に支配されて続いていきます。ですから，どんなに複雑な英文でも，**前後の(助)動詞の時制(現在・過去・未来)に注目**して探せばVは容易に見つけることができます。

では，第1文からSとVを見ていきましょう。

言葉は(Words) ではない(are not) 唯一の(only) 手段(means) の 意思伝達(communication)

Words **are** not the only means (of communication).

S: Words / Vi(否): are not / (形): only → C: means ← M: (of communication)

これは簡単ですね。**S**は**Words**，**V**は**are**で時制は現在です。英文はSの次にVが，そしてほかの主要素(補語・目的語)が続くのでしたね。ここで〈前置詞+名詞〉や形容詞，冠詞を除くと，以下の部分が残ります。

Words are not means.「言語は手段ではない」

これが文の骨格です。名詞**means**は**補語(C)**ですよ。

例題:語句 means 名 手段／communication 名 意思の伝達／gesture 名 身振り／culture 名 文化／differ from A to A「Aによって異なる」

第 2 文は簡潔な表現です。これも V は communicate で現在形です。

身振り　もまた　意思を伝える
Gestures also **communicate**.
S　(副)　Vi

次に，第 3 文。**S** は **gestures** ですが，V はどうでしょうか。used という動詞がありますが，「時」を明確に示す動詞は，ほかに be 動詞の現在形 are があり，**V** は **are used** とセットになっていることがわかります。ここでの are は受動態を作る助動詞です (→ p.xviii **1** (2))。

(ものもある)　身振りには　用いられている　で　複数の文化
Some **gestures** **are used** (in more than one culture).
S　Vi(受)　M

〈be 動詞 + (他動詞の) 過去分詞〉，つまり受動態だったわけですね。ここでは現在形 are が「時」を示し，「用いられている」と訳します。

次の第 4 文は Others が S，現在形 differ が V です。

(ものもある)　異なる　文化によって
Others **differ** (from culture to culture).
S　Vi　M

〈Some ～ others ...〉は相関構文ですから，「複数の文化で用いられている身振りもあれば，また文化によって異なるものもある」となります。

このように，英文解釈では，S と V の発見が何よりも優先します。その際，**(助) 動詞の時制に注目**することが，V をキャッチする大原則です。例題は比較的簡単な英文でしたが，どんなに複雑な英文でもこの原則が通用することを忘れないでください。

《全文訳》 言葉は意思を伝える唯一の手段ではない。身振りもまた意思を伝えるのである。身振りには複数の文化で用いられているものもあれば，また文化によって異なるものもある。

(解説・解答→別冊：p.2)

演習 1　次の英文を訳しなさい。

Sally had lived abroad most of her life, but at last she came back to England to live. She had always loved trees and flowers, and now she aimed to buy a small house in the country with a garden.

(東海大)

演習：語句 abroad 副 外国に (へ) ／ at last 副 ついに／ aim to Ⓥ「Ⓥしようとする」

2 前置詞句は(　)に入れて意味を取れ

次の英文の下線部を訳しなさい

In the development of civilization the use **of tools** grew and multiplied. Later the use **of steam power** revolutionized the whole industrial organization and transportation.

（東京経済大）

解法 前課ではSとV，特に時制に注目してVを発見するコツを学びました。この課では，もう1つの「SとVを発見する技術」を学習します。例題を見てください。inやofなど前置詞が目について，ちょっと複雑な英文に見えますね。

前置詞とは「(名詞の)**前**(に)**置**(く)**詞**(ことば)」という意味ですが，これと(代)名詞が一緒になると「**前置詞句**」としてまとまり，**形容詞や副詞の働きをする**のです。つまり，**修飾語句**(M)の役割を果たすわけですが，実は，この〈前置詞＋名詞〉という形の**前置詞句が文を複雑に見せている**のです。

前置詞句は修飾語句ですから，文の骨格ではありません。SとVを取り巻く言葉と言ったほうがわかりやすいかもしれません。ですから，この**前置詞句を(　)に入れて消し去ると，文の骨格(SV ...)がはっきり見えてくる**のです。さっそく，第1文で試してみましょう。

につれて　発達(する)　が　文明
(In the development) (of civilization)
M　M

使用することが　を　道具　増え　て　多くなった
the use (of tools) **grew** and **multiplied**.
S　M　Vi①　(等)　Vi②

〈前置詞＋名詞〉を(　)に入れて，それ以外のところだけを取り出してみましょう。

the use { grew
and { multiplied

例題：語句 development 名 発達／civilization 名 文明／multiply Vi 増える／steam power 名「蒸気の力」／revolutionize Vt を根本的に変える／transportation 名 輸送機関

どうです，SV が容易に発見できたでしょう。「使用することが増えて多くなった」という文意が簡単に取れましたね。

続いて第 2 文。同じように前置詞句以外の部分を整理すると，以下のように文の骨格が見えてきます。

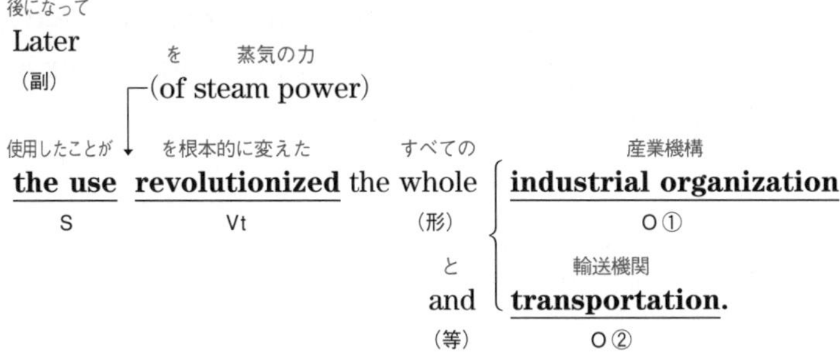

この文は **SVO の第 3 文型**であることがすぐわかりますね。この場合は，人間以外の語 (the use) が主語の **「無生物主語構文」** ですから，「使用が～を根本的に変えた」→「使用するようになると，～が根本的に変わった」のように，訳に工夫をしましょう (→ 18課)。

なお，〈**前置詞＋(代) 名詞**〉において，**(代) 名詞を「前置詞の目的語」** と言います。他動詞に目的語 (O) があるように前置詞にも O があるわけです。of steam power では「steam power は of の目的語である」という言い方をしましょう。

> **《全文訳》** 文明が発達するにつれて，道具を使用することが増えて多くなった。後になって，蒸気の力を使用するようになると，すべての産業機構及び輸送機関が根本的に変わったのである。

(解説・解答→別冊：p.2)

演習 2 次の英文の下線部を訳しなさい。

The motive for the voyages of Christopher Columbus in 1492 and of John Cabot in 1497 was to find a shorter route. However, their journeys across the Atlantic Ocean brought the Europeans knowledge of the American continents, not spices. Their discoveries affected the history of the world.

(大阪工業大)

演習:語句 motive 名 動機／ voyage 名 航海／ route 名 航路／ Atlantic Ocean 名 大西洋／ affect Vt に影響する

3 動詞を見たら自・他の区別をつける

次の英文の下線部を訳しなさい

Japan has a problem. Japanese girls don't **want** to **marry** Japanese farmers any more and by the end of the century over half the villages in Japan could be ghost towns.

（駒沢短大）

解法 前課まで学習して，文の骨格であるＳとＶを発見することがいかに大切かがわかったと思います。しかし，これだけでは何かが不足していませんか。第１文を見てみましょう。

Japan has a problem.

この文のＳとＶはすぐわかります。**S** は **Japan**，**V** は **has** ですね。「日本は持っている」ですが，Japan has，Japan has と何回読んでも，「何（を），誰（を）」がなければ意味は不明です。この has という**「動作・行為」**の**「対象（＝目的物）」**である a problem（１つの問題）を**目的語**（O）と言い，「～を…する」の「～」に当たります。この文の has のように**目的語がないと意味をなさない動詞**を**他動詞（Vt）**と言います。それに対して，**目的語を必要としない動詞**を**自動詞（Vi）**と言います。

S・V・O・C の４つを**文の主要素**と言い，次の課で述べる C（補語）とともに O（目的語）は文の意味を完成させる骨格の一部です。前置詞句のような修飾語句は（　　）でくくれたとしても，文の主要素である目的語はそうはいきません。ですから，**V を発見したら，その V が O を必要とするか否かを考えることが**，英文を読み解く上で非常に大切になってきます。

第２文で考えてみましょう。want という動詞があります。「～をほしい，望む」という意味で，「何（を）」という **O が必要**ですから，want は**他動詞**と判定できますね。目的語になるのは名詞や代名詞だけではなく，（代）名詞に相当する語（句）や節もなりますが，この文では〈to ＋動詞の原形（to marry）〉が want の目的語になっています。

例題：語句 problem 名 問題／marry Vt と結婚する／by the end of ～「～の末までには」／ghost town 名 ゴーストタウン（災害などで住民がいなくなった町）

日本の　娘たちは　～ない　を望ま　こと　と結婚する
Japanese girls don't **want** (to **marry**
S　Vt　O(不)(Vt)

日本の　農夫　少しも　もっと
Japanese farmers) any more ...
(O)　(副)　(副)(比)

marry はどうでしょう。marry は自動詞にもなりますが，ここでは farmers を目的語とする他動詞として使われています。「動作」や「心の動き」を示す動詞が，**前置詞を伴わずに名詞を従えている場合は他動詞**なのです。では and 以下に移りましょう。例によって〈前置詞＋名詞〉を除いてみると，以下のような文の骨格が姿を現します。

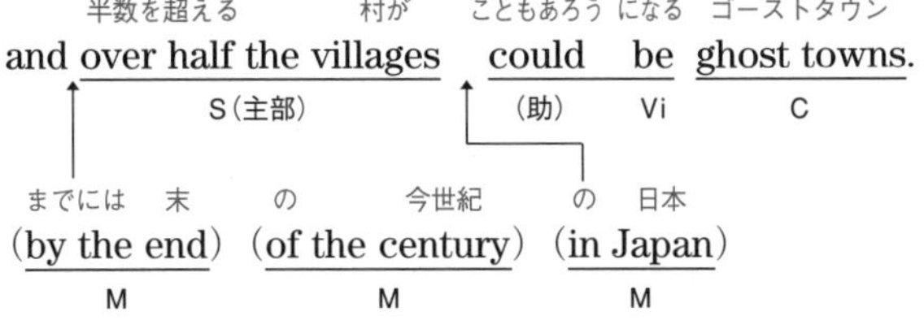

ghost towns は the villages という S が「何（である）か」を表している C で，O ではありません。**be「～である，～になる」は Vi** で，ここでは towns という名詞と結合しています。助動詞 can の過去形 **could** は過去のことに関して使われているのではなく，ここでは未来のことについての**控え目な推量**を示しています。したがって，「～(の可能性がある) だろう」という訳が適切です。

このように，同じ動詞でも**動詞を見たら目的語があるかないか，必要か否かを判断**して，文の骨格をつかむことが大切です。

《全文訳》 日本は１つの問題を抱えている。日本の娘たちはもはや日本の農夫とは結婚したがらないので，世紀末までには，半数を超える日本の村がゴーストタウンになるかもしれない。

(解説・解答→別冊：p.3)

演習 3　次の英文を訳しなさい。

According to official statistics, 600,000 Japanese visited Britain last year. At that rate, Britain will be welcoming a million Japanese tourists, by 1993.

(専修大)

演習:語句 according to N「N によれば」／ official 形 公式の／ statistics 名 統計／ at that rate 副 その調子だと

4 be 動詞の後の名詞・形容詞は補語

次の英文の下線部を訳しなさい

Tokyo produces more than 5 million tons of garbage per year — an average of about one kilogram per person per day — and <u>getting rid of it all **has become** a major **headache** for the authorities.</u> A large proportion of Tokyo's trash **is waste paper**.

（桃山学院大）

解法 前置詞句は（　）に入れ，時制にも注目してSとVの発見を心がけましょう。Vは順に **produces**，**has become**，そして **is** です。現在完了も現在を含んでいる現在時制の一種であることに注意（→ 19課）。

さらに，前課で学んだように，Vに自動詞，他動詞の区別をつけて文型を判別すると，ほぼ文の骨格が浮かび上がってくるはずです。まず，第1文の挿入部分の前までを見てみましょう。

東京は　排出している　を超える　500万トン　から成る　ごみ
Tokyo produces more than 5 million tons (of garbage)
S　Vt　O

につき　1年
(per year) ——
M

produces は他動詞です。つまり，Tokyo produces tons. で SVO となり，これが文の骨格です。of は「材料や構成要素」を表すので，of garbage は本来「ごみから成る」という修飾語句なのですが，日本語らしさを考慮して，「500万トンを超えるごみ」とします。そしてダッシュではさまれた挿入部分。これは「500万トンを超えるごみ」についての説明です。

次に and 以下，ここからがこの課のテーマです。

V は has become，S は V の前にありますから getting rid of it all で，その中心的な語は動名詞 getting です（→ 65課）。

例題：語句 garbage 名 ごみ／get rid of Vt を取り除く／authorities 名 当局／a large proportion 名 大部分／trash 名 ごみ

そして　を処理することが　その　すべて　となっている

and getting rid of it all **has become**

S(動名)(Vt)　(O)(同格語)　Vi(現完)

主たる　頭痛の種　にとっての　当局

a major **headache** (for the authorities).

C　M

ところで，**become**「～になる」は **seem**「～らしい」と同様，**be 動詞の仲間の代表で自動詞**です。自動詞として働く **be 動詞は，名詞と結合して主語が「何」であるか，形容詞と結合して主語が「どんな状態」か**を示します。つまり，**be 動詞に続く名詞・形容詞**は「意味を補い，文を完全にする語」で，**補語（C）**と呼ばれます。has become の C は名詞 headache ですね。「（ごみのすべて）を処理すること」が「頭痛の種」と言っているのです。be 動詞以外の動詞も後に形容詞が続いたら，その形容詞は C です。

さて，第 2 文です。これも be 動詞の is に注目してください。

大部分は　の　東京の　ごみ　である　紙くず

A large proportion (of Tokyo's trash) **is** **waste paper**.

S　Vi　C

is の後の名詞群 waste paper が C だとすぐキャッチできましたね。また，become のように Vi にも Vt にもなる動詞なら，次の例のように，**SVN の V を be と交換して意味が成立する場合，N は C** になります。

That sounds a good idea.《英》→ That is a good idea.（a good idea ＝ C）

なお，That sounds a good idea. は，米語では That sounds like a good idea. となります。

《全文訳》 東京は年間，500万トンを超える――1人1日平均約1キログラム――ごみを排出している。そして，その〔ごみの〕すべてを処理することが，当局にとって主たる頭痛の種となっているのである。東京のごみの大半は紙くずである。

（解説・解答→別冊：p.3）

演習 4　次の英文の下線部を訳しなさい。

A human language is a signalling system. As its materials, it uses vocal sounds. It is important to remember that basically a language is something which is spoken : the written language is secondary and derivative.

（文京女子短大）

演習：語句 signal Vi 合図をする／system 名 体系／materials 名 道具／vocal 形 声の／basically 副 本質的に／secondary 形 二次的な／derivative 形 派生的な

5 for/as の後ろの SV が決め手

次の英文の下線部を訳しなさい

The significance of malaria in colonial history can scarcely be overrated, **for** it was a major hurdle in the development of the American colonies. To the newly arrived settlers or "fresh Europeans," it frequently proved fatal.

（上智短大）

文の骨格をつかむには，〈前置詞＋名詞〉を（　　）でくくるのでしたね。まず，第1文のカンマまで見てみましょう。

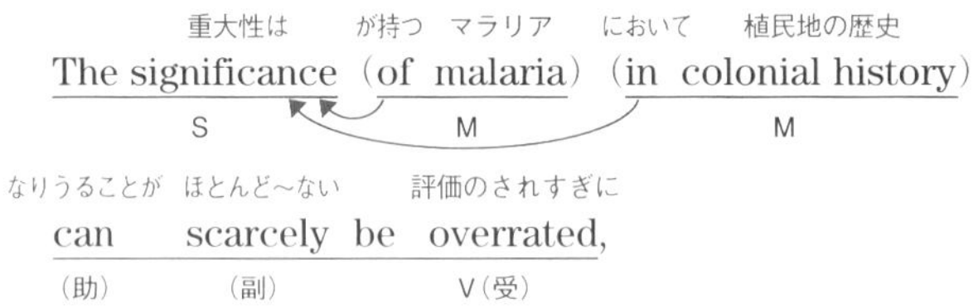

The significance can scarcely be overrated という SV の文型が鮮やかに浮き上がってきましたね。**be overrated** は**受動態**ですから，助動詞 can と**セットで V** と考えるのでしたね。scarcely は弱い否定ですから「～が評価のされすぎになることはほとんどない→～についてはいくら評価しても評価し足りないほどだ」となります。

さて，その次，1つ目のカンマの後の **for** がこの課のテーマです。for を「～のために」という前置詞と考えて，for it を（　　）でくくってしまった人はいませんか。こうすると was の主語がなくなります。was の主語は it で，〈for＋SV〉と続きますから，**この for は前置詞ではなく，「というのは～だから」という意味の等位接続詞**なのです。

というのは　マラリアは　であった(からだ)　主たる　障害
for it was a major hurdle
(等)　S　Vi　C

の際　発達　の　米国植民地
(in the development) (of the American colonies).
M　M

例題：語句 significance 名 重大さ／colonial 形 植民地の／overrate Vt を過大評価する／settler 名（初期の）開拓者／frequently 副 たびたび／fatal 形 命取りの

be 動詞と結合する名詞は補語ですから，「hurdle は補語」と言えます。for の後はSVC の文型になっていたわけですね。

このように，for の後に SV が続くかどうかで意味がまるで違ってしまいます。for のほかに**前置詞と接続詞に併用**される語には，**as**，**after**，**before** などがあります。これらの品詞の決定は，以下のように判断します。

〈for/as ＋名詞〉なら前置詞　　〈for/as ＋ SV〉なら接続詞

つまり，どのような場合でも，**V があるか否かが**，その語の品詞，役割を決定します。英文を解釈するとき，すぐに知っている訳語を当てはめてしまう人がいますが，どんなときでも，訳す前に**品詞と文中の役割を考える**ことを忘れないでください。

なお，**等位接続詞 for** は口語ではあまり使われません。**補足説明**で使うので，従属接続詞 because のように「～なので」と後ろから訳し上げないで，**前から「というのは～だからだ」**と訳すようにしましょう。

さて，最後の文。前置詞句を（　　）に入れて整理すると，以下のように文の骨格が残ります。proved に続く fatal は形容詞ですから，補語（C）だと確認できますね。

マラリアは	しばしば	になった	命取り
it	frequently	proved	fatal.
S	（副）	Vi	C

《**全文訳**》 植民地の歴史において，マラリアがもつ事の重大性についてはいくら評価しても評価し足りないほどだ。というのは，マラリアは米国植民地の発達の際に主たる障害であったからである。着いたばかりの開拓者，すなわち「新参のヨーロッパ人」にとって，それは命取りになることもたびたびあった。

（解説・解答→別冊：p.4）

演習 5　次の英文の下線部を訳しなさい。

European sailors were afraid to sail straight westward into this vast unknown. That way to Asia seemed too many miles. For you had to be able to go there *and back*.

（千葉大）

演習：語句 westward 副 西へ／ unknown 形 [the ～] 未知の世界／ miles 名 かなりの距離

6 OとCにあるSP関係

次の英文の下線部を訳しなさい

A temple like that of Olympia was surrounded by statues of victorious athletes dedicated to the gods. To us this may seem a strange custom for, however popular our champions may be, we do not **expect them to have** their **portraits made** and **presented** to a church in thanksgiving for a victory achieved in the latest match.

（東京都立大）

SVCの文型を作っている補語（C）は，文の主語を説明する役割をしますから，特に**「主格補語」**と言うことがあります。これに対して，

SV + OX.　O is X.

のように，〈SVOX〉の型の文からOXを抜き出して，Oを主格に変えて，**〈O is X〉が文として成立するとき**（Xが不定詞なら時制を持たせて文が成立するとき），Xを「Oに対するC = **目的格補語**」と呼びます。このように，**OとCの間に意味上S（主語）とP（述語）の関係があることを念頭におき，**解釈するのが，この課で学ぶ技術です。

第1文は，まずA temple was surrounded.「1つの寺院が囲まれていた」が骨格になりますね。thatはthe templeの繰り返しを避けた代名詞，dedicatedはstatuesを修飾する過去分詞です（→66課）。

第2文の**for**は，カンマにはさまれた譲歩を示すhowever ~ beを［　］でくくると，for we do not expectとforの後にSVが続きますから，forは**接続詞**です（→5課）。thisは第1文の内容を受けているのがわかりますね。

(To us) this may seem a strange custom (,)

（To「にとっては」 us「私たち」）　this「このことは」= S　may「かもしれない」 seem「に見える」= Vi　a strange「奇妙な」 custom「慣習」= C

例題：語句　statue 名 像／victorious 形 勝利を得た／athlete 名 競技者／dedicate Vt を捧げる／in thanksgiving for N「Nに感謝して」／achieve Vt を達成する／achieved 過分 達成された（→66課）／latest 形 最近の

というのは　どんなに～でも　人気がある　現代の　優勝者が　である
for, [however popular our champions may be],
(等)　(副)譲歩　C　S　Vi

ない　を期待し　彼らが　～を…してもらうの　肖像画
we do not **expect them** (**to have** their **portraits**
S　Vt(否)　O　C→(不)(Vt)　(O)

作っ(て)　献じ(て)　に　教会
made and **presented** (to a church) ～).
(C①)　(C②)　M

ここでのポイントは，expect の O である **them と to have の間に S と P の関係**が，また have の O である **portraits と過去分詞 made と presented の間**にもやはり **S と P の関係**があることを見抜くことです。わかりやすくするために不定詞を現在時制にして説明すると，以下のようになります。

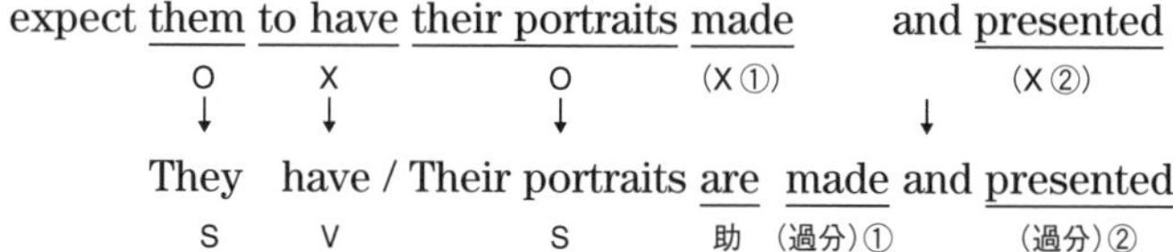

このように O を中心に意味を考えたときに，**O と意味上の S と P の関係を持つ語・句・節 (X) を O に対する C と考えてよい**のです。なお，〈have ＋ O ＋過去分詞〉は「O を～させる［してもらう］」という意味の重要構文です。

《全文訳》 オリンピアの（寺院の）ような寺院は神々に捧げられた勝利を得た競技者の像に囲まれていた。私たちにとってこのことは奇妙な慣習に思えるかもしれない。というのは，現代の優勝者がどんなに人気があったとしても，私たちは彼らがごく最近の試合で勝利を達成したことに感謝して肖像画を作ってもらい，教会に献じてもらうのを期待したりしないからである。

（解説・解答→別冊：p.4）

演習 6　次の英文を訳しなさい。

In two thousand years all our generals and politicians may be forgotten, but Einstein and Madame Curie and Bernard Shaw and Stravinsky will keep the memory of our age alive.　（東北大）

演習：語句　general 名 将軍／politician 名 政治家／Einstein アインシュタイン（理論物理学者）／Madame Curie キュリー夫人（物理学者・化学者）／alive 形 生きて／Bernard Shaw バーナード・ショー（劇作家・批評家）

7 〈V it C to Ⓥ〉のとらえ方

次の英文を訳しなさい

Older people usually **find it more difficult to acquire** the new skills required by technological changes, and they do not enjoy the same educational opportunities as young workers.

（センター試験）

解法 前の課ではSVOCの文型では，OとCの間に，意味上のSとPの関係があることを学びましたね。実は，この文型では，Oの部分にちょっとした小道具が使われることがあります。この小道具の使われ方を知らないと，英文を解釈する上で大変困ることになります。例題の英文で見てみましょう。

まず，カンマの前の英文，特に **it** に注目してください。find it more difficult となっていますね。この部分は，副詞の more をはずして，it と difficult を be 動詞で結ぶと，It is difficult. となり英文が成立しますから，前課で学んだように **it と difficult の間には，意味上SとPの関係が**あります。つまり，find it difficult は **VOC** の文型になっているわけです。無理に訳すと「それが難しいとわかる」となりますが，**この it 自体は何ら具体性を持たず，O の役割をしている**にすぎません。後ろに目をやると **to acquire** ～とありますが，実は，これが **it の中身**なのです。

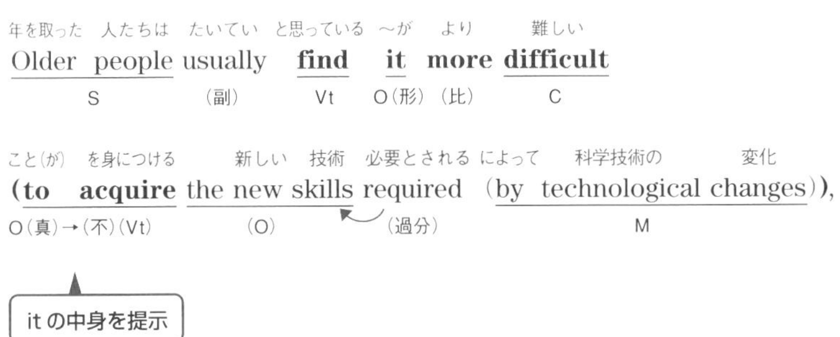

このように，**具体的内容（to Ⓥ以下）の代わりに用いられている it を形式目的語**（または仮目的語）と呼び，to Ⓥ以下を真目的語と言います。冒頭で説明した小道具とは

例題：語句 acquire Vt（知識など）を得る／ require Vt を要求する／ technological change 名 科学技術の変化／ educational opportunity 名 教育を受ける機会

この形式目的語のことです。訳し方は，it の部分に to Ⓥ以下を当てはめるだけです。

find it more difficult to acquire ～
V O C (O)

more difficult とありますが，比較の相手は young workers と考えられます。required はすぐ後に by ～が続きますから過去分詞で，直前の名詞 skills を修飾しています（→ 66 課）。

では，カンマ以下の文に移りましょう。

and（そして） they（年長者たちは） do not enjoy（を喜んで受け入れはしない）
S Vt(否)

the same（同じ） educational（技術指導の） opportunities（機会） (as（と） young（若い） workers（労働者たち）).
O

〈the same ～ as … 〉「…と同じ～」の相関構文がわかれば，どういうことはない文ですね。

なお，find 以外にも形式目的語を取る動詞として **think**，**feel**，**make** などがあります。**〈V it C to Ⓥ〉構文**として，まとめて覚えておきましょう。

《全文訳》 年を取った人たちはたいてい，科学技術の変化によって必要とされる新しい技術を身につけることがより難しいと思っており，若い労働者たちと同じ技術指導の機会を進んで利用しようとはしないのである。

（解説・解答→別冊：p.5）

演習 7 次の英文の下線部を訳しなさい。

Even advanced nations of Western background, if they happen to be small, frequently find it necessary to utilize foreign languages for many purposes. A Danish scholar, for instance, will find it more sensible to publish in English for a world audience than in Danish for a limited number of fellow Danes.

（神奈川大）

演習：語句 happen to Ⓥ「たまたまⓋする」／ frequently 副 しばしば／ utilize Vt を使用する／ for instance 副 たとえば／ sensible 形 賢明な／ Dane 名 デンマーク人

8 〈not ~ but ...〉を見落とすな！

次の英文の下線部を訳しなさい

Much has been spoken and written about the past experiences of war and we all know the effects of war too well, yet in the name of peace the stockpiling of armaments is going on, and we are told that safety lies **not** in disarming **but** in rearming.

（神奈川大）

解法 この大変長い1文の骨格はどんなふうになっているのか，さっそく前置詞句を（　）に入れ，時制に注目しながらSVを確定していきましょう。まずは，冒頭から。

多くのことが　てきている　語られ　また　書かれ
Much　has been spoken and written
S　V（現完）（受）

について　過去の　経験　の　戦争
（about the past experiences）（of war）
M　M

私たちは　皆　を知っている　結果　の　戦争　あまりによく
and　we　all　know　the effects（of war）too well,
（等）　S　（同格語）　Vt　O　M　（副）（副）

2つ目の and を境に，Much has been spoken and written と we all know the effects という2つの骨格が見つかりました。現在（完了）時制ですから，この後，V は現在（完了）形に注目してキャッチします。

次は yet からカンマまで。これも簡単です。前置詞句を（　）に入れて整理すると，次の骨格が残りますね。

備蓄が　行われている
the stockpiling is going on.
S　Vi（進）

さて，下線部，この課のポイントです。特に not in disarming but in rearming の部分です。この等位接続詞 but は形の似た in disarming と in rearming を結んでいま

例題：語句 effect 名 結果／the stockpiling of armaments「武器の備蓄」／lie in N「N にある」／disarm Vi 軍備を縮小する／rearm Vi 再軍備をする

す。このbutは，notとセットで〈**not A but B**〉「**AではなくB**」の構文を作るもので，**rather「むしろ」**という意味です。そして，**AとBは意味につながりがなかったり，対立的な関係にあったりします。**

私たちは　と聞かされる　安全は　ある　ではなく　に　軍備縮小すること

and we are told [that safety lies **not** {(in disarming)

(等)　S　V(受)　O→(接)　S　Vi　M①

に　再軍備すること

but (in rearming)].

(等)　M②

このbutが「しかし」の意味ではないことがわかりましたか。ところで〈not A but B〉は〈B, (and) not A〉の形を取ることがあります。

He is not a carpenter but a thatcher.
= He is a thatcher, (and) not a carpenter.

どちらも，「彼は大工ではなく，屋根ふき職人である」の意味です。

ただし，〈not A but B〉のような形でも，AとBに意味のつながりがあるような場合は，要注意です。例えば，He is not young, but (he is) energetic. のようなケースでは，「若い(から)エネルギッシュ」と意味につながりがありますね。このようなときは，「彼は若くないが，(しかし)エネルギッシュである」となります。

《全文訳》今まで多くのことが過去の戦争経験について語られ，また書かれてきている。だから，私たちは皆，戦争の結果については知りすぎるほど知っている。それなのに，平和の名において，兵器の備蓄が行われているのである。そしてまた，私たちは国家の安全は軍備縮小にではなく，再軍備にあるのだと聞かされるのである。

(解説・解答→別冊：p.5)

演習 8　次の英文の下線部を訳しなさい。

Thin, salted, crisp potato chips are Americans' favorite snack food. They originated in New England as one man's variation on the French-fried potato, and their production was the result, not of a sudden stroke of cooking invention, but of a fit of anger.

(梅花短大)

演習:語句　salted 形 塩味の／crisp 形 パリパリした／snack food 名 軽食／originate Vi 生じる／variation 名 変形(物)／stroke 名 発生／fit 名 (感情の)爆発

9 相関表現をマークして文の骨格をつかめ

次の英文を訳しなさい

Dogs communicate in many ways. They **not only** bark, **but** they howl, growl, snarl, and whine. Animals communicate with each other **not only** with sounds and movements, **but** with smell.

（同志社大）

解法 ある語（句）とある語（句）が対になって接続詞の役割をするものを「相互に関連する接続詞」という意味で**「相関接続詞」**と呼びます。前の課に登場した〈not A but B〉では，「A ではなく B」の意味になる場合に相関接続詞となります。このような語句は，文の骨格や意味を見えにくくするので要注意です。

例題では，冒頭の「犬はいろいろな方法で意思を伝える」という文の後，第 2 文と第 3 文にそれが見えます。まず，第 2 文で確認しましょう。

犬は ～だけでなく 吠える もまた…
They **not only** bark, **but** they（**also**）
S　Vi

遠吠えしたり うなったり 歯をむいてうなったり くんくん鳴いたりする
howl, growl, snarl, and whine.
Vi① Vi② Vi③ Vi④

この文の but を not only と切り離して「しかし」としたのでは意味が流れませんね。**not only** と **but** を**相互に関連**させて，**「吠えるだけでなく…」**とすると意味のつながりがよくなります。このような表現は**セットにして覚えておく**のがよいのです。

〈**not only** A **but**（**also**）B）〉「A だけでなく B も」
〈**both** A **and** B〉「A も B も両方とも」
〈**either** A **or** B〉「A か B か（のいずれか）」
〈**neither** A **nor** B〉「A でも B でも～ない」

また，**not only** があれば **but**（**also**）**だな，と意識的にマーク**すると混乱しないです

例題：語句 bark Vi 吠える／howl Vi 遠吠えする／growl Vi うなる／snarl Vi 歯をむいてうなる／whine Vi 鼻を鳴らす

みます。なお，but also の also はよく省略されます。

さらに，ここで注意しておきたいのは，**相関表現をマークする**ことによって，**SVOC という文の骨格が明確になる**ということです。第 2 文にしても，〈not only ~ but ...〉をマークすれば，SV という単純な骨格が浮かび上がってきましたね。

さて，この第 2 文と同じ表現が第 3 文にも見えます。下線部ですが，同じように考えれば，アッと言う間に解決しますよ。

動物は / 意思を伝え合う / に / お互い

Animals (S) communicate (Vi) (with each other) (M)

～だけでなく / で / 音声 / や / 身振り

not only (with sounds and movements), (M①)

もまた… / で / におい

but (also) (with smell). (M②)

これも SV という文の骨格をつかみ，相関表現をからませて訳せば，文意は簡単につかめます。また，〈**not only** A **but** B〉と同じ意味の相関接続詞に〈B **as well as** A〉「A だけでなく B も」があります。**A と B の位置が逆になっている**ことに注意してください。

《**全文訳**》 犬はいろいろな方法で自分の意思を伝える。犬は吠えるだけではなくて，遠吠えをしたり，うなったり，歯をむいてうなったり，またくんくん鳴いたりもする。動物はお互いにその音声や身振りだけではなく，そのにおい［体臭］によってもまた意思を伝え合うのである。

（解説・解答→別冊：p.6）

演習 9　次の英文の下線部を訳しなさい。

Reading aloud is an educational tool as well as an instrument of culture. As an educational tool, reading aloud is an aid to greater accuracy and better understanding of the written word.

（徳島大）

演習：語句 tool 名道具／ instrument 名道具，手段／ culture 名文化／ aid 名助け（となるもの）／ accuracy 名正確さ

10 従属節は[　]に入れて構造をつかめ

次の英文の下線部を訳しなさい

The Western way of thinking is analytical. **If a Westerner has a problem, or wishes to discuss a complex subject**, he tries to analyse it. He tries to break the problem or the subject down into separate parts.

（桜美林大）

解法 「節」──よく耳にする言葉ですね。節は文の一部としてまとまった意味を表し，**それ自体の中に「SV」を含む単位**を言うのでしたね。**and**，**but**，**or**，**nor**，**for**，**so** などを**等位接続詞**と呼び，その前後の節（SVX）を**等位節**と言います。

SVX（等位節）　/　and　SVX（等位節）

等位接続詞の前でピリオドを打つと，それぞれ独立した文になります。一方，**when**，**if**，**as**，**because**，**though** などのほとんどの接続詞を**従属接続詞**と言いますが，なぜ「従属」と言うのでしょうか。例題の下線部，第2文で考えてみましょう。

もし～なら　西洋人が　を持つ　ある　問題
[**If** **a Westerner** { **has** **a problem**,
（接）　S　Vt①　O

～したいと思う　について話し合う　複雑な　テーマ
or **wishes** (**to discuss** **a complex subject**)],
Vt②　O→(不)(Vt)　(O)

西洋人は　～しようとする　を分析し　それ
he　tries　(to analyse　it).
S　Vt　O→　(不)(Vt)　(O)

[If ～] の部分から If を除いてみましょう。

A Westerner has ～ subject.（①）

となり，SVをそなえた独立した文ですね。一方，カンマ以下も独立した文です。

He tries to analyse it.（②）

例題：語句 analytical 形分析的な／a complex subject 名複雑なテーマ／analyse Vt を分析する／break O down into N「O を N に分解する」

しかし，①に if をつけて②に接続させ，元の文に戻すと［If ～］の部分は「もし～なら」という条件を示す副詞（主に動詞を修飾）の性格を持ちます。このように副詞の役割を持つ節を「副詞節」と言いますが，if がついたために，これ自体では独立した文とは言えなくなってしまいましたね。いわば副詞に格下げされた節なので**「従属節」**と呼び，②は文として独立可能ですから**「主節」**と言います。この「主節」と「従属節」の関係を図示すると，以下の３つのタイプになります。

(1)　［接続詞＋S＋V＋X］，S＋V＋X.（▶ 例題のタイプ）

(2)　S＋V＋X［接続詞＋S＋V＋X］.

(3)　S＋V，［接続詞＋S＋V＋X］，X.

S，［接続詞＋S＋V＋X］，V＋X.

「副詞」の性質から(3)のように，時には主節の中に割り込むタイプもあります。この課のテーマは，このように**副詞節を［　　］でくくり，主節と区別して修飾関係をつかむこと**です。

従属節 If ～ subject を［　　］でくくると，副詞としての文の一部になり，主節の述部を修飾していることがわかりますね。

第１文，第３文については，従来通り前置詞句を（　　）でくくり，SV を決めていけば，簡単に文の骨格がつかめるはずです。

《全文訳》 西洋の考え方は，分析的である。もし西洋人がある問題を抱えたり，複雑なテーマについて話し合いたいと思う場合は，（西洋人は）それを分析しようとするのである。その問題や課題を個々の部分に分解しようと努めるのである。

（解説・解答→別冊：p.6）

演習 10　次の英文の下線部を訳しなさい。

When I speak of internationalization, I do not mean the changing of external life styles but the development of internal new attitudes. Our motivations must be in step with the conditions of the time.

（大手前女子短大）

演習：語句 internationalization 名 国際化／ external 形 外面上の／ internal 形 内面的な／ attitude 名 態度／ motivation 名 動機づけ／ in step with N「N と調和して」

⑪ 動詞の後の that は名詞節の目印

次の英文の下線部を訳しなさい

Although some well-to-do people objected to free schools because they would have to pay taxes to educate the children of others, most Americans realized **that** public education was important in a democracy.

（同志社女子短大）

解法 前の課では副詞の働きをする従属節（＝副詞節）を［　］でくくり，文構造をはっきりさせる技術を学びましたね。例題を見ると，さっそく**従属接続詞**が目に飛び込んできました。しかも２つも！ **although** と **because** ですが，これが**副詞節の目印**ですよ。

では，この副詞節を［　］でくくってみましょう。

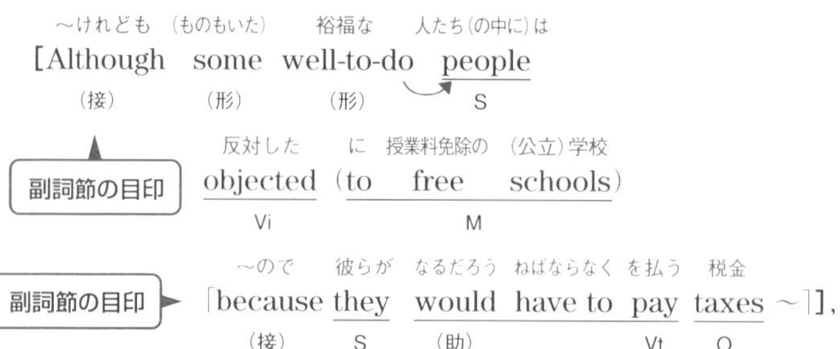

because 節は［because ～ others］ですが，Although 以下の SVX の「理由」を述べていますから，Although 節は，以下の構図になっていることに注意してください。

［Although ... people objected ...
［because ～ others］］,

さて，この副詞節を除いて残った主節を検討してみましょう。realize は「～を理解する」という他動詞です。とすれば目的語（O）が必要ですね。その後を見てください。

例題：語句 well-to-do 形 裕福な／object to N「N に反対する」／pay taxes「税金を払う」／a democracy 名 民主主義国家

that があり，後に SVX と続いています。この that は realized に public education 以下の節をドッキングさせる接続詞で，that 節全体が realized の目的語になっています。

大多数の　アメリカ人は　を理解した
most Americans realized
S　Vt

こと　公　教育が　である　重要(で)
[**that** public education was important
O→(接)　S　Vi　C

では　民主主義国
(in a democracy)].
M

名詞節の目印

　このように目的語の働きを持つ節を名詞節と言います。名詞節は名詞と同様，主語や補語，あるいは後で学ぶ同格節にもなります。ですから，**この that(〜ということ)は名詞節の先頭に立つ接続詞，つまり「名詞節の目印」**です。名詞節も従属節ですから［　］にくくると，文の構造がはっきりしてきます。名詞節をかかえこんでいる文全体が主節です。

(主節)
Americans realized [**that** S + V + X].
S　Vt　O

「他動詞の後の that 節は名詞の役割をする従属節」と覚えてください。ただし，従属節と言っても，名詞節は副詞節とは異なり，同格の名詞節（→ 47 課）を除くと，文の主要素，つまり S，O，C の働きをするわけですから，**名詞節を削除すると文として不完全**になります。このことを忘れないように！

《全文訳》 裕福な人たちの中には，他人の子どもを教育するために税金を払わなければならなくなるので，授業料免除の（公立）学校設立には反対する人たちもあったが，大多数のアメリカ人は，民主主義国では公教育が重要だと認識した。

演習 11　次の英文の下線部を訳しなさい。　(解説・解答→別冊：p.7)

The stranger in London, especially if he has come, say, from Paris, finds London at first a little drab, but later on as he explores the city and begins to make friends he finds that it has its own special intimacy and charm.（玉川大）

演習：語句 stranger 名 初めて来た人／ especially 副 特に／ say Vt（挿入されて間投詞的に）たとえば／ drab 形 つまらない／ later on 副 後で／ explore Vt を踏査する／ intimacy 名 親しみ

12 他動詞の後の [S + V + X] は目的語

次の英文の下線部を訳しなさい

We are creatures of the visible and the perceivable. If something cannot be seen or felt, we imagine **it does not exist**. We feel pity for the physically disabled, because we can see his twisted limbs; but we are indifferent to the emotionally troubled, because their troubles are buried inside their head.

（京都産業大）

解法 ちょっと複雑な英文が出てきました。**of**, **for**, **to** などの**前置詞**, **if** や **because** といった**従属接続詞**が目につきますね。さっそく（　）や［　］でくくって，文構造をキャッチしましょう。

まず，第1文。これは，SVC の文型で，「私たちは～の生き物である」という文の骨格がすぐわかりましたね。

続いて第2文。if 節は［　］でくくります。これを除いて残った主節の部分の理解がこの課のポイントです。アレっと奇妙に思う部分もありますね。we imagine と S V があって，後に it does not exist と，SV がすぐ続いています。imagine「～と思う」は他動詞ですから，目的語が必要です。文を見てみましょう。

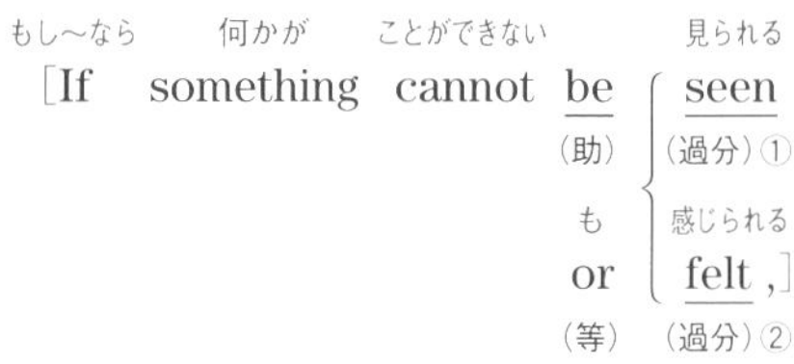

私たちは　と思う　それが　いない　存在して
we imagine it **does not exist**.
S　Vt　S　Vi

O はどこにあるのでしょうか。次のように考えると解決します。

We imagine [S + V (= it does not exist)].
S　Vt　O

例題：語句 the ＋形容詞・分詞「～なもの［人々］」／perceivable 形 感知できる／pity 名 哀れみ／be indifferent to N「N に無関心である」／emotionally 副 情緒的に

これで形が整いました。これは，前の課で学んだ〈Vt + [that S + V + X]〉の**接続詞 that が省略されたもの**です。今後は，以下の構造をしっかり押さえてください。

Vt + [S + V + X] = Vt + [(that) S + V + X]

次の第 3 文には，**because** が 2 つあります。[ ]でくくってみましょう。

私たちは を感じる 哀れみ に対する 身体が不自由な人たち
We feel pity (for the physically disabled),
S Vt O M

〜ので できる を見る その 障害のある 手足
[because we can see his twisted limbs];
(接) S Vt O

しかし 私たちは である 無関心(で) 〜に 精神的に 悩んでいる人たち
but we are indifferent (to the emotionally troubled),
S Vi C M (過分)

〜ので その 悩みが 埋もれている 〜の中に その 頭
[because their troubles are buried (inside their head)].
(接) S V(受) M

We feel pity, but we are indifferent.という文の骨格がはっきり見えてきます。文型や文構造を解明する**カギは，SV の発見と節の種類を判断すること**なのです。

《全文訳》 私たちは目に見えるもの，また感じ取れるものの制約を受ける生き物である。もし，何かが見えも，感じられもしないなら，私たちはそれが存在していないと思うのである。私たちにはハンディキャップを負う人の手足が見えるから，身体が不自由な人たちを気の毒に思うのだが，精神的悩みを持つ人たちに対しては，その悩みが頭の中に埋もれているために，無関心なのである。

(解説・解答→別冊：p.7)

演習 12 次の英文の下線部を訳しなさい。

Typical American teenagers are in fact very ordinary. They think their teachers make them work too hard, they love their parents but are sure they don't understand anything, and their friendships are the most important things in their lives. (神戸女子短大)

演習：語句 typical 形 典型的な／in fact 副 実際は／ordinary 形 平凡な／friendship 名 友情

13 疑問詞は名詞節発見の決め手

次の英文の下線部を訳しなさい

Advertisers use many methods to get us to buy their products. One of their most successful methods is to make us feel dissatisfied with ourselves and our imperfect lives. Advertisements show us **who** we aren't and **what** we don't have.

（新潟大）

解法 thatで始まる名詞節は，平叙文の前にthatをつけて，他動詞の目的語として組み込んだものでしたね。この課のポイントは，他動詞の目的語として疑問詞のある疑問文，例えば，

Who is he?　「彼は誰ですか」

を名詞節としての文の一部に組み入れた文の構造を発見する技術です。

I know who he is.　「私は彼が誰なのかを知っている」

このときの接続の役割をするのは疑問詞ですから，**疑問詞をキャッチすることも名詞節を発見するのに必要な技術**と言えます。**他動詞の後の〈疑問詞＋SVX〉**は［　］にくくって**名詞節**と決めます。なお，thatや疑問詞のほか，「〜かどうか」という意味の疑問を表す接続詞（**if, whether**）も名詞節の目印です。

例題を見てみましょう。疑問詞がキャッチできましたか。第3文にありますね。**who**と**what**です。前を見るとshowという他動詞があり，**後ろにそれぞれSVを従えていますから，これは名詞節**です。

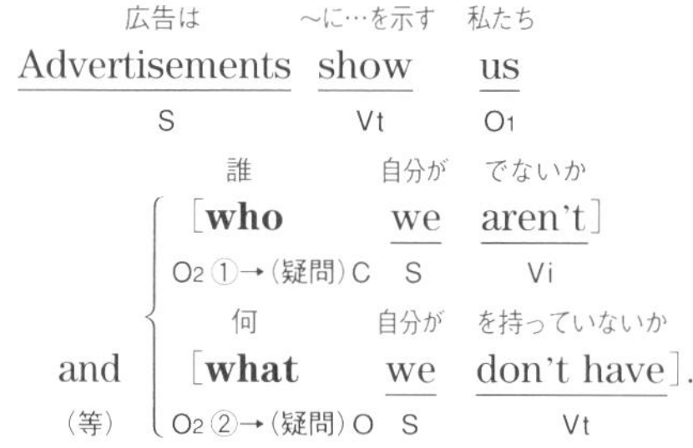

例題：語句 advertiser 名 広告主／method 名 手段／product 名 製品／feel dissatisfied with N「Nを不満に思う」／imperfect life 名 不十分な生活

show は「O_1 に O_2 を示す」という意味で，O を 2 つ従えることができる授与動詞です。ここでは us が間接目的語（O_1），そして直接目的語（O_2）にあたるのが，疑問詞で始まる 2 つの名詞節です。[who we aren't]，[what we don't have] とくくればしめたものです。SVO_1O_2 の文型になっていることがわかりますね。

who we aren't は，実質は「自分以外の人物，自分とは違う人物」のことを，what we don't have は，実質は「自分にないもの」のことを言っているのです。第 1 文の構造も示しておきましょう。

広告主は　を用いる　いろいろな　手段
<u>Advertisers</u> <u>use</u> <u>many methods</u>
S　Vt　O

ために　～に…させる　私たち　を買わ　その　製品
(<u>to get</u> <u>us</u> (<u>to buy</u> <u>their products</u>)).
（不・副）（Vt）（O）（C）（不）（Vt）（O）

ここのポイントは〈**get O to Ⓥ**〉「O にⓋさせる」ですが，to Ⓥが目的語（us）を説明する目的格補語になっています。この使役動詞 get の場合と，第 2 文の使役動詞 make の用法とを比較してみましょう。

第 2 文では，make us の後に feel がきて，〈**make O Ⓥ**〉「O にⓋさせる」と目的格補語が原形になっていることに注意してください。

《全文訳》 広告主は私たちにその製品を買わせるために，いろいろな手段を用いる。その最も有効な手段の 1 つは，私たちがわが身とその満ち足りない生活に不満を抱くように仕向けることである。（つまり）<u>広告は私たちに自分とは違う人物や自分にないものを示すのである</u>。

（解説・解答→別冊：p.8）

演習 13　次の英文の下線部を訳しなさい。

<u>How the water is used affects the supply.</u> In some dry areas, groundwater is used for irrigation. Most of this water changes into vapor and disappears from the surfaces of plants or the land.

（東横学園女子短大）

演習：語句 affect Vt に影響する／supply 名 供給／groundwater 名 地下水／irrigation 名 灌漑／vapor 名 水蒸気／surface 名 表面

14 補語になる名詞節のつかみ方

次の英文の下線部を訳しなさい

Reading and learning ability depend on something more definite than broad, general knowledge. To a significant degree, learning and reading depend on specific broad knowledge. **The reason for this is that** reading is not just a technical skill but also an act of communication.

(甲南大)

解法 前の課までは，名詞節が他動詞の目的語の役割を担っている場合について学んできました。ところで，従属節が名詞節かどうかは，その節が文中で名詞のもつ役割（S，O，C など）をしているかどうかで決まります。ということは，**名詞節は be 動詞の意味を補う補語（C）の役割をすることもある**ということですね。

この課では，こうした**補語になる名詞節のとらえ方**を学びます。

その前にまず第 1 文から見ていきましょう。（　　）でくくるテクニック（→**2**課）を用いると，SV（+ M）の文型だとわかりますね。

第 2 文も同じ構造になっています。

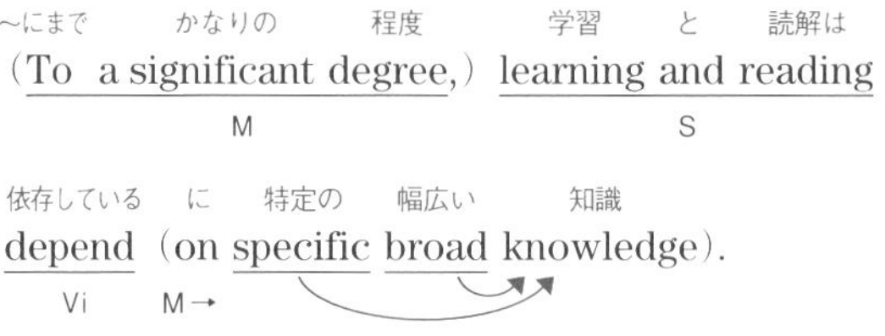

第 1 文，第 2 文の意味を合わせて要約すると，「読解力と学習力は一般的な知識（general knowledge）ではなく，限られた範囲の（definite），特定の（specific）知識によって決まる」となります。

例題：語句 reading ability 名 読解力／ depend on N「N による」／ definite 形 限定された／ to a significant degree「かなりの程度にまで」／ specific 形 特定の

そして第３文，この課のポイントです。補語になる名詞節についてですが，その前に従属接続詞 whether のケースを考えてみましょう。

The question is [**whether** we should say yes].
（The question = S，is = Vi，[whether we should say yes] = C）

whether 以下の節は，補語が必要な be 動詞 is に続いて，文を完成させる役割を果たしていますね。「問題はわれわれがイエスと言うべきかどうかである」という意味です。**補語になる名詞節を見分けるには，〈be 動詞＋ that〔wh-語〕〉が目印になります。**第３文の図解を見てみましょう。

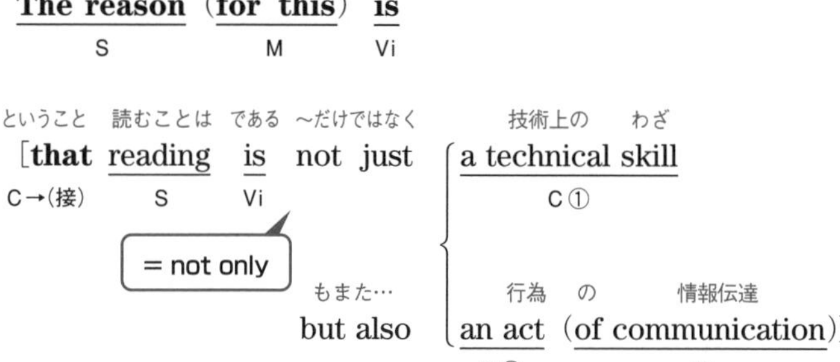

be 動詞 is の後の **that** に着目します。この接続詞 that で始まる節が名詞節とキャッチできたら，簡単に文意がとれるはずです。〈not just ～ but also ...〉は〈not only ～ but also ...〉と同じ意味で，ちょっと変化を求めた表現にすぎません。

《全文訳》 読解力と学習力は，全般的な幅広い知識よりももっと明確に限定されたものによって左右されるのである。つまり，学習や読解は，かなりの程度にまで，特定の分野における幅広い知識があるかどうかに左右されるのである。<u>この理由は，読むということは，技巧であるだけではなくて，情報伝達の行為でもあるということである。</u>

（解説・解答→別冊：p.8）

演習 14　次の英文の下線部を訳しなさい。

All the classic works for children are written in adult language, often of a very high standard of literary style. They are sometimes difficult to read. <u>The reason for this is that children's books were not written just for children.</u>

（神戸女子大）

演習：語句 classic 形古典的な／work 名作品／standard 名水準／literary style 名文語体

15 前置詞の目的語になる節をキャッチ

次の英文の下線部を訳しなさい

The novelist presents us with people. He tells us what kind of people they are, whether they are good, bad, or indifferent. Within the limits of a book he tells us what happens to the people brought to our attention. The story depends **on what they do**, and particularly **what they do** in relationship with each other.

（成城大）

解法 前置詞と結合する（代）名詞を「前置詞の目的語」と言いましたね（→2課）。それなら，**文中で名詞と同じ働きをする名詞節も前置詞の目的語になる**はずです。これがこの課のポイントです。

まず，第1文。ここは問題ありませんね。「小説家は私たちに人間というものを提示してくれる」という意味です。

次に，第2文と第3文。どちらにも疑問詞または疑問を表す接続詞があります。**tell**「～を…に話す」は**2つの目的語（O）をとれる他動詞**です。13課では他動詞の後の疑問を示す節は［　］にくくって名詞節と決める技術を学びましたね。第2文はそれで解決します。

小説家は　～に…を語ってくれる　私たち（に）
He　tells　us
S　Vt　O1

どんな　種類　の　人間　人々が　であるか
［what kind (of people) they are］,
O2①→　C　S　Vi

かどうか　人々が　である　善良　性悪　また　どっちつかず
［whether they are good, bad, or indifferent］.
O2②→　S　Vi　C①　C②　(等)　C③

［what ～］と［whether ～］の2つの節がtellsの直接目的語となる名詞節になっていることが簡単にキャッチできましたね。第3文も同様に，what節がtellsの直接目

例題：語句 novelist 名 小説家／present O with N「OにNを提示する」／indifferent 形 どっちにもつかない，良くも悪くもない

的語になっています。ここでは，〈bring O to one's attention〉「O を人の目に留める」の bring の過去分詞 brought が形容詞的に，名詞 people を修飾しています。(→ **66** 課)

そして，この課のポイント，第 4 文です。ここにも what という疑問詞で始まる 2 つの節があります。ただ，第 2，3 文とちょっと違いますね。前に前置詞 on があることです。この on に注目。

その 話(の筋)は 左右される によって 何 人間が をするか
The story depends **(on** {[**what** **they** **do**]
S Vi (前) O①→O S Vt

しかも 特に 何 人間が をするか
, and particularly [**what** **they** **do**
(副) O②→O S Vt

において 関係 との お互い
(in relationship) (with each other)]}**)**.
M M

まず，カンマの前まで。on の目的語は，[what they do] 全体ですね。そして，and の後の [what they do ～] という節もまったく同じ構造ですから，形の上では前置詞 on は目的語として 2 つの名詞節を従えています。意味の上では，and は「しかも」と 2 つ目の what 節を補足する役目をしています。

このように，**前置詞に続く節 SVX は [　　] に入れて，前置詞との関係を考える**と，ズバリ文の構造がキャッチできます。

《全文訳》 小説家は私たちに人々のことを語ってくれる。彼は人々がどんな種類の人間か，すなわち善良か性悪かどちらでもないかを語ってくれる。1 冊の本の(持つ)制約の中で，私たちが注目する人々に何が起こるかを伝えてくれるのである。(そして)その話(の筋)は，人々が何をし，しかも特にお互いとの関係で何をするかによって左右されるのである。

演習 15 次の英文の下線部を訳しなさい。 (解説・解答→別冊：p.9)

The difficulty when strangers from two countries meet is not a lack of appreciation of friendship, but different expectations about what constitutes friendship and how it comes into being.

(九州産業大)

演習:語句 lack 名 不足／ appreciation 名 真価を認めること／ expectation 名 期待／ constitute Vt を構成する／ come into being「生じる」

16 〈前置詞＋名詞〉の修飾先を探せ！

次の英文を訳しなさい

To the people of ancient Egypt, life **on earth** was short. Life **after death**, however, was eternal. Therefore they built their tombs **of stone** and they took their possessions **with them into another world.** （大阪経済大）

解法 〈前置詞＋名詞〉, つまり前置詞句を例によって, (　　) でくくって, 文の骨格をつかんでみましょう。これらの言葉を消し去ると, 例えば, 第1文なら Life was short. となり, 実に単純な文の構造になっていることがすぐわかります。

ところで,「〈前置詞＋名詞〉＝前置詞句」というのは, 2課ですでに学んだように, 形容詞や副詞の働きをするのでしたね。つまり, 文中では修飾語句 (M) の役割を果たすのです。SVOC という文の骨格をつかんだら, 次は一度 (　　) でくくった**前置詞句が何を修飾しているか, その修飾先を探す作業**が必要になります。

～にとっては　人たち　の　古代　エジプト
(**To the people**) (**of ancient Egypt**),
M　M

生命は　での　この世　かった　短か
life (**on earth**) was short.
S　M　Vi　C

3つの前置詞句がありますが, この修飾先を見てみましょう。

people of ancient Egypt ／ life on earth （①）

To the people of ancient Egypt, ～ was short. （②）

①は**形容詞の働き**。それぞれ直前の名詞 people と life を修飾しています。このように, 前置詞句には, **名詞を後から修飾する形容詞の働きをするもの**があります。また, 修飾語としてではなく, I am in good health. のように, **補語として形容詞の働き**をするものもあります。

例題：語句 ancient Egypt 名 古代エジプト／ eternal 形 永遠の／ therefore 副 それゆえに／ tomb 名 墓／ possession 名 所有物, 財産

②は**副詞の働き**。To から Egypt までの M は，述部を中心に修飾しています。このように，**前置詞句には，動詞，形容詞，副詞，文のいずれかを修飾する副詞の働きをするもの**があります。

第 2 文の (after death) は直前の life を修飾していますから，①と同様，修飾語としての形容詞の働きをしています。

生命は　後の　死んだ　しかしながら　であった　永遠(の)
Life (**after death**), however, was eternal.
S　M　(副)　Vi　C

意訳すれば，life on earth は「現世」，life after death は「来世」と言えるでしょう。

第 3 文の前置詞句の働きを見てみましょう。

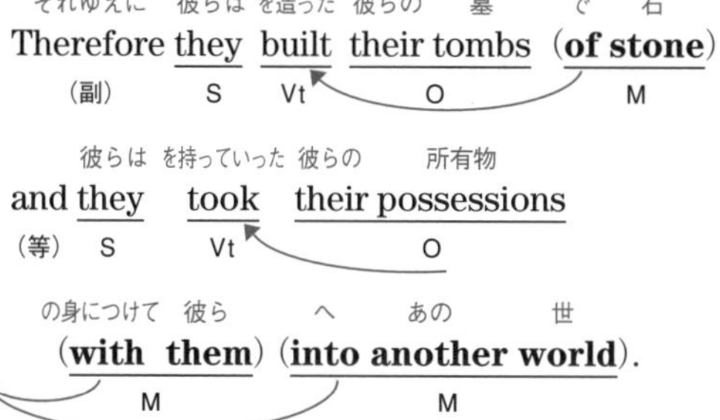

ここでの前置詞句はいずれも述語動詞を修飾しています。②の副詞の働きです。副詞的な修飾はけっこう複雑ですから，まずは**名詞を後ろから修飾するのか，そうでないかを判断する**ことが先決です。

《全文訳》 古代エジプト人にとっては，現世は短いが，来世は永遠のものであった。それゆえ，彼らは石で自分たちの墓を造り，所有物をあの世へと持っていったのである。

演習 16　次の英文の下線部を訳しなさい。

(解説・解答→別冊：p.9)

<u>Much has been written in the past few years about the bond between people and their pets.</u> Pets help keep us young: they decrease loneliness, and they give us the opportunity to be needed.　(同志社女子短大)

演習：語句　bond 名 絆(きずな)／between A and B「A と B の間(で，の，に)」／decrease Vt を減らす／loneliness 名 寂しさ

17 代動詞 do の正体を突き止めよう

次の英文の下線部を訳しなさい

Cultures vary, as individuals **do**. The French and Chinese are noted for their cuisine, the variety of their dishes, and their interest in food, whereas English cooking has a low reputation.

（慶応大）

第 1 文を見てください。そして，**do** に注目してみましょう。単に「する」では意味が通りませんね。一体「何をする」のでしょうか。

実は，この **do は，前に出た動詞の繰り返しを避けるために使われるもので**，「すでに出た動詞の代わりをする動詞」という意味で，**代動詞 do** と呼ばれます。この代動詞 do を見たら，必ず**元の動詞を突き止める**ことが大切です。この場合，以下のように，縦に並べてみると，do の正体が見えてきます。

Cultures (S) vary, (V)

⬆

as individuals (S) do. (V)

図解で確認しましょう。

Cultures（文化は / S） vary,（違う / Vi） [as（～ように / (接)） individuals（個人個人が / S） **do**（違う / V（代動））].

do は動詞 vary「違う」の繰り返しを避けるために用いられていたのですね。接続詞の as や than の後には，よく代動詞 do が姿を見せます。**as, than などが目印に**なります。注目しましょう。なお，代動詞 do は be 動詞以外の動詞の代用として，先行する動詞またはその動詞を含んだ語群の代わりをします。

第 2 文も見ておきましょう。

例題：語句 individual 名 個人／ be noted for N「N で有名である」／ cuisine 名 料理（法）／ whereas 接（＝ while）一方では／ reputation 名 評判

フランス人 や 中国人は
The French and Chinese
(国民) S① (等) S②

よく知られている で その 料理法 や
are noted (for {their cuisine ,
V C(形) (前) (名)①

多様性 の その 料理
the variety (of their dishes),
(名)② M

や その 関心 への 食べ物
and their interest (in food)),
(等) (名)③ M

上の図解では，for の後に文法上同じ資格を持つ語 (句) を立体的に並べました。こうすると，文の構造がはっきりしてきます。**ある 1 つの語** (for) と **2 つ以上の同等の語 (句)** (名詞群①〜③) **が結合する関係を共通関係** (→ **34** 課) と言いますが，これは後で詳しく述べますので，ここではこんなやり方もあるんだな，ということだけを覚えておいてください。

一方 イギリスの 料理は をもらっている まずい 評判
[whereas English cooking has a low reputation].
(接) S Vt O

low はここでは「悪い (= poor)」の意味です。low の反意語の high が「良い (= good)」の意味になります。

《全文訳》 個人個人が違うように，文化には違いがある。フランス人や中国人は，その調理法，料理の豊富な種類，食べ物への関心があることで知られているが，一方，イギリス料理は評判が悪いのである。

(解説・解答→別冊：p.10)

演習 17 次の英文の下線部を訳しなさい。

Whatever the professionals tell us, pure necessity will force more men to get to know their children. In 1950 only about 10 per cent of mothers with small infants worked. Today more than half do. It is becoming harder for their husbands to avoid taking care of the children during their free time.

(神奈川大)

演習：語句 professional 名 専門家／ pure 形 単なる／ infant 名 幼児／ avoid Vt を避ける／ take care of を世話する

18 〈否定語＋ as 節〉の訳し方

次の英文の下線部を訳しなさい

In Japan, argument is impolite. The Japanese way enables everyone in a discussion to avoid all conflict. <u>A discussion need **never** become an argument, **as** it so often does in the West.</u> Because the point being discussed is never "important," argument is unlikely.

（桜美林大）

解法 かなり，手ごわい英文が出てきましたね。特に下線部などは，素直に訳せない典型例です。しかし，どんな英文でもＳとＶを発見し，文の主要素をつかまえていけば，必ず道は開けます。まず，第１文からチャレンジしましょう。

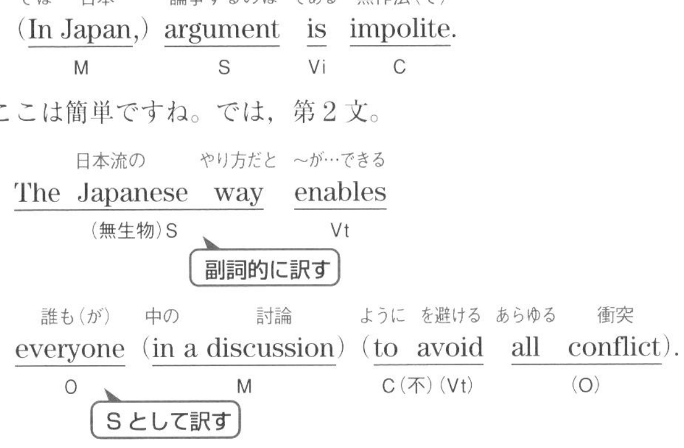

主語が人間のような生き物でない場合，その主語を**無生物主語**と言います。この場合，**主語を副詞的に訳し，文中の目的語を主語として訳す**と，自然な文になります。ここは，〈S enable O to Ⓥ〉「ＳはＯがⓋすることを可能にする」の構文ですが，「ＳのためにＯはⓋすることができる」のように訳すわけです。

さて，下線部。**〈否定語＋様態の as 節〉**の訳し方です。**様態の as** を「〜のように」とばかり覚えていませんか。そのまま訳すとわかりにくい日本語になってしまいます。

例題：語句 argument 名 論争／ impolite 形 無礼で／ discussion 名 討論／ conflict 名 争い／ be unlikely「起こりそうにない」

討論は　必要がある　決して〜ない　になる　論争

A discussion need **never** become an argument,

S　(助)　(否・副)　Vi　C

のようには　(討論が)　しょっ中　なる　で　西洋

[**as** it so often does (in the West)].

(接)　S　(副)　(副)　V(代動)　M

〈否定語＋[as S V]〉の場合，as を「〜ように」とすると，「西洋では議論になる」のか「西洋では議論にならない」のかはっきりしません。ちょっとした工夫ですが，**「〜とは違って」とか「〜のようには」と訳すと，わかりやすい日本語になります。**

さらに，前課で登場した**代動詞**があります。この does は becomes an argument (Vi + C) の代わりに用いられていることに気づけば，文意がはっきり読み取れます。

〜ので　要点が　いる　討論されて

[Because the point being discussed

(接)　S(名)　(現分)　(過分)

である　決して〜ない　「重大」(では)　論争は　起こりそうにない

is never "important"], argument is unlikely.

Vi　(否・副)　C　S　Vi　C(形)

because 節を [　] に入れると，残る argument is unlikely が主節となります。

《全文訳》 日本では，論争することは相手に失礼だと思われている。日本流のやり方だと，討論中の誰もがすべての衝突を避けることができるのである。西洋ではしばしば見られるのとは違って，討論が論争になる必要はまったくない。話し合われている論点が「重大性」を持つことは決してないので，論争には発展しない。

(解説・解答→別冊：p.10)

演習 18　次の英文の下線部を訳しなさい。

"That is easy to understand, Dad," said the daughter. "Anything that can be handled, even if softer than butter, is called solid. So water is not solid, for I can't take up a pinch of it in my fingers as I can with sand."

(成城大)

演習：語句 handle Vt を手で扱う／ even if「たとえ〜としても」／ solid 形 固体の／ take up Vt を拾い上げる／ a pinch of N「N の 1 つまみ」

19 過去完了を見たら「基準となる時」を探せ

次の英文を訳しなさい

Although the world **was** known by educated people to be a sphere, nobody **had been** all the way around it, and in Columbus's time nobody knew how big it was.

（玉川大）

解法 文の骨格である述語動詞（V）を「**時制**」に注目してキャッチする技術はすでに学びましたね。英語では，「時制」という概念はきわめて大切です。特に現在完了や過去完了という概念は日本語にはありませんから，大変理解しにくい用法です。しかし，英語では常に「時」が示されており，時の流れを押さえながら読むと文の流れがつかみやすくなります。

現在完了は「**現在を基準**」にして，過去のある時点から現在までのすべての時を含みます。それと同様に，過去完了にも「基準となる時」があります。「**過去のある時点を基準」にして，それまでに完了したこと，経験したこと，継続していることを表すのが過去完了**です。

例題の過去完了形〈had ＋過去分詞〉が使われている部分に注目。

〜, nobody（ゼロの人が / S） **had been**（来ていた / V（過完）） all the way（をぐるりと一周して / M（副）） (around it)（世界 / M）,

「誰も地球を一周した者はいなかった」という意味ですが，なぜ had been という過去完了形が使われているのでしょうか。これは，「過去のある時」まで「誰も地球を一周した者はいなかった」と言っているのです。それなら，必ず基準となる「過去のある時」があるはずです。

過去完了時制が発生するためには，必ず**基準となる過去の「時」**があることが条件で，多くの場合は，同一文中に**過去の動詞**や**過去を示す副詞**（then など）があるか，それがない場合でも，**過去を示す何らかの暗示**があります。

例題：語句 educated 形 教育を受けた／go around N「N のまわりを回る」／all the way 副 はるばる

では，同一文中に過去の「基準の時」を探してみましょう。

〜けれども この 世界が 知られていた
[Although the world **was known**
(接) S V(受)

によって 教育のある 人たち であると 球体
(by educated people) (to be a sphere)], 〜
M C→(不)(Vi) (C)

ありましたね。過去の受動態 was known「知られていた」が「基準の時」で，「地球が丸いことは知られていた (was known)」が，「その時までに地球を一周してきた (had been) 者は誰もいなかった」ということです。これを図示してみましょう。

(had been) (was known)

……———————→●

基準の時よりも以前の時 過去の一時点 (基準の時)

このように，**過去完了がある場合には，意識的に「基準の時」に戻って，時間関係，前後関係を確認する**ことが大切です。and 以下も見てみましょう。

には コロンブスの 時代 誰も〜を知らなかった どの程度 大きい 世界が のか
and (in Columbus's time) nobody knew [how big it was].
M S Vt O→ C S V

ここは，knew と was が過去形になっています。これは，時間的に「同時」であることを示しているので，「(どれほど) 大きいかを知らなかった」と訳します。

《全文訳》 教育のある人たちには，この世界〔地球〕が球体だと知られていたが，それまでに誰も世界を一周した者はいなかったし，コロンブスの時代には，誰も世界がどのくらい大きいのかを知らなかった。

(解説・解答→別冊：p.11)

演習 19 次の英文の下線部を訳しなさい。

It happened so quickly, so unexpectedly, that Little Jon's cry was almost instantly cut short as the blackness closed over him. No one knew the hole was there. It hadn't been there the day before and in the twilight no one had noticed it.

(松蔭女子学院短大)

演習：語句 unexpectedly 副 突然／ cut O short「O を短く切る」／ close over を襲う／ the day before 副 (その) 前日／ twilight 名 たそがれ時

20 代不定詞 to に隠れた原形を突き止めよう

次の英文の下線部を訳しなさい

The important thing is to make sure each child has a chance to join in the fun if he wants **to**. It is a waste of time to try to force him to play.

（明海大）

解法 すでに動詞の繰り返しを避けるために使われる代動詞 do の用法は学びましたね。この課では，すでに使われている動詞が to Ⓥの中で重複するのを避けるための，**代不定詞**がテーマです。

第 1 文にその代不定詞が出てきます。if 節に注目してください。

if he wants to

とあります。この節中の文の骨格は「彼は望む」ですね。では，何を望むのでしょうか。wants の後には〈want + to Ⓥ〉の to だけで動詞がありません。これがⓋを省略して to だけですます代不定詞の用法です。では，この to に隠れたⓋはどこにあるのでしょうか。

ところで，重複を避けて省略できるということは，省略しても誰にでも意味が通じるということですね。つまり，**明らかにそれとわかる動詞が近くに明示されているということです。重複を嫌うわけですから，その直前を見ればいい**だけです。

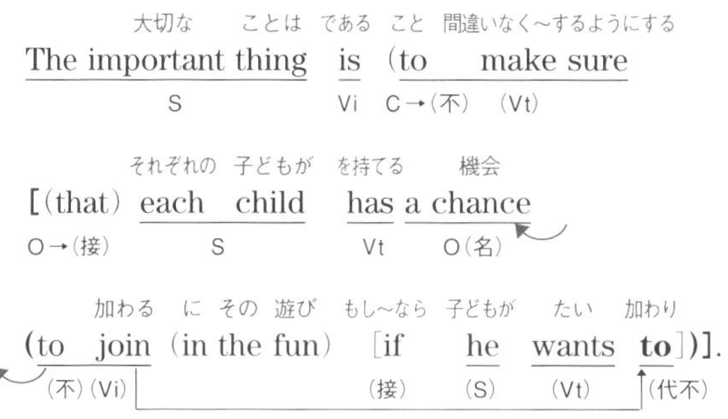

例題：語句 make sure that S V「必ず S が V するようにする」／ join in N「N に加わる」／ a waste of time 名 時間の浪費／ force O to Ⓥ「O にⓋすることを強いる」

直前に join がありますね。代不定詞 to は，to join の代わりをしているとすると，if 節の意味は「もし，子どもが加わりたいなら」となり，文の流れがいいですね。このように，代不定詞 to を見たら，元の動詞の原形を突き止めることが大切なのです。

次に進みましょう。

～は	である	むだ	の　時間
It	is	a waste	(of time)
S(形)	Vi	C	M

こと(は)	強制しようとする	子どもが	ように　遊ぶ
(to try	(to force	him	(to play))).
S(真)(不)(Vt)	(O)→(不)(Vt)	(O)	(C)→(不)(Vi)

これは，後で詳しく述べる〈It ～ to Ⓥ〉の**形式主語構文**です。ここではとりあえず，It は何の意味も持たない文の形式を整えるための主語で，具体的内容を示す**本当の主語は to Ⓥ 以下**にあると，覚えておいてください。

なお，〈**force O to Ⓥ**〉は「**O に Ⓥ することを強いる**」という意味で，大切な文型の動詞ですよ。

なお，以下の文のように，want，choose など願望・意志を表す動詞などの後では，代不定詞が省略されることがあります。

Come if you like.

like の後ろに隠れた **to come を察知**できましたね。

《全文訳》 大切なのは，それぞれの子どもが，遊びに加わりたければ，加わることができる機会を間違いなく持てるようにしておくことである。子どもを無理やり遊ばせようとするのは，時間のむだというものである。

（解説・解答→別冊：p.11）

演習 20　次の英文の下線部を訳しなさい。

It is necessary in America to go out and search for interesting things, and to arrange for them. They do not happen, as they seem to in other places, of their own accord. People do not come in uninvited for a talk, and there are not many places where people gather without previously making plans because Americans live privately.

（佛教大）

演習：語句 search for N「N を探す」／ arrange for N「N の手はずを整える」／ of one's own accord 副 自然に／ previously 副 事前に／ privately 副 他人とかかわりなく

21 関係詞の支配範囲は離れたVをマーク

次の英文の下線部を訳しなさい

A child **who starts to talk** is making a very bold leap into the world. Anyone **who has learned a foreign language at home, and then used it for the first time in a foreign country**, has felt for himself how bold and risky this leap is.

（日本女子大）

解法　この課からしばらく**関係詞**について学習します。関係詞節と先行詞（＝多くは名詞）の位置関係は，次の図のとおりです。

（代）名詞　［関係詞　(S) VX］

このとき関係詞は，①先行する（代）名詞に代わって**代名詞あるいは副詞などの役割**と，②自らが先頭に立つ節を先行する名詞に**接続（＝接着）する役割**を持っています。関係詞は「接着」代名詞，または「接着」副詞とイメージしましょう。

実は関係詞節も，前置詞句や従属接続詞に導かれた従属節と同じように，文の構造を複雑に見せます。ですから，文の骨格を見やすくするために，**関係詞を見たらその支配範囲を［　］にくくって明確にすること**，これが大切なのです。

第1文で考えてみましょう。関係代名詞 who の支配範囲はどこまででしょうか。そして，is making の主語は何でしょうか。

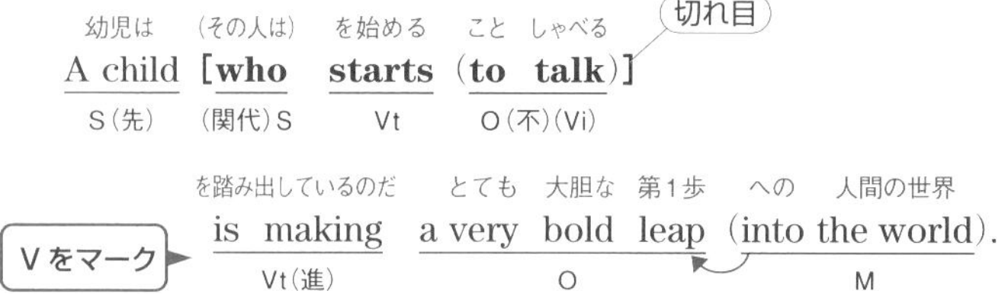

to talk は starts の O ですから，is making の S であるはずがありません。とすれば，talk と is making との間に「**切れ目**」があることがわかります。つまり，**関係詞から離れたV（述語動詞）をマークするのがコツで，その直前までを［　］でくくると，**

例題：語句　a bold leap 名 大胆な躍進／ at home 副 母国で／ for the first time 副 初めて／ for oneself 副 自分で／ risky 形 危険な

関係代名詞 who の支配範囲がはっきりしてきます。名詞の後に続く関係詞節は形容詞的従属節です。つまり，A child を形容詞的に修飾し，「どんな幼児か」を説明している部分が who の支配範囲となるわけです。

第 2 文も同じ構造になっています。関係代名詞 who の支配範囲はどこまででしょうか。**関係詞から離れた V をマーク**するのがコツでしたね。まず，used は and で learned とつながっていて，has と結びついていますから，ここは違います。では，has felt に注目してみます。直前の語 (country) の働きを考えると，これは前置詞 in の目的語ですから has felt の主語になるはずはありません。has felt の前に**「切れ目」**があり，切れ目で［　］を閉じて，前置詞句を外してみると，Anyone has felt ［how ～］. という文の骨格が浮かんできますね。

人は誰でも (その人は) ことがある
Anyone ［who has
S(先) (関代)S (助)

を学んだ 外国語 国内で
learned a foreign language (at home),
Vt①(過分) O M

そして それから を使った 外国語 で 外国
and then used it … (in a foreign country)］, 切れ目
(等) Vt②(過分) O M

を実感しているのだ 自ら どんなに 思い切ったもので また 冒険的
V をマーク ▶ has felt (for himself) ［how bold and risky this leap is］.
Vt(現完) M O→(副) C①(形) (等) C②(形) S Vi

《**全文訳**》 言葉を口にし始める幼児は，人間社会に実に思い切った一歩を踏み出している。国内で外国語を学び，その後初めて外国でそれを使ってみたことのある人なら誰でも，こういった飛躍がいかに大胆で，冒険的であるかを実感しているのである。

(解説・解答→別冊：p.12)

演習 21 次の英文の下線部を訳しなさい。

In England one of the 'safest' subjects is the weather. Two Englishmen who meet for the first time and do not wish to get into an argument often talk about the weather. Then they say only the most obvious things — 'A bit cold today, isn't it?' (桜美林大)

演習：語句 subject 名話題／ argument 名議論／ obvious 形明らかな

22 which, that は後がVなら主格と決める

次の英文の下線部を訳しなさい

From the point of view of the individual, he should do the work **which** makes the best use of his abilities. In fact people are found to choose the jobs which require their abilities, and in vocational guidance this is one of the main considerations.

（西南学院大）

解法 関係代名詞には，**主格，所有格，目的格**という「格」があります。格とは（代）名詞が文中のほかの語句に対する関係を示す語形のことです。関係代名詞もそれが導く関係詞節の中での役割によって，格が決まります。who（主格），whose（所有格），whom（目的格）と語形が変化しますね。主語・補語の役割なら主格，目的語の役割なら目的格というわけです。

関係代名詞を見たら，常にこの「格」を意識することが大切です。ところが，who, whose, whom と違って，**which** や **that** は**主格と目的格が同じ形**をしています。語形からは「格」の判別はつきません。この課ではこの「**which, that の格の見抜き方**」がテーマです。

（From the point）（of view）（of the individual），
からは 方法 の 考え に関する 個人
M M M

he should do the work
人は べきだ をする 仕事
S Vt O（先）

［**which** makes the best use of his abilities］.
（それは） を最大限に利用する その人が持つ 能力
（関代）S Vt O

（　）と［　］の技術を用いると，「人は仕事をすべきだ」という主節の骨格が把握できます。次に which 以下の従属節。which が**主格なら，関係詞節内でSの役割になり，Vが続く**はずです。見てみましょう。直後に makes という V がきていますね。従って，この **which は主格**と判別できます。すると，which の先行詞は the work で

例題：語句 point of view 名 見地／ make use of Vt を利用する，使う／ vocational guidance 名 職業選択の指導

すから，「それ［その仕事は］は，その人が持っている多方面の能力を最大限に利用する」という事実関係がきちんと理解できます。

実際に 人々は (〜だ)と知られる を選ぶ 仕事
(In fact) people are found (to choose the jobs
M S V(受) C→(不)(Vt) (O)(先)

(それは) を必要としている 自分の 能力
[**which** require their abilities,])
(関代)S Vt O

この which も**直後が V**(require) ですから，ズバリ**「主格」**とキャッチできます。which は require の S ですから，「その仕事 (the jobs) が自分の能力を必要としている」という関係がつかめましたか。また，that も同様で，後が V なら「主格」と押さえてください。

ところで，**are found to choose の部分は，〈find O to Ⓥ〉「O が Ⓥ するのがわかる」の受動態**ですよ。では，and 以下の構造です。

従って にあたっては 就職の 指導
and (in vocational guidance)
(等) M

以上のことは である 1つ の中の 主たる 考慮事項
this is one (of the main considerations).
S Vi C M

《**全文訳**》個人というものを考慮する立場から考えると，(個)人はその人が持つ各種の能力を最大限に利用してくれる仕事をすべきである。実際に，人々は自分の能力を必要としている仕事を結局は選ぶ。従って，就職指導にあたっては，これが考慮すべき主たる事柄の1つである。

演習 22 次の英文の下線部を訳しなさい。 (解説・解答→別冊：p.13)

People who already know a lot tend to learn new things faster than people who do not know very much. Mainly this is because knowledgeable people will have less to learn ; they already know many of the key elements in the new concept. In learning about a railroad, for instance, they possess a large amount of related knowledge that makes it unnecessary to explain a lot of secondary facts about how wheels work, what the nature of iron is, and so on.

(甲南大)

演習：語句 tend to Ⓥ「Ⓥする傾向がある」／key 形 重要な／element 名 要素／possess Vt を所有する／a large amount 名 多量／nature 名 性質

23 which, that は直後が SV なら目的格

次の英文の下線部を訳しなさい

Population experts project that the world's inhabitants may reach 20 billion in the next century. But they warn that this may be the maximum population **that** the earth can sustain. When we have reached this limit, what will happen to the human species?

(関西学院大)

解法 前課では，関係代名詞の which，that は後に V（述語動詞）があれば「主格」とキャッチする技術を学びましたね。この課では，**which，that が目的格として用いられている場合の見抜き方**を学びます。

関係代名詞が関係詞節の中で**目的語の役割**を果たしている場合に「目的格」と言えるので，**which，that のすぐ後に SV が続く場合は「目的格」と見当をつける**ことができます。その場合，他動詞の O であるか，前置詞の O であるかは，節内の文型を判断して決めます。

人口問題の 専門家たちは を予測している
Population experts project
S Vt

ということ 世界の 住民が かもしれない に達する
［that the world's inhabitants may reach
O→（接） S Vt

200億 のうちに この 次の 世紀
20 billion（in the next century）］.
O M

注意してほしいのは，V の後にくる［**that SVX**］という従属節との区別です。これはすでに学んだように従属接続詞 that で始まる名詞節です。第 1 文では，［that SVO］は他動詞 project の O になっている名詞節ととらえられますね（→ 11課）。

では，第 2 文。2 つの that がありますが，最初の that は他動詞 warn の O となっている名詞節の先頭に立っている接続詞です。

例題：語句 population expert 名 人口問題に関する専門家／ project Vt を予測する／ a billion 名 10億／ sustain Vt（生命・家族）を維持する／ the human species 名 人類

だが　専門家たちは　を警告している
But they warn
(等)　S　Vt

ということ　200億は　だろう　である　最大限の　人口
[that this may be the maximum population
O→(接)　S　Vi　C　(先)

(それを)　地球が　できる　を維持する
[**that** the earth can sustain]].
(関代)O　S　Vt

2つ目のthatがポイント。このthat以下の(従属)節は，the maximum populationに接着していますが，後の他動詞**sustainにはOが必要**です。thatがそのOの役を果たしていると考えると形が整いますね。このthatはthe maximum populationを先行詞とし，節中でOの役割を果たす関係代名詞の目的格です。「地球は最大限の人口を養うことができる」という意味関係が把握できますね。関係代名詞の目的格は省略されることが多いので要注意です。

次の第3文では，when以下の従属節の時制(have reached)に注目。未来のことを述べていますが，**「時」の副詞節の中では動詞は現在(完了)時制**を使います。

ときに　私たちが　に到達した　この　限界
[When we have reached this limit],
(接)　S　Vt(現完)　O

何が　だろうか　起こる　に　人類
what will happen (to the human species)?
S　Vi　M

《全文訳》人口問題の専門家は，次の21世紀になると，この世界に住む人間が200億に達するかもしれないと予測している。だが，彼らは200億という数字は地球が食糧を供給できる最大限の人口であると警告している。この限界に到達したとき，人類はどうなるのだろうか。

(解説・解答→別冊：p.13)

演習 23　次の英文を訳しなさい。

Each whale has its own characteristic song but composes it from themes which it shares with the rest of the whale community.

(甲南大)

演習：語句 characteristic 形 特有の／compose Vt を作曲する／theme 名 テーマ(曲)／share O with N「OをNと共にする」

24 先行詞の直前の that・those は和訳不要

次の英文を訳しなさい

In **those** European countries **that** Americans are most likely to visit, friendship is quite sharply distinguished from other, more casual relations, and is differently related to family life.

（九州産業大）

解法 第 1 文を見てください。冒頭に，In those European countries とありますが，この those に注目。those を見ると「それら（の）」と訳したくなりますね。でも，ちょっと待ってください。この those はそれとは違う用法なのです。

では　ヨーロッパの　諸国
(In **those** European countries
（予告）（先）

（それを）　アメリカ人が　非常に〜そうである　を訪れる
[**that** Americans are most likely (to visit)]),
（関代）(O)　S　V　C　（不）(Vt)

that の後の to Ⓥ の Ⓥ は原形の visit ですから O が必要です。すると，この **that** は他動詞 visit の目的語の役割を持つ**関係代名詞の目的格**だとわかります。that の先行詞は European countries ですが，その先行詞を修飾している those は，前出の語句を指しているわけではなく，**後に関係詞が続くことを予告する役割を持っているだけ**なのです。

先行詞が単数なら that となり，以下の形で，「後に関係詞節が来る」と予告しているわけです。

強いて訳せば，「（〜である）その…」，または「（〜する）例の…」などになりますが，和訳しないほうが無難です。

that [those] ...... who / which / that 〜
予告

例題：語句 be likely to Ⓥ「Ⓥしそうである」／distinguish O from N「O を N と区別する」／relate O to N「O を N に関連づける」／differently 副 違って

なお，関係詞節にする前の元の文を復元して，意味関係を明確にするために先行詞をVtであるvisitの後に置くと，以下のようになります。

Americans are most likely to visit European countries.

さて，カンマ以下の文の構造を見てみましょう。

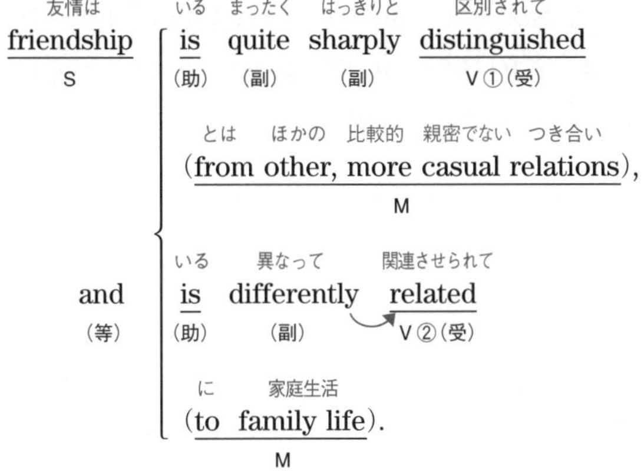

Friendship is distinguished (from ～), and is related (to ～). という文の骨格がわかりましたね。

この文章でsharply distinguishedまたdifferently relatedと感じるのはヨーロッパを訪れるアメリカ人であることは文脈上明白ですね。

《全文訳》アメリカ人が訪れることが実に多そうなヨーロッパ諸国では，友情はほかの比較的親密でないつきあいとはまったく明確に区別されていて，家庭生活と持つ関係が違っている。

(解説・解答→別冊：p.14)

演習 24　次の英文の下線部を訳しなさい。

To understand any society one must look first at its values. Those values which still have the most importance in the United States are freedom, independence, competition, individualism and equality.　(獨協大)

演習:語句 values 名価値観／importance 名重要性／freedom 名自由／independence 名独立／competition 名競争／individualism 名個人主義／equality 名平等

25 隠れた関係代名詞の見つけ方

次の英文の下線部を訳しなさい

A banker **I know** has his work time under control and now spends more time with his family on his boat. By planning his time carefully he's found it easier to take on new projects and adapt his day-to-day routine to fit his long-term plans.

（東北学院大）

下線部の冒頭部分に注目してください。

A banker ① I know ② has his work time ～

の部分です。I know は I = S, know = V の関係はすぐわかりますね。ところが，banker と I はつながりません。また，know と has という V 同士も and やカンマ (,) なしでつながるはずがありません。つまり①と②の箇所には**単語や意味の不連続**があり，ここに「**切れ目**」があるわけです。そこで，以下のようにくくってみます。

（切れ目）
A banker［I know］has his work time ～
（切れ目）

これで has の S は A banker であることがはっきりします。それでは，banker と I know はどういう理由で接触しているのでしょうか。それを解くカギは **know という他動詞 (Vt)** にあります。know は「～を知る」ですから，目的語 (O) が必要です。この**隠れた（＝省略できる）O を探す**のがこの課のポイントです。

ところで，関係代名詞の目的格の多くは省略されるのでしたね（→ 23 課）。

ある 銀行家は	（その人を）	私が	を知っている
A banker	[(**whom**)	**I**	**know**]
S	(関代) O	S	Vt

いる	自分の 仕事の時間	をうまく抑えて	
has	his work time	(under control)	and ～
Vt①	O	C	

上の図解のように，**whom** を入れてみると，疑問は解決しましたね。このように，

例題：語句 have O under control「O を正しく制御している」／ take on Vt を引き受ける／ project 名 企画／ adapt O to Ⓥ「O を Ⓥ するように変える」

関係詞の省略によって，名詞（N）を直接修飾する形容詞節を接触節と言います。実は，関係代名詞の目的格は省略されるのが普通です。

N ［S Vt ＋（?）］

という接触節はよく見かけるはずです。その場合は，先行詞が何であれ対応できるのが that ですから，以下のように考えれば，ズバリその正体を見抜くことができますよ。

N ［S Vt ＋（?）］→ N ［（that（関代・目的格）＋ S Vt］

さて，第 2 文は 7 課で学んだ〈V it C to Ⓥ〉の形式目的語構文です。By planning his time carefully という修飾語句（M）に続いて，以下のような文の構造になっています。

彼は	（ことを）知った	（～が）	以前より楽になった	ことが
he	has found	it	easier	(to
S	Vt（現完）	O（形）	C	O（真）→（不）

	引き受ける	を　新しい　企画			
	take on	new projects			
	（Vt）	（O）			
	を変えていく	自分の　毎日の　決まりきった仕事	に合うように	彼の　長期計画	
and	adapt	his day-to-day routine	(to fit	his long-term plans)).
（等）	（Vt）	（O）	（不）（Vt）	（O）

《全文訳》 私の知り合いのある銀行家は，勤務時間をうまく調整して，現在自家用の小型の船で家族と一緒に以前より多くの時間を過ごしている。自分の時間に入念な計画性を持たせることによって，彼は新しい企画を引き受けることも，また日常の決まりきった仕事を自分の長期計画に合うように変えていくことも，ずっと楽になったのである。

（解説・解答→別冊：p.14）

演習 25　次の英文の下線部を訳しなさい。

Our Asian cultures teach us moderation in everything we do, and it is not for us to conquer nature but rather to live in harmony with it. We should refuse to join in the rat race that causes high blood pressure and heart attacks. The quality of a good life seems to me to be made up of living simply, closer to nature.　（専修大）

演習：語句 moderation 名節度／It is for O to Ⓥ「O はⓋするべきだ」／refuse Vt を拒否する／the rat race 名生存競争／cause Vt を起こす

26 関係代名詞の前の前置詞はパートナーを探せ

次の英文の下線部を訳しなさい

Language has always been — as the phrase goes — the mirror to society. English today is no exception. In its world state, it reflects very accurately the crises and contradictions **of which** it is a part.

（獨協大）

解法 この課のテーマは〈**前置詞＋関係代名詞**〉です。第3文の下線部に出てきます。これが文の中でどのような役割を果たしているかをつかむ技術を身につけましょう。

その前に第1文。—（ダッシュ）にはさまれた部分は**挿入節**です。挿入節は一度外して，全体の文の骨格をつかみます。

言語は　今までずっと　であったのだ
Language has always been
S　(副)　Vi（現完）

ように　名言にある　鏡　の　社会
— [as the phrase goes] — the mirror (to society).
(接)　S　Vi　C　M

SVC という文の骨格がつかめましたね。そして，

英語も　今日の　(の)である　などではない　例外
English today is no exception.
S　(副)　Vi　C

と第2文が続きます。普通 **today** は副詞で「今日は」という意味ですが，young people today「今日の若い人たち」のように，ここでは today が**形容詞的な働き**をしています。

さて，この課のポイントの第3文です。“of which” に注目。〈前置詞＋関係代名詞（目的格〉を見つけたら，まず前置詞を含めて関係詞節を［　　］にくくります。次の**この〈前置詞＋関係代名詞〉**を〈**前置詞＋名詞（＝先行詞）**〉**に変えて**，以下の図をイメージして〈前置詞＋名詞〉が S・V・X（O/C）のどの語につながるのか，つまりパートナーを探します。

例題：語句 the phrase 名 名言／be no exception「例外ではない」／world state 名 世界における地位／reflect Vt を反映する／accurately 副 正確に／contradiction 名 矛盾

〈前置詞＋名詞〉 S V X

こうすると，意味関係がはっきりつかめますよ。第 3 文で試してみましょう。

にあって その 世界語としての立場 英語は を写し出している
(In its world state), it reflects
M S Vt

極めて 正確に 危機 と 矛盾
very accurately the crises and contradictions
(副) (副) O (等) (先)

(その) 英語が である 一部
[(**of which**) it is a part].
(前) (関代) (S) (Vi) (C)

先行詞は the crises and contradictions ですから，“of which” を of the crises and contradictions のように，**〈of ＋名詞〉の形**にします。これを，関係詞節の述部に戻して，意味が成立するパートナーを探してみましょう。ここでは part の後がよさそうです。

the crises and contradictions [**of which** it is a part]
→ [it is a part (**of the crises and contradictions**)]

となります。part (of ～)「(～の) 一部」となりますから，「英語は危機と矛盾の一部である」となって意味が成立しますね。つまり，“of which” → 〈of ＋名詞〉 のパートナーは a part だったわけですね。

なお，前置詞と関係代名詞 (目的格) が分離している例文を 1 つ挙げておきます。

A video game is a play [which I am absorbed in].
「テレビゲームは私が夢中になっているゲームです」

《全文訳》 名言にあるように，言語は今までいつも社会を映している鏡であった。今日の英語も例外ではない。世界語としての立場にあって，自らが要素となっている危機と矛盾を，非常に正確に反映している。

(解説・解答→別冊：p.15)

演習 26 次の英文の下線部を訳しなさい。

Cultural evolution is the major factor responsible for human population increase. Cultural evolution includes the various ways in which human intelligence and socialization have been used by people to make life easier.

(関西学院大)

演習：語句 evolution 名発展／ major 形主な／ factor 名要因／ responsible for N「N の原因の」／ include Vt を含む／ intelligence 名知性／ socialization 名社会化

27 前置詞を見たらその目的語を探せ

次の英文の下線部を訳しなさい

The world we live in is changing fast, and our language is changing along with it. Every living language grows and changes. It changes as the people who use it create new words and find new meanings for old ones.

（神戸女子大）

解法 第1文に，25課で学んだ接触節が見つかりましたか。〈N（名詞）[S＋V]〉の形になっている部分です。

The world ① we live in ② is changing fast, ～

単語同士のつながりとして，まず①の箇所に「**切れ目**」があることはわかりますね。次に②の前後の in と is に注目。前置詞 in が is changing の主語になるはずがありませんから，ここにも「**切れ目**」があることがわかります。とすれば，[we live in] とくくればいいのでしたね。

The world [we live in] is changing fast, ～

The world is changing ～という文の骨格が浮かび上がってきました。ただ，この [we live in] という接触節は，25課で学んだ，[S Vt（他動詞）] の形をしていません。[S Vi ＋前置詞] の形をしています。前置詞の目的語（O）はどこに行ったのでしょうか。26課で学んだ〈前置詞＋関係代名詞〉の形を思い出してください。

(1) The world [in which we live] is ～
➡ (2) The world [which we live in] is ～　　in が live の後ろに移動。
➡ (3) The world [that we live in] is ～　　that が which の代役。
➡ (4) The world [we live in] is ～　　that が「透明」接着剤に。

世界は	私たちが	住んでいる	（そこ）に	変化している	急速に
The world	[**we**	**live**	**in**]	**is changing**	fast,
S（先）	S	Vi		Vi（進）	（副）

例題：語句 along with 群前 と共に／living language 名 現在使われている言語／create Vt を創造する

(**1**) で関係代名詞の目的格 which を O にしていた前置詞 in が，(**2**) のように関係詞節の述部に入ったため，(**3**) のように that が which の代役ができるようになり，(**4**) that が姿を消すことになったのです。このように**「前置詞を見たら→ O を探す→なければ O は省略された関係代名詞 that」**と考えれば，文の構造がはっきり読み取れます。

ここでも **25** 課と同様に N [SV ～＋前置詞] → N [that SV ～＋前置詞] と設定しましょう。that は前置詞の O の役割をする**関係代名詞の目的格**です。

私たちの	言葉は	変わっている	と共に	それ(世界)
and	our language	is changing	(along with	it).
(等)	S	Vi (進)	(群前)	

along with は 2 語で 1 つの前置詞のような働きをしています。次の第 2 文は単純ですから省略し，第 3 文の構造を示しておきます。

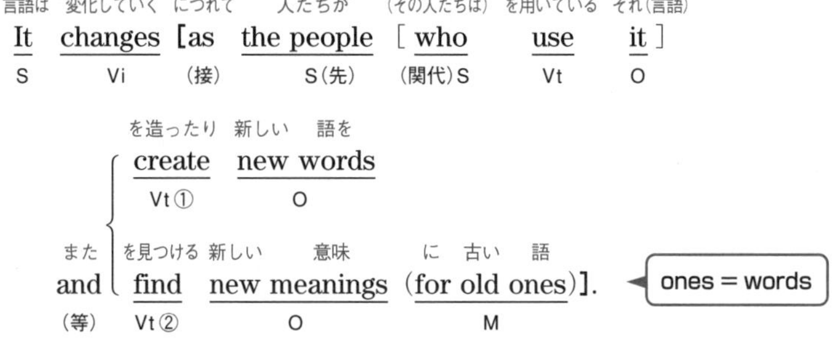

as 以下の大従属節に [who ～] の小従属節が含まれています。

《**全文訳**》 私たちが住んでいる世界は，急速に変化している。そして，私たちの言語はそれ〔世界〕と共に変わってきている。現在用いられている言語はすべて，発達し，また変化していく。言語は，それを用いている人たちが新語を造ったり，古い語に新しい意味を持たせたりするにつれて変化していくのである。

(解説・解答→別冊：p.15)

演習 27 次の英文の下線部を訳しなさい。

Likable people do not take themselves or their jobs too seriously. This is true in presentations and in face-to-face relationships. Are you the kind of person others enjoy being around? The answer to that question may be important to your career — and to your life.

(立教大)

演習：語句 likable 形 人好きのする／take O seriously「O を真剣に [深刻に] 考える」／be true「当てはまる」／presentation 名 人前で話すこと

28 隠れた関係代名詞が演じる補語の役

次の英文を訳しなさい

Recently, when I asked Americans I know why they had had children, they talked about family values, about the kind of people they want to be, about the kind of world they want to leave behind.

（早稲田大）

解法 関係代名詞が関係詞節の中で，主語や目的語の役割をするケースはすでに学びましたね。この課では，関係代名詞（主格）が補語（C）として姿を見せる例を見てみましょう。まず，文構造を検討します。

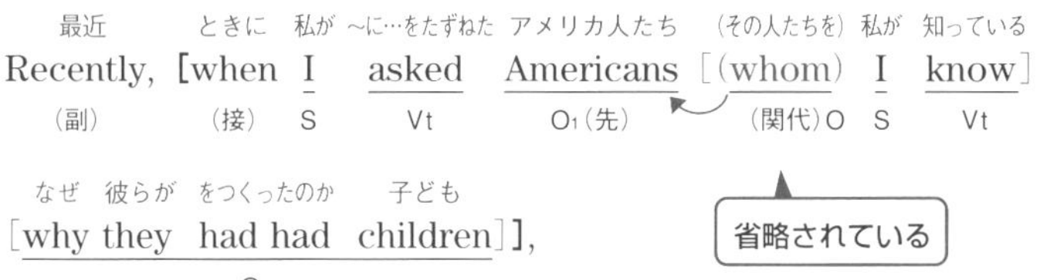

when からカンマまでの従属節の中に，［I know］と［why ～］の２つの従属節が入ったタイプです。例の［　］の技術で考えると，

I asked Americans ～　「私はアメリカ人たちにたずねた」

という文の骨格（の一部）が見えてきますね。Americans が asked の目的語であることは明確です。次に **why** が目に入りますが，これは**従属節の印となる疑問詞**です（→13課）から，**asked** はこの場合 **SVO1O2** の文型をとっていると判断できます。そこで，以下の**過去完了形**に注目。

why they had had children

この「**基準の時**」は **asked** ですね。直前の know ではありません。「たずねた」時点で子どもはすでに「できていた」ので過去完了形になっているのです。ここまでで［I know］までが接触節だとわかりますね。つまりここでは，［（whom）I know］と，

例題：語句 recently 副最近／ value 名価値／ leave O behind「O を後に残す」

関係代名詞の目的格が省略されているのです。では，主節の文構造です。

彼らは 語った について 家族の 重要性
they talked (about family values),
S Vi (前)

について 種類 の 人間 (それに) 彼らが たいと思っている になり
(about the kind (of people) [(that) they want (to be)]),
(前) (先) (関代)(C) S Vt O (不)(Vi)

について 種類 の 世界 (それ(を)) 彼らが たいと思っている を残し あとに
(about the kind (of world) [(which) they want (to leave behind)]).
(前) (先) (関代)(O) S Vt O→(Vt) (副)

2つ目のカンマまで見ると，the kind of people (の中で中心的な語は kind ですが) と they とは単語としてつながりがありませんね。ここが「切れ目」です。ここに接着剤の存在を想定して，

the kind of people [(**that**) they want (to be)],
(C) S Vt O(不)(Vi)

とすると従属節内の文型が完成します。ここでは関係代名詞の主格 (that) が be 動詞の補語の役割をしているのですが，実際には省略されることが多いのです。このように，**be 動詞の補語がない場合，その節の S の前に be 動詞の補語の役をする関係代名詞 (主格の that/which) の省略をキャッチ**するのが，この課のポイントとなる技術です。

《全文訳》 最近，私は知り合いのアメリカ人たちに，子どもをつくった理由を聞いたところ，彼らは家族を持つことの重要性や，自分たちが理想とする人間像や自分たちの死後に残したい世の中の姿について語ってくれた。

(解説・解答→別冊：p.16)

演習 28 次の英文の下線部を訳しなさい。

Speaking a foreign language brings about more change : we grow more direct. “Je t’aime” comes much more easily than “I love you.” Entering another tongue, we steal into another self, and under cover of that other self speaking a foreign tongue, <u>we are enabled to start all over again in creating a self we have always secretly wanted to be.</u>

(平安女学院短大)

演習：語句 bring about [Vt] をもたらす／ steal into N「N に忍び込む」／ under cover of N「N にかこつけて」

29 副詞の働きをする関係詞をキャッチ

次の英文の下線部を訳しなさい

The stock market is important to many people because they make money by investing in it. It is a place **where** some people sell things and others buy things. An exchange of things takes place.

（青山学院大）

解法 関係代名詞は先行する名詞に節をつなぎ，関係詞節内で代名詞の働きをすることは，これまで学んできた中でよくわかりましたね。でも，関係詞の中には，代名詞ではなく，**副詞の働き**をするものもあります。これが，**関係副詞**です。例題では第２文に登場しますが，その前に第１文を解釈しておきましょう。

株式市場は　である　重要な　にとって　多くの　人たち
The stock market is important (to many people)
S　Vi　C　M

〜なので　その人たちが　を稼ぐ　お金　によって　投資すること　に　そこ
[because they make money (by investing (in it))].
(接)　(S)　(Vt)　(O)　(動名)(Vi)　M

さて，この課のポイントとなる第２文に移りましょう。

例題：語句 the stock market 名 株式市場／invest Vi 投資する／exchange 名 取引

where で始まる節は先行詞 a place を修飾する形容詞節になっています。この形容詞節の中で where はどんな働きをしているのでしょうか？「人々の中には，そこで（その場所で＝in the place）株を売る人もいる」「そこで株を買う人もいる」という意味関係になって，S や O，C の役割はしていません。**副詞的な役割**を果たし，動詞 sell と buy を修飾していますね。**where を there あるいは in the place と置き換えてみると，節内で副詞として働いていることが実感できます。**

関係副詞は，〈前置詞＋関係代名詞〉で置き換えることが可能で，ここでは，where は in [at] which とイコールです。関係副詞には where のほか，when，why などがあり，先行詞がある場合は that で代用することができます。ただし，**that が where の代わり**をするのは，先行詞が place と anywhere のように**-where のついた語の場合に限られます**。S，O，C の役割はしませんから，格はありませんよ。

なお，〈some 〜, others ...〉「〜もあれば，…もある」は，相関構文です（→ 1 課）。

第 3 文も見ておきましょう。

An exchange（取引が / S）(of things)（の株 / M）takes place.（行われている / Vi）

《全文訳》 株式市場は，たくさんの人たちがそこに投資して金を稼ぐので，重要な存在である。そこは株を売る人もいれば，また買う人もいるといった場所である。株の取引が行われているわけである。

（解説・解答→別冊：p.17）

演習 29　次の英文の下線部を訳しなさい。

Most proverbs date back to an agricultural civilization when machines played a very minor role. The lessons are simple, direct and basic. “A stitch in time saves nine” ; “live and let live” ; “out of sight, out of mind” ; “necessity is the mother of invention” ; “the grass is always greener on the other side of the fence.”

（山脇学園短大）

演習：語句 date back「さかのぼる」／ play a role「役割を演じる」／ minor 形 ささいな／ stitch 名 ひと針／ save Vt を省く／ out of sight 形（目に）見えない／ out of mind 形 忘れられて

30 関係副詞が隠れた〈the way SV〉を見落とすな

次の英文を訳しなさい

Educate yourself about the realities of sex discrimination in our society by reading books on the subject and by looking critically at **the way** men and women are stereotyped on television, in movies, and in advertising.

(東京女子大)

これまで関係代名詞が省略された接触節の見抜き方を何回か学びました。次の英文でもう一度，接触節を検討しましょう。

I don't like the way [you treat me].
S V O S V O

[ ]の節が way に対する接触節です。実は，**you の直前に関係詞 that が隠れています**が，この that は関係代名詞ではなく（treat は me 以外に O はとらない），**「格」を持たない関係副詞**です。関係副詞 that が使われるプロセスを見てみましょう。

(a) I don't like the way.　(b) You treat me in the way.

➡ I don't like the way [in which you treat me].　◀ (b)の文の the way を which に変えて in which として You の前に移動。

➡ I don't like the way [that you treat me].　◀ in which を that に変えるとできあがり。

では，例題で the way の後の that の存在を見抜いてみましょう。

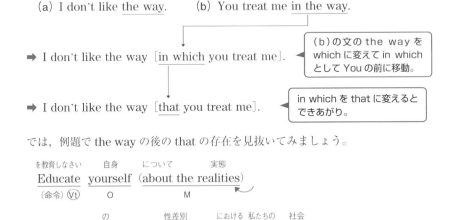

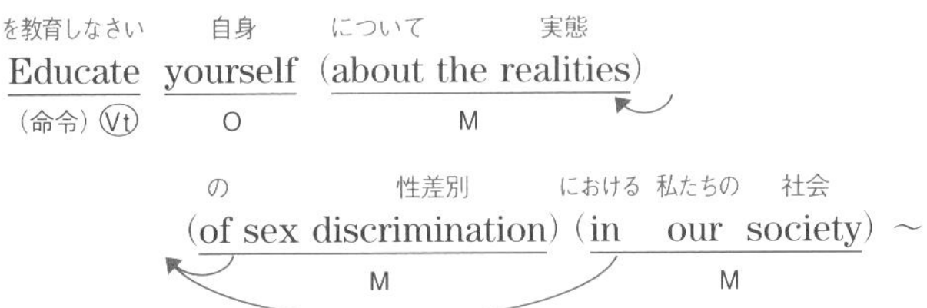

例題：語句 reality 名 現実の出来事，諸事／sex discrimination 名 性差別／critically 副 批判的に／stereotype Vt（人）を型にはめて見る，固定観念で見る／advertising 名 広告

ここまでは問題ありませんね。reality「現実」が複数のときは，いくぶん具体性を持たせて訳を考えましょう。educate yourself を「あなた自身を教育しなさい」と文字通り訳してはいけません。realities に対して of ～，in ～と 2 つの前置詞句が形容詞的につながっています。

さて，次に移りましょう。接触節が見つかりましたね。**the way と men の間に関係副詞 that を補いましょう。**

によって　を読むこと　本　についての　この　問題
(by reading books (on the subject))
(前)　(動名)①(Vt)　(O)　M

また　によって　を眺めること　批判的に　を　そのやり方
and (by looking critically (at **the way**))
(等)　(前)　(動名)②(Vi)　(副)　(前)　(先)

そのやり方で　男女が　型にはめて見られている
[(**that**) men and women are stereotyped
(関副)　S　V(受)

で　テレビ　また　で　映画　また　で　広告
(on television), (in movies), and (in advertising)].
M①　M②　M③

節内は「男女がそのやり方で (that → in which → in the way) 別の枠に入れられている」という意味関係がはっきりしてきます。なお，関係副詞の that は，関係副詞 when, why, where の代役をしますが，多くは省略されます。

〈**the way SV**〉は頻出表現ですから，そのとらえ方をよく理解しておいてください。

《全文訳》 私たちの社会が抱える性差別の実態に関しては，関連する本を読んだり，テレビ・映画・広告で男女がどのように型にはめて描かれているかを批判的に見たりして，その実態に関する認識を自ら高めるようにしましょう。

演習 30　次の英文の下線部を訳しなさい。　(解説・解答→別冊：p.17)

If all goes well, children come to learn several basic conversational skills by 12 months of age. This is largely due to the way mothers develop their own special way of talking, to get the most out of their children — a style which is usually called ‘motherese.’

(跡見学園女子大)

演習:語句 come to Ⓥ「Ⓥをするようになる」／ be due to N「N が原因である」／ develop Vt (技術) を開発する／ get O out of N「N から O を引き出す」

31 代入法で離れた先行詞を追え

次の英文の下線部を訳しなさい

There is **a time** in the life of every boy **when** he for the first time takes the backward view of life. Perhaps that is the moment when he crosses the line into manhood. The boy is walking through the main street of his town. He is thinking of the future and of the figure he will cut in the world.

（佛教大）

解法 関係詞の「関係」という言葉は，「関係させる」→「つなぐ」と連想されます。つまり，関係詞とは「接着剤になる詞」とでもイメージすることができます。そのくっつく元の名詞を先行詞と言うのでしたが，**先行詞と関係詞節が離れている場合**もあります。

第1文の when に注目してください。これを接続詞と考えると，「彼が〜するときに，…のときがある」では，いかにも意味の流れが悪いですね。では，関係副詞かな，と思うと，前は関係副詞の先行詞には不適な boy です。さらに前に戻ると time がありますね。time は when が関係副詞とすると，最も くっつきやすい語の1つです。

意味の流れ具合はどうでしょうか。チェックする際には，**関係副詞なら，前にある名詞を副詞的にし，それを関係副詞に代入**して意味の流れを点検します。「…のときがある。そのときに彼は〜する」と，関係副詞に「そのときに」を代入して論理的に読めば，「彼が〜するときがある」という意味の流れをつかむことができます。**関係代名詞なら，前にある名詞を関係代名詞に代入**してチェックしますが，その場合は，その名詞が単数か複数かなどに注意してください。

ある　時が　には　人生　の　すべての　若者
There is **a time** (in the life) (of every boy) 〜
(副) Vi　S　　　　　　　　M

とありますが，前置詞句を取り払って time と when を接着してみましょう。

例題：語句 take 〜 view「〜な見方をする」／ backward 形（過去を）振り返った／ line 名境界（線）／ manhood 名大人であること／ cut a figure「名を上げる」

時 (そのときに) 彼が 初めて
~ **a time** [**when** he (for the first time)
(先) (関副) S M

をする 振り返りの 見方 についての 人生
takes the backward view (of life)].
Vt O M

前置詞句が邪魔をして先行詞と関係副詞のつながりを見えにくくしていたのですね。これに対して，第2文は moment と when がピッタリ寄りそっています。

ひょっとしたら~だろう それは である (その) 瞬間 青年が を越える
Perhaps that is the moment [when he crosses ~].
S Vi C (先) (関副) S Vt

that は第1文の a time が言い換えられたものですから，that time「そのとき」と読み取ることができます。

第4文は and がつなぐもの (→ **34・37**課) を押さえ，名詞 figure の後に that を補い cut には目的語が必要なことに着眼して，that は関係代名詞目的格と押さえます。

名のある人物 になる に出たら 世の中
~ the figure [(**that**) he will cut (in the world)]
(先) (関代)O S Vt M

cut は本来「~を彫る，刻む」という意味の他動詞です。

《全文訳》 どの若者の人生にも初めて人生を振り返るときがある。おそらくそれは彼が境界線を越えて大人になる瞬間なのであろう。若者は自分の町の大通りを歩いている。自分の将来のことを考え，世の中に出たら，どんな際立った人物になるのだろうと思うのである。

(解説・解答→別冊：p.18)

演習 31 次の英文の下線部を訳しなさい。

A machine has been developed that pulps paper and then processes it into packaging, e.g. eggboxes and cartons. This could be easily adapted for local authority use. It would mean that people would have to separate their refuse into paper and non-paper, with a different dustbin for each.

(東京経済大)

演習：語句 pulp Vt をパルプ化する／ process O into N「O を N に加工処理する」／ adapt O for N「O を N に向くようにする」／ authority 名公的機関／ refuse 名廃物

S と V を発見する技術 / 文の主要素をつかむ技術 / 関係詞節の把握 / 共通関係の把握 / 省略の見抜き方 / 埋没 SP の発見 / 副詞的 so that の把握 / 準動詞の SP 関係の把握

32 what 節を[　　]に入れて SVOC を確定

次の英文の下線部を訳しなさい

The prosecuting counsel began by telling the court **what he intended to prove by evidence**. Then he called his witnesses. These persons can say **what they know** only in answer to questions, so the examination of witnesses is very important.

(関西大)

解法 今まで学んだ関係代名詞，関係副詞には先行詞がありましたね。この課には，**「先行詞を内蔵した」what** が登場します。内蔵された先行詞が「事物」なら，**what = the thing(s) which** と言い換えられます。**「(〜な)こと」**と訳します。

では，第１文。counsel「代理人」など法律用語が出てきます。裁判を傍聴したつもりになって，読み下していきましょう。

検事は / 始めた / によって / 〜に…を告げること / 裁判官(に)

The prosecuting counsel began (by telling the court)

S / Vi / M→ / (動名)(Vt) / (O_1)

こと / 彼が / しようと思う / を証明(する) / によって / 証拠

[**what** **he** **intended** (**to prove** (**by evidence**))].

(O_2)→(関代)(O) / S / Vt / O→(不)(Vt) / (M)

what 節を[　　]でくくると，what 節は動名詞 telling の O になっている名詞節であることがわかります。では節内ではどうでしょうか。

[what he intended (to prove 〜)] (what は prove の O)

(O) S Vt O(Vt)

となり，what は the thing(s) which「〜なこと」です。このように，節内の文型を考えると，文意がはっきりします。

第３文にも，関係代名詞 what が登場します。この what 節は can say の O になる名詞節ですが，what の支配範囲はどこまででしょうか。

例題：語句 the prosecuting counsel 名 原告側代理人，検事／ begin by Ving「V することから始める，始めに V する」／ the court 名 裁判官／ evidence 名 証拠／ witness 名 証人／ examination 名 尋問

（証人となった） この人たちは できる を証言する
These persons can say
S Vt

こと（を） 彼らが を知っている
[**what** **they** **know**]
O→(関代)O S Vt

ただ〜だけ 答えて に 尋問
only (in answer) (to questions),
（副） (M) (M)

この **what** は節内で **know** の **O** として用いられています。また know と in answer 〜はつながるでしょうか。「〜に答えて知る」は非論理的です。in answer は know を修飾していませんから，what 節は know までです。in answer が修飾するのは say です。

従って 尋問することは を 証人
so the examination (of witnesses)
（等） S （目的） M

である きわめて 重要（で）
is very important.
Vi （副） C

examination は「試験」ですが，法廷では「尋問」ですよ。

《全文訳》 検事は裁判官にまず証拠によって立証しようとすることを告げた。それから検察側の証人の出廷を求めた。（証人となった）この人たちは，ただ尋問に答えることでしか，自分たちが知っていることを証言できない。したがって，証人尋問はきわめて重要なのである。

（解説・解答→別冊：p.18）

演習 32 次の英文の下線部を訳しなさい。

Dogs see a world that is blurred and colourless, apart from shades of grey : for they are short-sighted and have no colour vision. But a dog's sense of smell is to a man's what a symphony orchestra is to a small whistle. Some dogs have 220 million cells for smelling, compared with a man's 5 million.

（国学院大）

演習：語句 blur Vt をぼやけさせる／apart from N「N を別にして」／shade 名 色合い／short-sighted 形 近視の／ cell 名 細胞／ compared with N「N と比べて」

33 〈what S be〉は「(いついつの) S」と訳す

次の英文の下線部を訳しなさい

London newspapers have just announced that road deaths for September dropped by nearly eighty as compared with the previous September. This is very well so far as it goes, but the improvement will probably not be kept up and meanwhile everyone knows that you can't solve the problem while our traffic system remains **what it is**.
（駿河台大）

解法 28課では関係代名詞が補語 (C) として使われる例を検討しましたが, what 節内で **what が補語となった場合の訳し方**がこの課のポイントです。

では, 第１文。〈前置詞＋名詞〉を（　　）でくくると, SVO という骨格部分が浮かび上がってきます。London newspapers have just announced [that road deaths dropped]. です。**that 以下の名詞節が O** になっていますね。

そして, 第２文。まずは, and の前までを検討してみましょう。

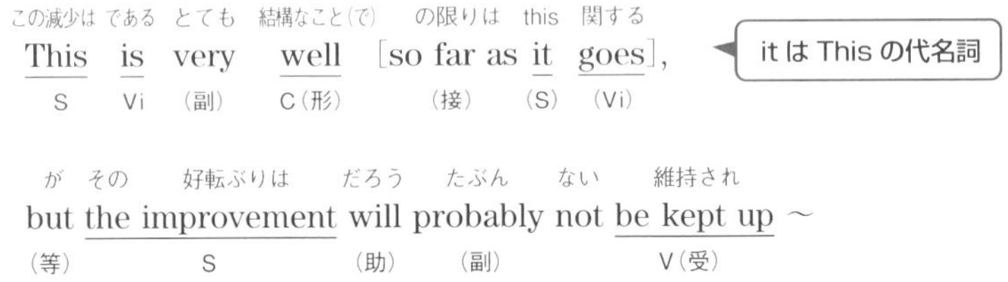

この減少は　である　とても　結構なこと(で)　の限りは　this　関する
This is very well [so far as it goes],
S　Vi　(副)　C(形)　(接)　(S)　(Vi)
it は This の代名詞
が　その　好転ぶりは　だろう　たぶん　ない　維持され
but the improvement will probably not be kept up ～
(等)　S　(助)　(副)　V(受)

This とその代名詞 it は前の文を受けて「この (交通事故死亡者数の) 減少」ととります。"so far as it goes" は「これはこれで」と訳せます。

続いて, while 節の前までの構造を見てみましょう。

そして　他方　誰もが　を知っている
and meanwhile everyone knows
(等)　(副)　S　Vt

例題：語句 road deaths 名 交通事故死亡者数／ as compared with N「N と比べると」／ so far as S ＋ go「S に関する限りでは」／ traffic system 名 交通制度, 交通体系

ということ　誰も　できない　を解決する　この　　問題
[that you can't solve the problem [while ~]].
O→(接) (S)(一般)　(Vt)　(O)

さて，次の while 以下のポイントになる部分です。補語になっている what 節に注目してください。節内の文型はどうなっているでしょう。

our traffic system remains [what it is]　◀ what は is の C
S　Vi　C→C　S　Vi

となっていますが，この it は our traffic system ですから，what に内蔵された先行詞を想定すると，以下のように考えられます。

what it is = the traffic system [that it is]
C　S　V

「それがそうである交通体系」とは「現在の交通体系」となり，以下のようにまとめられます。

うちは　ロンドンの　交通体系が　のままである　現在の状態
[while our traffic system remains [**what** **it** **is**]].
(接)　S　Vi　C→(関代)C　S　Vi

what it is なら「現在の～」，**what it was** なら「過去の～」と，〈**what S be**〉は「**いついつのS**」と訳すことができるわけです。

《全文訳》ロンドンの各紙が9月の交通事故死亡者数が昨年9月と比べて，80名近く減ったと報じたところだ。この減少はこれはこれで大変結構なことである。しかし，この好転ぶりはこのまま持続しないだろうし，また一方皆が，当市の交通体系が現状のままであるうちは誰もこの問題を解決できないとわかっているのである。

(解説・解答→別冊：p.19)

演習 33 次の英文の下線部を訳しなさい。

C.A. Helvetius, the 18th-century French philosopher, once said, "Education makes us what we are." In a very real sense, education does make us what we are. We are very much the product of what we have learned and experienced in the past.

(京都外国語大)

演習：語句 philosopher 名 哲学者／sense 名 意味／product 名 産物／in the past 副（現在完了とともに）これまで

34 共通関係〈A and B〉はBからキャッチ!

次の英文の下線部を訳しなさい

When you know a language, you can **speak** and **be understood** by others who know that language. <u>This means you have the capacity **to produce** sounds that signify certain meanings and **to understand** or **interpret** the sounds produced by others.</u>

(成城大)

解法 and, but, or などの等位接続詞は，文法上同質の語（句／節）を結びます。これに着眼すると，文の構造をズバリつかむことができます。例えば，英文がXA + Bという配列になっていても，実際にはX(A + B) = XA + XBのように考えなければならないときがあります。**このXを共通語**と言い，**「(Xに対して)AとBは共通の関係を持つ」**と言います。共通関係には，次の3つのタイプがあります。

① X(A + B)　② (A + B)Y　③ X(A + B)Y

では，第1文での共通関係はどうでしょう?　まず，and に注目。and の後に be understood がありますね。be は原形ですから，次に and の前に原形を探すと，助動詞 can の直後に speak（原形）があります。図解してみましょう。

[When (接: ～のときには) you (S: (一般に)人は) know (Vt: を知っている) a language (O: ある 言語)], you (S: その人は)

can (助: できる)
{ **speak** (V①: しゃべることが)
and (等: また) **be understood** (V②(受): わかってもらうことが) (by others) (M(先): に ほかの人たち) [who ((関代)S: (その人は)) know (Vt: を知っている) that language (O: その 言語)].

can を共通語とする① X(A + B) のタイプです。このように，共通関係 X(A + B) を発見する確実な方法は，**接続詞の後に置かれるBを見つけ，次にそれと同質のAを探すこと**です。

例題：語句 language 名 言語／capacity 名 能力／produce a sound「音声を出す」／signify Vt を意味する／certain 形 一定の／meaning 名 意味／interpret Vt を解釈する

第 2 文の構造は means (Vt) you (S) have (V) ですから，you の前に接続詞 that を補えますし (→ 12課)，sounds の直後の that は関係代名詞の主格ですね。

第 2 文で共通関係を見抜いてみましょう。and が結ぶのは to produce と to understand です。さらに，or が結ぶのは understand と interpret です。この部分をまとめて図解してみましょう。

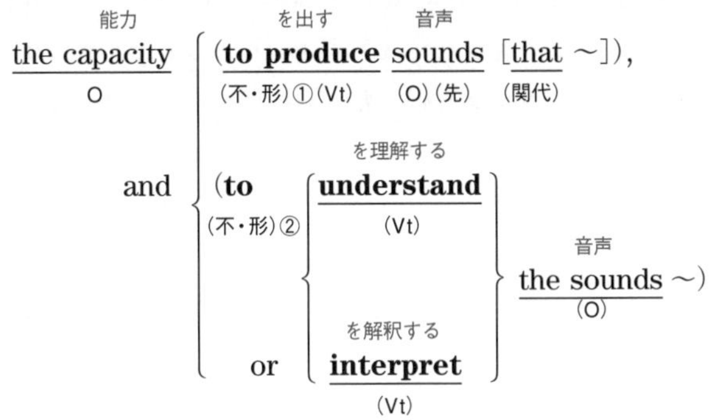

capacity からはタイプ①の X (A + B)。次に，understand と interpret は to を共有すると同時に，後の the sounds も共有しますから，ここはタイプ③の X (A + B) Y となります。共通関係をとらえると，文の構造が立体的に頭のなかで整理されてきますね。

なお，等位接続詞と B の間に副詞 (句／節) が入り込むことがありますから，だまされないようにしましょう。

《全文訳》 一般に人がある言語を知っているときには，その人はしゃべることができ，またそれを，その言語を知っているほかの人たちにわかってもらうことができる。<u>これは，その人に一定の意味を表す音声を出す能力があり，またほかの人が出す音声を理解し，解釈する能力があるということである</u>。

(解説・解答→別冊：p.20)

演習 34　次の英文の下線部を訳しなさい。

If you find that you are not the best in your class, no matter how hard you try, perhaps your goal is too high. <u>It is better to do as well as you possibly can, and then learn to be happy for the person who gets the best grades.</u>

(北海道女子短大)

演習:語句 no matter how ～ SV「Sがどんなに～Vしても」／as ～ as S ＋(possibly) can「できるだけ～」／grade 名 点数，成績

35 V を共有する S や O を探せ！

次の英文の下線部を訳しなさい

Conflict is often considered undesirable in our society. You may believe that conflicts cause **marriages to dissolve, employees to be fired**, and **loss of teamwork to occur**. Arguments, disagreements, and fights do force people apart and damage relationships. （同志社女子大）

解法 この課からは，具体的に**何が共通語になっているかにスポットを当てて，共通関係を見抜き**，文の構造を解き明かしていく技術をマスターしていくことにします。

第 1 文には共通関係は見られませんね。「争いはしばしば好ましくないと見なされている」という意味です。

次の第 2 文，ここは名詞がたくさん目につきます。こんなときこそ共通関係による文の解明が威力を発揮するのです。

では，前の課の技術を思い出してください。まず，**and に注目**。and がつなぐものを探すのでしたね。and の後は，loss (of ～) to occur ですね。and の前にそれと同質の語句を探しましょう。

人は　かもしれない　を信じている　ということ　争いが
You (S) may believe (Vt) [that (O→(接)) conflicts (S)

結婚が　解消する
　　marriages (O①) (**to dissolve**) (C→(不)(Vi)),

(～に)…させる　従業員が　首になる
cause (Vt) { **employees** (O②) (**to be fired**) (C→(不)(Vt)(受)),

失うことが　を　チームワーク　起きる
and (等) **loss** (O③) (**of teamwork**) (目的) (**to occur**) (C→(不)(Vi))].

例題：語句 conflict 名 争い／undesirable 形 望ましくない／dissolve Vi 解消する／fire Vt を解雇する／employee 名 従業員／occur Vi 起こる／disagreement 名 意見の相違

marriages to dissolve, employees to be fired がキャッチできましたか。**動詞 cause「～させる(原因になる)」を共通語として，3つの〈OC〉がきれいに並んでいます。**ところで，〈OC〉にはS(主語)とP(述語)の関係があることはすでに述べましたね(→6課)。つまり，**3つのOをすべてSに見立てて，「～が」をつけて訳す**のがテクニックです。

さて，最後の文。このわかりにくい文を，and に注目して，共通関係でキャッチしてみると，2つ目の and の後に damage が見つかりますね。前に目をやり force をキャッチすると，damage が do とかかわることがわかります。

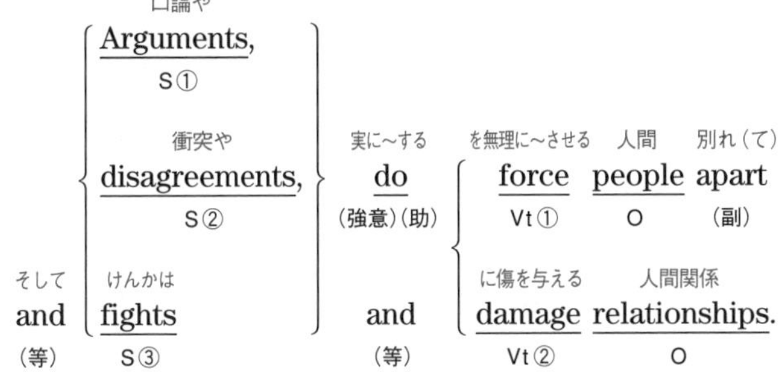

ごらんの通り，S①，S②，S③とV①，V②が**強意の助動詞 do を共通語**とし，それを要(かなめ)にして2つの扇子が両方に広がっている，実に単純な構造になっています。今まで，英文をフーフー言って読んでいた人には，視界がパッと開けてくるような現象ですね。

《全文訳》 争いはしばしば社会では好ましくないと見られている。人は争いのために結婚が解消し，従業員が首になり，またチームワークがこわれたりすると信じているかもしれない。口論や衝突やけんかのために，実際人は別れ，人間関係に傷がつくのである。

(解説・解答→別冊：p.20)

演習 35　次の英文の下線部を訳しなさい。

Various people exhibit various cultural characteristics. Each people has its own way of doing things and its own "personality." <u>To be different, to do things differently, is not to be better or worse, superior or inferior.</u>

(獨協大)

演習：語句 exhibit Vt を示す／characteristic 名 特徴

36 Vがつながる共通関係を見抜け

次の英文の下線部を訳しなさい

Most of us **know**, and all of us should **know**, **the solid satisfaction** that comes from doing a thing well. In writing, also, the forming of even a single good sentence results in the added joy of successful creative effort.

（成蹊大）

解法 **共通関係**の応用編です。例題をよく見てください。and が目にとまりましたか。では，第1文の共通関係は？

and の後には，all of us should know そしてカンマがあり，and の前は Most of us know とあります。現在形の know も，should の後の原形の know も，know は他動詞ですから目的語（O）が必要です。期待して目を移すと，the solid satisfaction があります。この名詞 **satisfaction が共通の O** です。図解してみましょう。

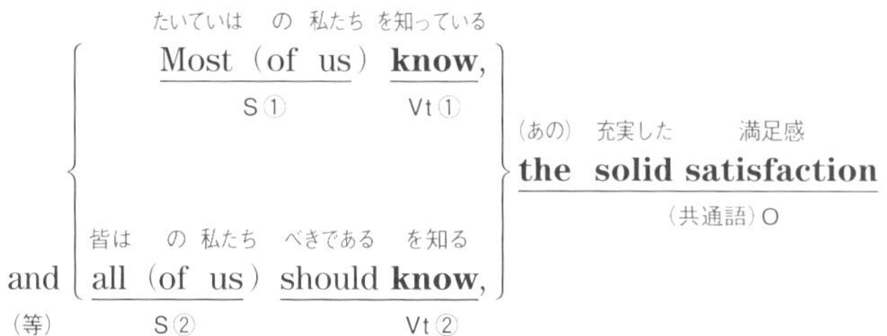

となります。この文の作者は，and all of us should know を**2つのカンマ（,）ではさんでいる**ことからもわかるように，「知らない人がいてはいけない，みんな知るべきだ」と追加して念を押しています。これがこの場合は，

S + Vt ①
S + Vt ② } O ◀ Vが O を共通語にするパターン

という，(S) V がつながる共通関係を作りだしたわけです。このように，共通関係は，

例題：語句 solid 形 充実した／ satisfaction 名 満足／ come from N「N から生じる」／ result in N「N に終わる」／ added 形 さらなる／ creative effort 名 創造的な努力

英文のいたるところにいろいろな形で登場します。逆に言えば，**共通関係がつかめれば，一瞬のうちに英文の構造はその骨格を現してくる**と言えるのです。

さて，第２文に共通関係は？　残念ながらありません。でも，〈前置詞＋名詞〉を(　　)にくくる技術を駆使してみましょう。

の場合　書くこと　もまた　作ることは
(In writing), also, the forming
M　(副)　S

を　でも　たった１つの　すばらしい　文
(of even a single good sentence)
(目的)　M

結局…(を生む)ことになる　さらなる　喜び　から生じた　実を結んだ　創造的な　努力
results (in the added joy) (of successful creative effort).
Vi　(前)　(名)　M

the forming results というSVの単純な骨格が浮かびあがってきますね。results は〈in the added joy〉の in と結びつくと，「(作ることは) 結局 (以前にも増して喜びを生むこと) になる」という文意になります。

《全文訳》 あることをりっぱにやり遂げたことから生じるあの充実した満足感を，私たちはたいてい知っているし，また皆知るべきなのである。物を書く場合にもまた，たった１つでもすばらしい文を書きあげると，その創造的な努力が実を結んだことから生じたこれまでにないほどの喜びが結局は生まれることになるのである。

(解説・解答→別冊：p.21)

演習 36　次の英文の下線部を訳しなさい。

Computers are an obvious part of technology that reaches into most people's lives. Computers answer telephones, retrieve information instantly, read and answer letters, and make mathematical computations in much less time than a person can.

(千葉商科大)

演習:語句 reach into N「Nに入り込む」／retrieve Vt を検索する／make a computation「計算をする」

37 前置詞句がつながる共通関係を見抜け

次の英文の下線部を訳しなさい

Nobody can expect to understand everything about a picture and no one needs to like all works of art. Artists are people who constantly look **for what** has not been seen, felt or understood before **and for ways** of presenting what they find in paintings, drawings or sculpture. It may take people some time to catch up with what they have done. （立命館大）

〈SVX and SVX.〉のように２つの節が結合しているとき，２つの節を等位節というのでしたね。第１文がこのパターンです。

誰も　はならない　と思って　を理解できる　すべて　について　１枚の絵
Nobody can expect (to understand everything (about a picture))
S　Vt　O→　(不)(Vt)　(O)　(M)

そして
and
(等)

誰も　必要はない　を気に入る　すべての　作品　の　芸術
no one needs (to like all works (of art)).
S　Vt　O→(不)(Vt)　(O)　(M)

第２文がこの課のポイントです。who 以下の and に注目。**and は後続の for ways** ～と前の **for what** ～を結ぶことが一見してわかります。

芸術家とは　である　人たちのこと　(その人は)　たえず
Artists are people [who constantly
S　Vi　C(先)　(関代)S　(副)

探す　を　もの　かつて見られたことのない
look **for** [**what** has not been seen, ～ before]
(共通語)Vi　(関代)S　V(現完・受)

を　方法　のための　を表すこと
and **for ways** (of presenting [what ～] (in ～)].
(等)　(動名)

look for は「～を探す」という Vt 相当の句動詞ですね。その **look を共通語として**

例題:語句 present Vt を表す／painting 名（絵具で描く）絵／drawing 名（鉛筆・クレヨン等で描く）絵／sculpture 名 彫刻／take O_1 O_2「O_1 に O_2 を必要とする」／catch up with O「O に追いつく」

2つの for ～がつながっているのです。さらに what 節が続きますが，ここにも共通関係が含まれています。

この節では，or が been と before を共通語として3つの過去分詞をつないでいますね。そしてこの後は，or は in を共通語として3つの名詞をつないでいます。

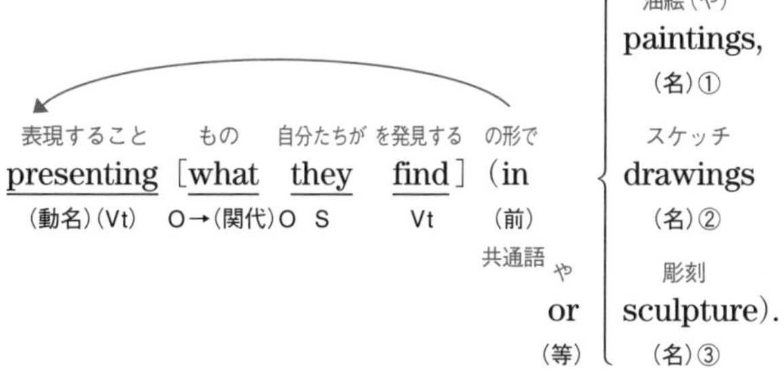

《**全文訳**》 人は誰も，1枚の絵を完全に理解できると思ってはならないし，またすべての芸術作品を気に入る必要もないのである。芸術家とは，かつて視覚・感性・理解のいずれにおいても経験されたことのないものを探し，また自分たちが発見するものを油絵・スケッチや彫刻の形で表現する技巧を，絶えず追求している人たちのことである。人は芸術家の造りだしたものを理解するのに，しばらく時間が必要かもしれない。

（解説・解答→別冊：p.22）

演習 37 次の英文を訳しなさい。

Man's progress in making weapons and tools, first of bronze and then of iron, accompanied the development of agriculture and the domestication of horses, sheep, and oxen. （実践女子短大）

演習：語句 progress 名 進歩／ bronze 名 青銅／ accompany Vt に伴う／ domestication 名 飼い慣らすこと

38 名詞をつないだ X (A + B) Y 型を見逃すな

次の英文の下線部を訳しなさい

A generalization is a statement that includes more than what is actually observed. It proceeds **to** a **rule** or **law that** includes both the observed cases and those not yet observed. Thus the generalization may not be true, even though the observations on which it is based are true. （大妻女子短大）

解法 この課に登場するのは，前後に共通語が控えているパターン，つまり X (A + B) Y のタイプです。**共通関係を見抜くカギは and, but, or などの後ろに注目し，次に前をじっくり観察する**ことでしたね。このタイプも同様に考えればいいのです。

A generalization（一般論は / S） is（である / Vi） a statement（説 / C（先））

[that（（それは） / （関代）S） includes（を含んでいる / Vt） more（もっと多くのもの / O（代）） than（より） [what（もの / （関代）S） is（れる） actually（実際に / （副）） observed（観察さ / V（受））]].

第 1 文には，共通関係は見当たりません。関係代名詞 that 以下の大従属節の中に，関係代名詞 what 以下の小従属節が入っています。

さて，第 2 文がこの課のハイライトです。まずは **or に注目**。直後に名詞 law，前を見ると名詞 rule がありますね。or がつなぐのは rule と law です。とすれば，この 2 語が共通語とするのは，前置詞 to と冠詞の a だとわかります。そしてもう 1 つ，law の後に続く **that 節**も共通語だと気づきましたか。図解してみましょう。

It（一般論は / S） proceeds（及んでいく / Vi） (**to** a（に / （前））
{ **rule**（規則 / （名）①（先）①）
or（（等）） **law**（法則 / （名）②（先）②） }
[**that**（（それは） / （関代）S） includes（を含む / Vt） ～]).

例題：語句 generalization 名 一般論／ statement 名 説／ include Vt を含む／ observe Vt を観察する／ proceed to N「N に進む」／ case 名 事例／ be based on N「N に基づいている」

この2つの名詞は前置詞 to の目的語 (O) ①②であると同時に，関係代名詞 that の先行詞①②でもあるのです。つまり，

前置詞 (N ①＋ N ②) ［関係詞節］ → X (A＋B) Y

のはさみうちタイプです。どんなタイプでも，**等位接続詞をはさんで Y から探すのが原則**です。

［～ both（の両方とも） the observed（観察された）（過分） cases（事例）O①
and（と）（等） those（事例）O② (not yet（まだ…いない） observed（観察されて）（過分）)］.

both ～ and ... は相関接続詞で，「～と…の両方とも」という意味になることは知っていますね。those は代名詞ですが and の前後を比べると those = the cases とわかります。

最後の文は，even though 以下の大従属節に［on which it is based］の〈前置詞＋関係代名詞（目的格）〉で始まる小従属節が含まれていることに気づくのがポイントです（→ **26** 課）。

《**全文訳**》 一般論とは，実際に観察されることより多くを述べている説のことである。観察された事例とまだ観察されていない事例の両方が含まれている規則や法則に踏み込むのだ。従って，一般論は，その基礎となっている観察がたとえ正しいものであっても，正しくないかもしれない。

（解説・解答→別冊：p.22）

演習 38 次の英文の下線部を訳しなさい。

Some suggestions on how to encourage laughter for healing: instead of flowers, send the patient a funny novel, a book of jokes, a silly toy or humorous audio or video tape. Keep on the lookout for humorous happenings and stories that you can tell the patient about. Arrive at the bedside with a funny story instead of a complaint about the terrible traffic or the parking problem. （上智大）

演習：語句 encourage Vt を促す／ healing 名 治療法／ instead of 群前 の代わりに／ patient 名 患者／ keep on the lookout for N「N がないかと心がける」

39 前置詞が共通語となる共通関係の発見

次の英文の下線部を訳しなさい

Only 100 years ago man lived in harmony with nature. There weren't so many people then and their wants were fewer. Whatever wastes were produced could be absorbed by nature and were soon covered over. Today this harmonious relationship is threatened by man's lack **of foresight** and **planning**, and **by his carelessness** and **greed**. （京都産業大）

この課のテーマも**共通関係の発見**です。and に注目しながら例題に取り組みましょう。

第 1 文は，"in harmony with" がわかれば簡単。「わずか 100 年前は人間は自然と調和して暮らしていた」という意味になります。

第 2 文に and がありますが，これは 2 つの等位節をつないでいるだけで，共通関係ではありません。前半は「当時は，人はそれほど多くはなかった」と訳しましょう。

次は第 3 文，and がありますね。

どんな…でも　ごみ　排出される
[Whatever wastes were produced]
複合関係形容詞　S

得た　吸収され　によって　自然
could be absorbed (by nature)
V（受）①　M

また
and
（等）

しまった　すぐに　土におおわれて　すっかり
were soon covered over.
V（受）②　（副）

whatever は「どんな～（で）も」という意味で，ここでは wastes を修飾している複合関係形容詞です。従って，[　] 内を書き換えると，Any wastes [that were produced] となります。主語である Whatever 節内の S は wastes で，and は 2 つの述語動詞（could be absorbed と were covered over）をつないでいます。

例題：語句 be absorbed by N「N によって吸収される」／ harmonious relationship 名 調和のとれた関係／ threaten Vt をおびやかす／ foresight 名 先見／ greed 名 欲ばり

さて，第４文です。３つの and に注目!

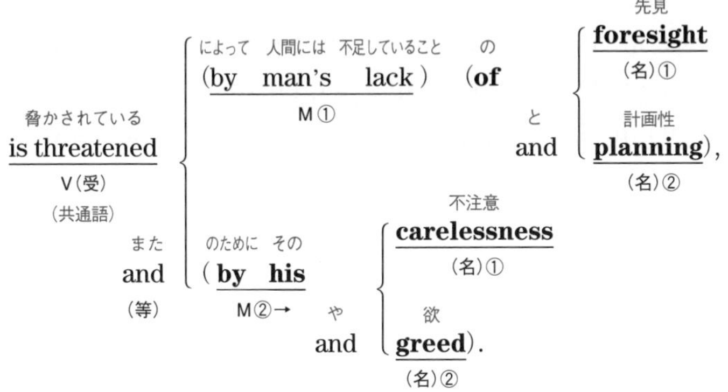

真ん中の and は２つの修飾語句 (M)，すなわち (by man's lack) と (by his carelessness and greed) をつないで，is threatened を共通語としています (→ 37 課)。そして，この課のポイントは，１つ目と３つ目の and につながれた共通関係です。

of { foresight / planning }　by (his) { carelessness / greed }　→　前置詞 { N ① / N ② }

この**前置詞が共通語となるパターン**を見逃さないように！

> **《全文訳》** わずか100年前には，人間は自然と調和のとれた暮らし方をしていた。当時，人間の数は，それほど多くはなかったし，人間が必要とするものも今より少なかった。人が排出するどんなごみも，自然界に吸収され，すぐにすっかりおおわれてしまった。今日，この調和のとれた関係は，人間に先見の明がなく，計画性に乏しいことのために，また人間の不注意と欲望のために，脅かされている。

(解説・解答→別冊：p.23)

演習 39　次の英文の下線部を訳しなさい。

Boston has a claim to be the cradle of American life. It is a big, vital, beautiful city, but one torn by the racial tensions of "busing" and the racial violence of everyday life.

(大阪経済大)

演習:語句 claim 名 権利／ the cradle 名 発祥地／ be torn by N「N に悩む」／ racial 形 人種間の／ busing 名 (人種差別をなくす目的で) 児童をバス通学させること

40 副詞をつなぐ共通関係を見落とすな

次の英文の下線部を訳しなさい

The expression "mother-tongue" should not be understood too literally: the language which the child acquires naturally **is not, or not always**, his mother's language. When a mother speaks with a foreign accent or in a pronounced dialect, her children as a rule speak their language as correctly as other children, or keep only the slightest tinge of their mother's peculiarities. （早稲田大）

解法 この課では，**等位接続詞が副詞をつなぐ共通関係**を学習しましょう。ここでは否定語がつながるパターンです。

第１文のコロン（：）までは，共通関係はありません。この課のポイント，等位接続詞が否定語をつなぐ英文はコロン以下に顔を見せています。or に実例を見せてもらいましょう。例によって，**or の後→前に注目**してください。

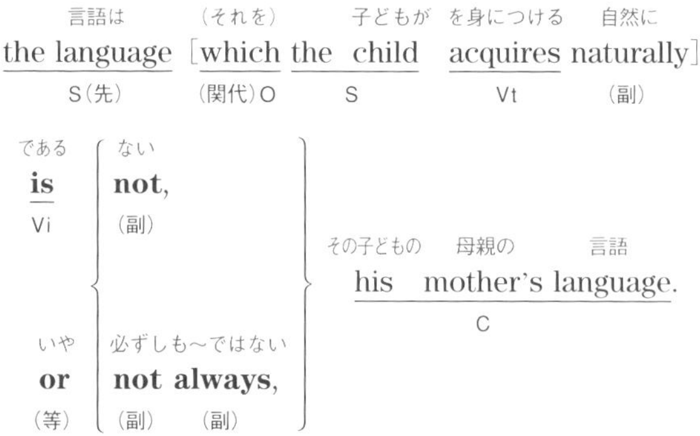

わかりましたか。not と言ってから「より正確には」の気持ちで，カンマの後に or not always と言い直したのですが，**be 動詞 is を否定する副詞 not が２つあること**がはっきりとキャッチできましたね。"not always" は「必ずしも～というわけではない」という部分否定（→ 87課）ですよ。

例題：語句 literally 副 文字通りに／acquire Vt を習得する／accent 名 なまり／pronounced 形 明確な／dialect 名 方言／as a rule 副 一般に／keep Vt を保持する／the slightest 形 ほんのわずかな／tinge 名 色あい／peculiarity 名 癖

そして，第２文にも２つの or がありますが，これは何をつないでいるのでしょうか。接続詞 When からカンマまでの従属節内にある１つ目の or に注目しましょう。

場合でも　ある　母親が　話している　で　外国　なまり
[When　a mother speaks　(with a foreign accent)
（接）　S　Vi　M①
あるいは　で　すごい　方言
or　(in a pronounced dialect,)
（等）　M②

これは **with 〜と in 〜の２つの前置詞句が speaks という V を共通語として修飾しているパターン**です（→ 37 課）。また，２つ目の or はどうでしょう。

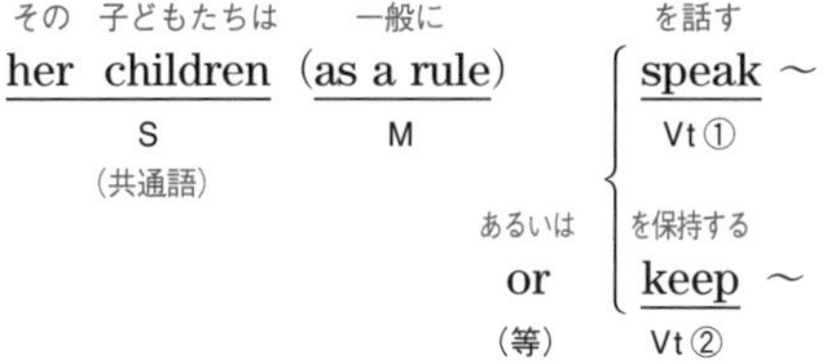

こちらは主節の S である children を共通語にして，or の後の keep 〜と前の speak 〜という２つの V をつないでいるわけです（→ 36 課）。

《全文訳》「母語」という表現は，あまりにも文字通りに受け取ってはいけないのである。すなわち，子どもが自然に身につける言語は，母親の言語ではない，いや，必ずしも母親の言語というわけではない。ある母親が外国なまりで話したり，またすごい方言で話したりしている場合でも，一般に，その子どもたちは，よその子と同じほど正確にその言葉を話すか，母親の癖は本当にごくわずかしか身につけていないのである。

（解説・解答→別冊：p.23）

演習 40　次の英文の下線部を訳しなさい。

In winter, people usually tend to decrease their activity and save energy. <u>They aren't as active or as physically fit as they are in summer.</u> Such inactiveness, however, could affect their well-being. If you want to maintain good health and have a good figure, don't let winter keep you from your regular activities and exercise.　（同志社大）

演習：語句　decrease Vt を減らす／fit 形 健康で／inactiveness 名 不活発さ／well-being 名 健康／figure 名 体型／keep O from N「O に N させないようにする」

41 節をつなぐ and, but, or

次の英文を訳しなさい

Studies in the United States have shown **that** most people want their first child to be a boy, **that** couples who have only daughters are more likely to "keep trying" than those who have only sons, **and that** both mothers and fathers — especially fathers — show more interest in and pay more attention to their sons than their daughters.

（東京女子大）

解法 この課では共通関係の仕上げとして，従属節をめぐる共通関係を検討しましょう。どんなに複雑に見えても，**〈A and B〉のように and［but/or］につながれている A，B は，文法上同質**であることを出発点に（→ 34課）探っていけば，英文の構造が必ず見えてきます。この場合，**B から探すのが原則**です。なぜなら，一般的に B の前に副詞的語句がない限り，等位接続詞の距離が A より B のほうが近いからです。

例題は息の長い文ですね。and がいくつか見えますが，最初の and の直後は that 節になっているようです。この節内では show が V で，mothers and fathers が S と見当がつきますね。and の直後は［that SVX］と確認できますから，この and は従属節をつないでいると判断できます。

それなら，前のほうに同種の従属節があるはずだ，と見直すと，have shown［that SVX］，［that SVX］がくっきり目に入ってきませんか。つまり，**3 つの that 節は have shown の目的語になっている名詞的な従属節**だったのです。

研究は	での	アメリカ合衆国	を示している
Studies	(in	the United States)	have shown
S	M		Vt（現完）

例題：語句 study 名 研究／couple 名 夫婦／be likely to Ⓥ「Ⓥしそうだ」／keep Ving「V し続ける」／especially 副 特に

～ということ　たいていの　人々は　を望む
[**that** most people want ～],
O①(接)　S　Vt

夫婦は　である　より　(し)そう　続ける　努力　よりも　夫婦
[**that** couples ... are more likely (to "keep trying") than those ～],
O②(接)　S　Vi　C　(不)　(Vi)　(C)(現分)

の両者が　母親　と　父親　を示す　を払う
and [**that** both mothers and fathers ... show ... and pay ～],
(等)　O③(接)　S　Vt①　Vt②

上の図解から，2つ目のthat節では，thanの直後のthoseは前と比較してcouplesの代役だとわかります。keep trying (to have a son) と補えましたか。

下の図解を見てください。3つ目のthat節では，andの前の前置詞inの目的語が必要なことと，andの直後がpayですから，**andはshowとpayを結び**，さらに**2つのmoreがthan～を共通語にしている**のがわかれば，**their sonsがinとtoの共通の目的語**と見抜けるはずです。

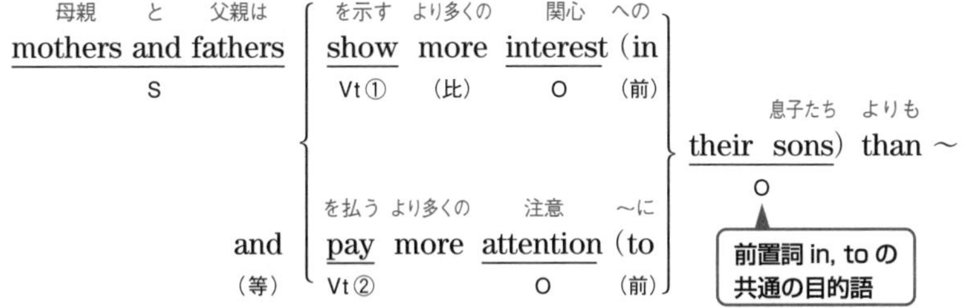

《**全文訳**》 アメリカ合衆国での研究によると，たいていの人々は第1子が男子であることを望み，娘しかいない夫婦は息子しかいない夫婦よりもっと「(さらに男の子をもうけようと) 頑張り続け」そうだし，母親と父親の両者が――特に父親は――娘よりも息子のほうにより多くの関心を示し，より多くの注意を払うということである。

(解説・解答→別冊：p.24)

演習 41　次の英文の下線部を訳しなさい。

Apes and monkeys in the wild are not separated for more than a few minutes from their newborn babies, <u>so that it is impossible to know if the first twelve hours after birth are particularly important to bonding or even if such a process occurs.</u>　(東北学院大)

演習:語句 ape 名 類人猿／in the wild「野生の」／newborn 形 生まれたばかりの／so that 接 それで／bonding 名 絆を作ること

42 助動詞の後の隠れた動詞をキャッチせよ

次の英文の下線部を訳しなさい

World conditions are constantly changing, and attitudes must change with them. If they **do not**, catastrophe is bound to follow. The attitude that now is most in need of change is the way we view the relationship of ourselves and our countries to other lands.

（大手前女子短大）

解法 英語は同じ語（句）の繰り返しをきらう言語です。そのため，ほかのもっと簡単な語（句）に置きかえたり（代不定詞や代動詞の do），省略したりすることがしばしばあります。それが，英文を解釈する上でネックになります。でも，よく考えてみると，文脈で明らかにそれだとわかるからこそ，省略が起こるわけですね。つまり，**前後関係をよく見れば，簡単にその正体がわかる**のです。

まず，第1文。ここは問題ありません。ただ，attitude は「態度」という意味ですが，文脈上「物の見方」と訳しておきましょう。

次にこの課のポイント，第2文です。助動詞の後に動詞がくる，これは誰でも知っている常識です。ところが，do not の後の動詞は?

もし～なら	見方が	～ない		破局が	きっと～する		起きる
[If	they	**do not**],		catastrophe	is	bound	(to follow).
(接)	S	V(否)		S	V	C	(不)(Vi)

では，助動詞の後の動詞はどこへ行ったのでしょう。この they は attitudes をさしますから，前文の関連部分と比べてみましょう。

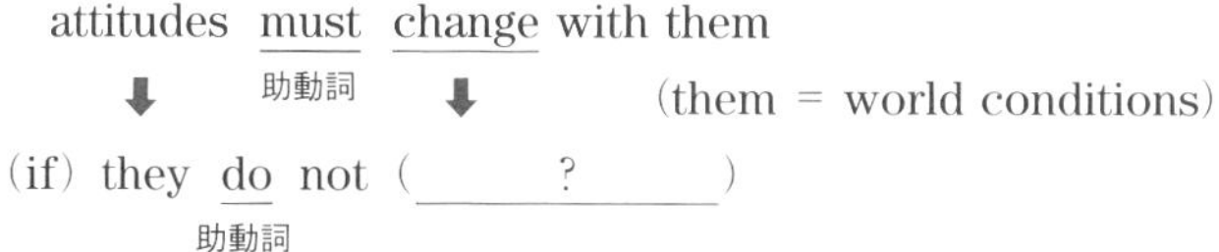

つまり，この文では助動詞の後の動詞 change (with them) が省略されていたわけです。このように，**助動詞の後の動詞が反復を避けるために省略**されることがありま

例題：語句 world conditions 名 世界の情勢／ attitude 名 見方／ catastrophe 名 破局／ be bound to Ⓥ「きっとⓋする」／ be in need of N「N を必要としている」

す。その場合は，以下のように**隠れた動詞を補って訳していく**のがこの課の技術です。

if they do not **change** (with them),

では，最後の文。先行詞 the way の後の関係副詞 that が省略されています（→ 30 課）。

of を共通語とする and で結ばれた共通関係も把握できましたね（→ 39 課）。

《**全文訳**》 世界の情勢は絶えず変化しているのである。従って，物の見方もその移り行く情勢とともに変化しなければならない。もし，その見方が変化しないとしたら，必ずや破局が訪れることになるだろう。今最も変化を必要としている見方は，私たち自身や私たちの国家と，他国との関係に対する見方である。

（解説・解答→別冊：p.25）

演習 42 次の英文の下線部を訳しなさい。

I'm sure you remember John Everhart. Well, he left this world last week. I have yet to meet anyone who can tell a story like he could. He retired from the Army and came back home to an apartment not too far from where he was born. He was killed by a hit-and-run driver. No suspects. No arrests.

（桜美林大）

演習：語句 this world 名 この世／have yet to Ⓥ「まだⓋしていない」／retire Vi 退く／hit-and-run 形 ひき逃げの／suspect 名 容疑者／arrest 名 逮捕

43 副詞節で省略される〈S + be動詞〉

次の英文の下線部を訳しなさい

In Britain there are a number of Sunday newspapers, many of which are connected with the "dailies," **though not run** by the same editor and staff. The Sunday papers are larger than the daily papers and usually contain a greater proportion of articles concerned with comment and general information rather than news.（駒沢大）

解法 英語は「節約の言語」です。共通関係を駆使した英文構成もその1つですし，語句の省略も技法の1つです。この課では，時・条件・譲歩などの副詞節の中で〈S + be動詞〉が省略されているのを見抜くのがポイントです。

まず，第1文の関係詞節中に組み込まれたthough not runに注目してください。後にby ～が続いていますから，明らかにrunは過去分詞です。とすると，接続詞thoughの後に〈S + be + run〉と続くと節の形が整いますね。

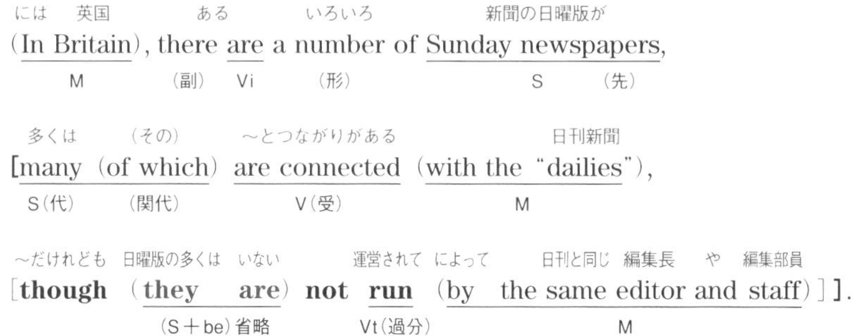

このように，**though の後に，(they are) を補うと文意がはっきりしてきます。**通常は副詞節中の主語は主節に一致します。この場合，従属節though節に対する「主節」は関係詞節になりますから，though (they are) runと補います。theyはmany (of the Sunday newspapers)をさします。

例題：語句 be connected with N「Nと関係がある」／dailies 名 日刊新聞／run Vt を運営する／proportion 名 部分／be concerned with N「Nに関係がある」／comment 名 論評

第 2 文では，1 つ目の and が are と contain をつないで，The Sunday papers を共通語にしています。X(A + B) のタイプですね (→ **36** 課)。

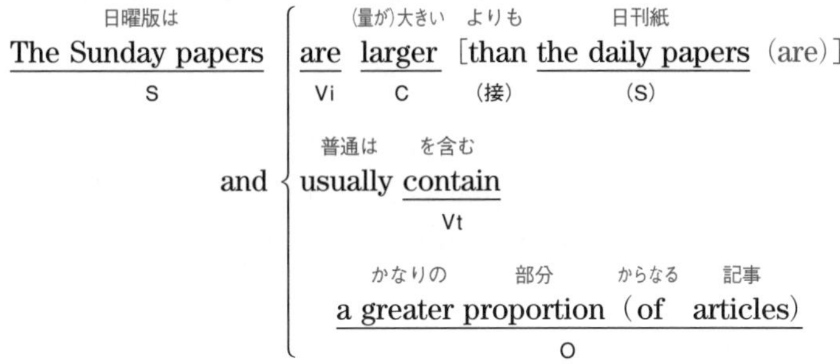

そして，concerned 以下では，comment と general information は with と rather than を両翼に持つ **X(A＋B)Y** のタイプですよ。

《全文訳》 英国では，いろいろな新聞の日曜版が出されていて，その多くは，日刊新聞と同じ編集長やスタッフによって運営されてはいないが，同系の日刊新聞とつながりがある。日曜版の方が日刊紙よりぶ厚く，たいていの場合，ニュースよりはむしろ論評や社会面の情報に関する記事にかなりの紙面をさいている。

(解説・解答→別冊：p.25)

演習 43 次の英文の下線部を訳しなさい。

In Wales, Scotland and Ireland a seaweed called Sea Lettuce, because its green leaves look like lettuce leaves when seen in a pool, has been eaten for hundreds of years. The seaweed is gathered, cleaned and washed, then boiled and served like cabbage.

(大阪産業大)

演習：語句 seaweed 名海草／ lettuce 名レタス／ pool 名水たまり／ serve Vt を (食事に) 出す／ cabbage 名キャベツ

44 and/butの後ろの構造が不明なら前を見て比較

次の英文の下線部を訳しなさい

The scientist's concern is truth, the artist's concern is beauty. Now some philosophers tell us that beauty and truth are the same thing. They say there is only one value, one eternal thing which we can call x, and that truth is the name given to it by the scientist and **beauty the name** given to it by the artist.

（東北大）

解法 共通語句を省くのによく使われる方法は，**等位接続詞 and，but などの後の等位節に省略を行う**ことです。つまり，〈SVX **and** S（　　）X〉のような形になります。この課では，この省略された語句の復活がテーマです。

第 1 文は，**等位節をつなぐ and が省略**されています。「科学者の関心事」と「芸術家の関心事」が対比的に述べられている部分ですね。

第 2 文は SVO_1O_2 の文型で，that が導く従属節は直接目的語 (O_2) になっています。

第 3 文の下線部がポイントです。say を共通語にして，that が導く **2 つの従属節が and でつながっている構造**がキャッチできましたか。

哲学者は　と言う
They say
S　Vt

（と）　がある　だけ　1つの　価値が　すなわち　1つの　永遠なる　もの（が）
[(that) there is only one value, one eternal thing
O①→（接）（副）Vi（副）S（同格語）（先）

（それを）　われわれは　できる　～を…と呼ぶ
[which we can call x]],
（関代）O　S　Vt　C

（と）
and [that S + V ～].
（等）O②→（接）

例題：語句 concern 名関心／ philosopher 名哲学者／ value 名価値／ eternal 形永遠の

さて，この課のポイント，2つ目のOであるthat節に注目してください。andの前後は同質のものでなければいけないのですが，andの後の構造がピンと来ません。andの前後を並べてみましょう。

		truth	is	the name	given ～
		S	V	C	
and		beauty	(?)	the name	given ～

andの前後の構造を対比すると，andの後の部分にはVが不足しています。isが省略されているわけですね。ですから，isを補って図解すると，

and [that
　truth（真理は／S①） is（であり／Vi） the name（名称／C） given（つけられた／過分） (to it)（にそれ／M） (by the scientist)（によって科学者／M）
and（また／等）
　beauty（美は／S②） **(is)**（である／Vi） **the name**（名称／C） given（つけられた／過分） (to it)（にそれ／M） (by the artist)（によって芸術家／M）].

となります。isという共通語句の一方が省略されていたわけで，省略された共通語句を復活させて訳すのが，英文解釈の技術なのです。

構造が不明なら前を見て比較！　これを忘れないように。

《全文訳》 科学者の関心は真理であり，芸術家の関心は美である。現在，美と真理は同じものと言う哲学者もいる。つまり哲学者は，唯一の価値 ―― すなわちわれわれがxと呼べる唯一の永遠なるもの ―― があって，真理は科学者がその価値につけた名称であり，美は芸術家がつけた名称だ，と言う。

（解説・解答→別冊：p.26）

演習 44　次の英文の下線部を訳しなさい。

To a foreigner, a group of Japanese is a threat, a single Japanese is just another human being. Foreigners who are interested in meeting Japanese people will approach single persons, but not groups.

（立教女学院短大）

演習：語句 threat 名 脅威／approach Vt に近づく

45 「否定語は省略されない」の原則に注目

次の英文の下線部を訳しなさい

If someone says, "I'm not angry," and his jaw is set hard and his words seem to be squeezed out in a hiss, <u>you won't believe the message that he's not angry; you'll believe the metamessage conveyed by the way he said it — **that he is**</u>.

（南山短大）

解法 等位接続詞 and やカンマが目につきますね。共通関係による技術に着目し，if に導かれた従属節を立体的にとらえてみましょう。

もし～なら／誰かが／と言う／私は／いない／怒って
［If (接) ｛ someone (S①) says, (Vt) "I'm not angry," (O)

その／あごが／固くされている／しっかり
and (等) his jaw (S②) is set (V(受)) hard (副)

その／言葉が／ように思われる／絞りだされている／で／かすれ声
and (等) his words (S③) seem (Vi) (to be squeezed out (C→(不)(V)(受)) (in a hiss)) (副) (M) ］,

上記のように図解できます。if を共通語として，and で結ばれた共通関係にある3つの節がきれいに並んでいますね。主節はどうでしょうか。

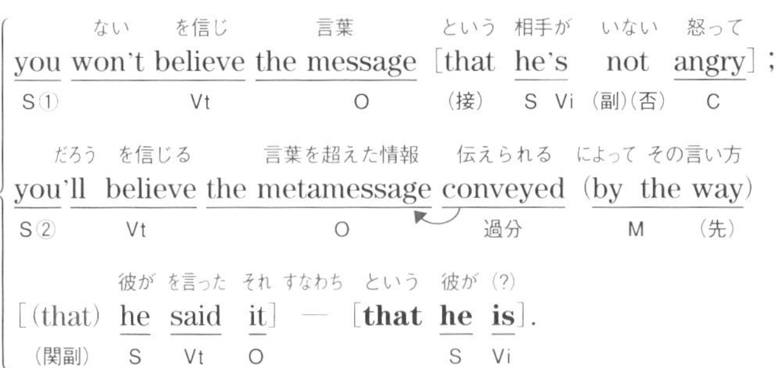

例題：語句 set Vt を固定する／ jaw 名 あご／ squeeze out O「O を絞り出す」／ hiss 名 シュー（という音）／ meta- 接頭 超～／ convey Vt を伝える

〈not ～ but〉の but の役をしている（→ 8 課）セミコロン（；）をはさんで，2 つの節が同じような顔で並んでいますが，文尾を見てください。

――［that he is］

これを見て，オヤッと思いませんか。**he is の次に補語（C）が不足**しています。この that を C となる関係代名詞の主格と考えると，先行詞は the metamessage（the way は直後の関係副詞 that の先行詞→ 30 課）となり，これでは理屈に合いません。実は，この that は後で学ぶ**同格節を導く接続詞**なのです（→ 47 課）。ここでは that の前の名詞（metamessage）の内容を表す名詞節とだけ覚えておいてください。

では，不足した C をキャッチするため，セミコロンの前後の［that 節（同格節）］を並べてみましょう。message と metamessage は対立的なのがわかりますね。

the message	［that	he	's not	angry］
↕		S	V	C
the metamessage	［that	he	is	**angry**］

わかりましたか。ただし，不足しているのは not angry ではありません。「**否定語は省略されない**」**という原則があります**。つまり，**省略された共通語句を補う場合は否定語は含まれない**のです。従って，**省略**されていたのは **angry** だけなのです。

《**全文訳**》もし，誰かが「私は怒っていないさ」と言って，そのあごが硬直し，そして言葉がかすれ声で絞り出されてくるようなら，(相手が) 怒っていないという彼の言葉を信じないで，その言い方によって伝わってくる――(相手が) 怒っているという――言葉を超えて伝わってくる情報を信じるだろう。

（解説・解答→別冊：p.27）

演習 45　次の英文の下線部を訳しなさい。

Some people are able to consider unemotionally all the good points and bad points of a decision. This method is certainly effective, although most of us generate emotions that interfere with logic. Let me repeat that you cannot make "no" decision, only a decision either to risk a choice or a decision not to risk a choice.

（京都外国語大）

演習：語句　unemotionally 副 感情によって動かずに／decision 名 決断／generate Vt を生じる／interfere with N「N のじゃまをする」／logic 名 論理

46 〈There is S + P〉は〈S is P〉

次の英文の下線部を訳しなさい

Only a minority of people became real punks and **there are few left** in Britain now, but high unemployment continues to have a strong influence on the attitudes and behaviour of young people. They fear unemployment. Today's teenagers feel that the good things in life will come to them if they can get a job.

（松蔭女子学院大）

解法 この課のテーマは **there 構文**です。〈There is S + P(述語)〉という形ですね。S(主語)の後でPになるのは，形容詞，現在分詞，過去分詞，〈to be ＋過去分詞〉などですが，there 構文におけるSとPの関係のつかみ方をマスターしましょう。

では，第1文，さっそく there 構文が登場します。この文は，and，but という2つの等位接続詞が3つの等位節を結んでいます。最初の節です。

ほんの〜だけ	少数が	の 人々	になった	本当の パンクロッカー
Only	a minority	(of people)	became	real punks
(副)	S	M	Vi	C

次の節がこの課のポイントの there 構文です。

	いる	ほとんど〜ない	残って	には 英国	現在
and **there**	**are**	**few**	**left**	(in Britain)	now,
(副)	Vi	S(代)	P	M	(副)

〈there ＋ be 動詞＋ SP〉構文は，解釈の上では〈**S be P**〉と考え，「**SがPしている」というのが訳し方のコツ**で，このPは「Sがどういう状態なのか」を説明しています。ただし，belong や own のような「**状態を表す動詞」の場合は進行形にできない**ので，以下のようにします。

There is a man owning a big house.

➡ A man owns a big house.

例題：語句 minority 名 少数／ punk 名 反社会的な浮浪者風の若者，ちんぴら／ unemployment 名 失業（就職できないことも含んでいる）／ influence 名 影響

例題では過去分詞 (left) が P になっているので，以下のように書き換えが可能です。

There are few left. ➡ Few are left. ➡ Few are left.
Vi S P / S (助) P / S V(受)

さらに，but 以下の節は，以下のようになります。

しかし 高い 失業率が を続けている こと を与える 強い 影響
but high unemployment continues (to have a strong influence
S Vt O→(不)(Vt) (O)

に 態度 や 行動 の 若者たち
(on the attitudes and behaviour) (of young people)).
(M) (M)

第 2 文の They は young people をさします。「若者たちは失業を恐れている」のですね。そして，第 3 文で次のように結んでいます。

今日の ティーンエイジャーたちは と思っている 良い 事がらが における 人生
Today's teenagers feel [that the good things (in life)
S Vt O→(接) S M

なる 彼らのものに もし~なら 彼らが できる に就く 仕事
will come (to them) [if they can get a job]].
Vi M (接) S Vt O

good things in life とは health, wealth, love など「人生にとって基本的なもの」を意味します。

《全文訳》 本当のパンクロッカーになった人はごく少数で，現在英国にはそのような人はほとんど残っていない。しかし，高い失業率のせいで，若者たちの態度や行動が絶えず強い影響を受けている。若者たちが恐れているのは失業である。今日のティーンエイジャーたちは，仕事に就けたらまともな人生が送れると思っている。

演習 46 次の英文の下線部を訳しなさい。 (解説・解答→別冊：p.27)

Portugal is different. It is the country that delivers the images you dream up in your mind. Whether it is the winding alleys of the ancient Alfama district in Lisbon or the colorful fishing boats in the Algarve region of southern Portugal, there are pictures to be had here that rival those in your imagination. (立教大)

演習：語句 deliver Vt を渡す／ alley 名 路地／ district 名 地区／ region 名 地方

47 〈名詞＋ that 節〉, 格なし that なら同格節

次の英文の下線部を訳しなさい

The recently rediscovered insight **that** literacy is more than a skill is based upon knowledge that all of us unconsciously have about language. We know instinctively that to understand what somebody is saying, we must understand more than the surface meanings of words; we have to understand the context as well.

（神戸女学院大）

解法 まず「格」についての復習です。「格」というのは主格とか目的格の「格」です。例えば，主格は，「主」語になる資「格」のある語形ということです。第 1 文に 2 つの that 節がありますから，抜き出して比べてみましょう。

① ～ insight ［**that** literacy is more than a skill］
　　名詞　　　　　literacy = S　is = Vi　more = C

② ～ knowledge ［that all of us unconsciously have］
　　名詞　　　　　that = O　all = S　have = Vt

名詞の後の that 節の構造を見極める

①は **that を含めないで文型が完成**しています。つまり，この that は（代）名詞の持つ役割（S，O，C）を持っていません。このことを「**that は格を持たない**」と言います。名詞の後の that 節の that に「格」がなければ，**that** は**接続詞か関係副詞**です。

②で have は「（～）を持っている」と **O を必要としますが**，that が have の O になっていると考えて，「**that は格を持っている**」と言います。**関係代名詞の目的格**ですね。この部分の訳は「私たち皆が無意識に持っている知識」となります。

①で insight が関係副詞 that の先行詞になることはありません（→ 29・30 課）から，**that** は**接続詞**と判定します。このとき，**that** 節は**名詞（insight）に対する同格節と言い，名詞の内容を表しています**。従って訳は「insight **すなわち**［　　］」，「［　　］という insight」とつなぎます。「読み書きの能力は技術を超えているものであるという見方」という意味になります。前置詞句（about language）が修飾するのは knowledge です。

例題：語句 rediscovered「再発見された」（rediscover Vt の過去分詞）／ insight 名 眼識／ literacy 名 読み書きの能力／ instinctively 副 本能的に／ surface 形 表面だけの／ context 名 文脈

名詞と同格節はbe動詞でつなぐと文が成立します（→ **14**課）。①の場合はThe insight is [that ～]. となります。これがthatが関係代名詞か接続詞かを簡単に見破る方法ですよ。

第2文にもthatがありますね。このthatは**Vの後の［that SVX］**ですから，文の目的語になる名詞節を誘導する**接続詞**ですね（→ **11**課）。

私たちは　を知っている　本能的に　ということ
We know instinctively [that
S　Vt　(副)　O→(接)

ために は　を理解する　こと　誰かが　を言っている
(to understand [what somebody is saying]),
(不・副)　(Vt)　(O)→(関代)O　S　Vt(進)

私たちは　なければならない　を理解し　以上のこと　表面的　意味　(つまり)
we must understand more than the surface meanings ～;
S　Vt　O(代)

私たちは　なければならない　を理解し　文脈　もまた
we have to understand the context as well].
S　Vt　O　(副)

《全文訳》読み書きの能力は技術にとどまらないという最近再発見された見方は，誰でも無意識に持ち合わせている言語に関する知識に基づいている。私たちは本能的に，誰かが話していることを理解するには，その言葉のうわべだけの意味にとどまることなく，つまり文脈をも理解しなければならないことを知っている。

（解説・解答→別冊：p.28）

演習 47　次の英文の下線部を訳しなさい。

The story was told that one day, while comfortably propped up in bed, Rossini composed a section for one of his operas. When he was nearly finished, the sheet of music dropped from his lap onto the floor. He groped for the music, but he couldn't reach it. Rather than get out of bed, he decided to write the music over again.

（成城大）

演習:語句 be propped up「体をもたれさせる」／nearly 副 もう少しで～するところ／grope for N「手さぐりでNを捜す」／rather than Ⓥ「Ⓥしないで」

48 〈It + V ～〉ときたら中身がくるぞ！

次の英文の下線部を訳しなさい

It remains true of the new generation **that** most college graduates continue to seek economic security and are attracted to companies with established reputations. Therefore they tend to accept employment in traditional companies where family-style cooperation is still highly valued, at the same time that they seek to define themselves as individuals. （名城大）

解法 この課のテーマは**形式主語構文**です。〈It is ～ to Ⓥ〉や〈It is ～ that 節〉などのことですね。**長い主語**として名詞句（to Ⓥ，動名詞）や名詞節が**文頭に立つのを避けるため，小道具として形式主語の it を先行して使い，バランスを整える**のでしたね。

この小道具は空箱のようなもので，**It に意味はありません**。**具体的な中身**となる**本来の主語（真主語）**である**不定詞**や**名詞節**は**後ろに回す**のです。述語動詞には be 動詞以外の動詞も使われます。

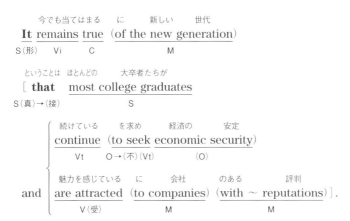

今でも当てはまる　に　新しい　世代
It remains true (of the new generation)
S（形）　Vi　C　M

ということは　ほとんどの　大卒者たちが
［ that most college graduates
S（真）→（接）　S

続けている　を求め　経済の　安定
continue (to seek economic security)
Vt　O→（不）（Vt）　（O）

魅力を感じている　に　会社　のある　評判
and are attracted (to companies) (with ～ reputations)］.
V（受）　M　M

〈**It ＋ V（remains）**〉**ときたら，形式主語構文かなと心の準備**。そう思いつつ目を後

例題：語句 attract Vt を引きつける／an established reputation 名 確立した評判／cooperation 名 協力／ define O as C「O を C と定義する」

ろに移動すると，**that** の後に **SV** 〜と続いて文型が成立していますから，**that** は**接続詞**で，that 以下は**名詞節**。ならば，〈**It V〜［that SVX］**〉の**形式主語構文**を見抜けますね。remains を is に変えると，It is true［(that) SVX］になりますから，remain は補語のとれる自動詞です。

形式主語構文をパターン化すると，

> ① It V X ＋［名詞句／名詞節］（X は C や O）
> ② It V (M) ＋［名詞節］

となります。例題は①のパターンですね。

では，第 2 文。

それゆえに　大卒者は　〜する傾向がある　を受け入れる　採用　で　伝統を重んじる　会社
Therefore they tend (to accept employment (in traditional companies)
(副)　S　Vi　C→(不) (Vt)　(O)　(M)　(先)

(そこでは)　家族形態の　協調が　いる　今でも　高く　評価されて
[where family-style cooperation is still highly valued]),
(関副)　S　(助) (副) (副) V (過分)

family-style cooperation「家族形態の協力」というのは，会社を家族に見立てて，「家族的雰囲気の運命共同体意識」を意味します。

第 2 文のカンマ以下では，that は関係副詞ですが，at the same time (that) が 1 つの接続詞のようになりますから，while と言い換え可能です。「〜する一方で」「が，一方では〜」と訳しましょう。

《全文訳》 ほとんどの大卒者が，相変わらず経済上の安定を求め，一流企業に魅力を感じているというのは，今の世代にも当てはまることである。それゆえ，大卒者は現に家族形態の協力を今なお高く評価する伝統を重んじる企業に就職する傾向があるが，一方では自分を独立した 1 個人として明確にしようとしている。

（解説・解答→別冊：p.29）

演習 48　次の英文の下線部を訳しなさい。

It is true that various forms of communication can be used in various ways to satisfy a variety of needs. But it is also true that particular forms are better at doing some things than others. Photographs are good at representing visual aspects of the world.　（日本女子大）

演習:語句 satisfy Vt を満たす／a variety of N（複数名詞）「N から成るさまざま→さまざまな N」／represent Vt を表現する／visual 形 目に見える／aspect 名（側）面

49 補語がない〈It + V + that〉に注意

次の英文の下線部を訳しなさい

The working hours for countries outside the E.C. may not be quite comparable, but **it appears that** workers in the U.S. and Canada put in more time than most Europeans, and the Japanese work even longer than the Portuguese, more than 2,100 hours a year.　（横浜国立大）

解法 労働時間短縮は世界的な時代の流れになりつつありますが，さて日本ではどうでしょうか。

労働 時間は にとっての 国々 以外の EC（ヨーロッパ共同体）
The working hours (for countries) (outside the E.C.)
S M M

かもしれない というわけではない まったく 比較できる
may not be quite comparable, but it appears that ～
Vi（否） C

not と quite が一緒になると，部分否定（→ 87課）になり，「まったく～というわけではない」の意味になります。

but が等位節をつないでいます。この課のテーマは２つ目の等位節にあります。**it appears that** ～に注目してください。

ようだ
but **it appears that**
S Vi （接）

労働者は の 合衆国 や カナダ を費やす
workers (in the U.S. and Canada) put in
S M Vt

もっと多くの 時間 よりも ほとんどの ヨーロッパ人
more time [than most Europeans (do)],
（形） O （関代） S （省略）

It appears that 節は特殊な構文です。この場合，It は that の後の SVX を意識し

例題：語句 working hours 名 労働時間／ the E.C. 名 ヨーロッパ共同体／ comparable 形 比較できる／ put in Vt（時間）を費やす

ている主語ですが，形式主語とは違って，後続の節そのものの代わりをしているわけではないので，［That SVX］appears.のようにthat節をappearsの前に置くことはできません。第一，〈It V that ～〉と，**Vの後に補語（C）がありませんね。**

〈It V that〉は後続のSVXに意味の味付けをする成句的な表現形式で，その中心となる動詞は**appear**のほか，**seem**「～のようだ」，**happen**「たまたま～だ」，**turn out**「～だとわかる」，**follow**「～ということになる」などがあります。また，〈It seems/appears (that) SVX.〉では，**thatが省略される**ことがあるので要注意です。

さて，and the Japanese以下です。

(that) the Japanese［S・日本人は］ work［Vi・働く］ even［(副)・さらに］ longer［長く］ ［than［よりも］ the Portuguese［ポルトガル人］ (do)［(省略)］］, (more than 2,100 hours)［M・以上も 時間］ (a year)［M・につき 1年］.

文法的にはIt appears thatとは無関係に見えます。つまり，It appears thatがand以下をも支配するのであれば，and thatと接続詞を繰り返すところです。ただ，この例題の文構成の柱は，〈may ～，but ...〉「～かもしれないが，しかし…」ですから，**It appearsが文末まで関わる**と考えるのが自然です。

《**全文訳**》 EC以外の国々の労働時間は，そのまま比較してよいというものではないかもしれないが，合衆国やカナダの労働者は，ほとんどのヨーロッパ人よりも多くの時間を仕事に費やし，日本人はポルトガル人よりもさらに長く，つまり年間2,100時間以上も働いているようだ。

（解説・解答→別冊：p.29）

演習 49 次の英文の下線部を訳しなさい。

The theory goes that Japan has achieved economic power solely through human resources. It is the hard work and thriftiness of the people which has enabled Japan to rebuild itself from almost complete destruction during the war. Now it seems that many young Japanese are not so hardworking and thrifty.

（東京成徳短大）

演習：語句 go Vi（話などが）一般に通用している／achieve Vt を獲得する／resource 名 資源／thriftiness 名 倹約／rebuild Vt を立て直す／destruction 名 破壊（状態）

50 〈It is＋副詞(句／節)＋that ...〉か，thatの後にS/Oなしは強調構文

次の文を訳しなさい

Language, a human invention, is a mirror for the soul. **It is** through language **that** a good novel, play, or poem teaches us about our own humanity. Mathematics, on the other hand, is the language of nature and so provides a mirror for the physical world.

（法政大）

解法 〈**It is＋名詞(N)＋that ...**〉の文で，**形式主語構文**および〈**It is, that**〉の**強調構文**が成立する条件は，**It が前出の表現・内容を受けない**ことです。It が前出の表現や内容を受ける場合は，that 節がNを修飾して「それは…のNだ」の意味になり，that 節は関係詞節か同格節になります。

〈It is, that〉の強調構文では，**It is** と **that** が，文の特定の要素に注意を向けさせて強調するための「**枠**」になっています。It is と that の間に置かれて強調されるのは，①**S・O・前置詞のOになる名詞(句／節)・代名詞**の場合と，②**副詞(句／節)**です。また，that のほかに **who, which, when** が使われることがあります。さらには **that の省略**もあります。

以下の例文で**形式主語構文と強調構文の違い**を整理しましょう。

(a) It is a fact that we need some money.　(that の後は SVO の文型成立)
(b) It is some money that we need.　(that の後は need の O が不足)

ともに，〈It is N that ...〉ですが，(a)は**形式主語構文**で that は接続詞，that の後は**文型成立**です。(b)は上記①のパターンで，O である some money が強調された**強調構文**です。このように〈It is N that ...〉の **that の後で S・O・前置詞の O が不足なら強調構文**と決めて間違いありません。また，〈**It is＋副詞(句／節) that SVX**〉で that の後が**文型成立**であれば，上記②のパターンの**強調構文**です。

〈**It is, that**〉**を除外**するのも有効な**判別法**です。除外して**文が成立**するなら**強調構文**，**不成立**なら**形式主語構文**です。ただ，It is not ～ that ... の場合，あるいは強調されているのが O の場合，It is, that を除外すると，Not や O で始まる「不格好な文」になるのが難点です。上の(b)なら Some money we need. になってしまいます。き

例題：語句 invention 名 発明品／soul 名 精神／play 名 戯曲／poem 名 (一編の)詩／humanity 名 人間であること，人間性／on the other hand 副 他方／and so「それで」／provide Vt を与える／the physical world 名 物質界

ちんとした文は We need some money.ですね。では例題を検討しましょう。

第 1 文では，a human invention が Language に対する**同格語**であることを押えてください。次の第 2 文がこの課のポイントです。**It is の後が**〈前置詞 + 名詞〉, through と language の組み合わせですから，「言語を通じて，言語によって」の**副詞句**です。

次に that の後は a good novel ... or poem (S)，teaches (Vt)，us (O) そして (about ... humanity) が前置詞句で文型が成立していますから，抜き出せば文になります。これで，この文が，**副詞句 through language を〈It is, that〉の「枠」で強めた強調構文**とわかりましたね。念のために〈It is, that〉を除いてみましょう。

Through language a good novel ... or poem teaches us about our own humanity.

さらに Through language を文尾に移動すると teaches us ... through language となり，through language が teaches を修飾する**副詞句**と確認できます。

である　を通じて　言語　～のは　優れた　小説　戯曲　や　詩が　に教える　私たち

It is (through language) that a good novel, play, or poem teaches us

M　S　Vt　O

について　私たち(の)　自身の　人間性

(about our own humanity).

M

無生物主語ですから「～によって［から］，私たちは学ぶ」のスタイルで和訳し，それに強調構文の訳をつなぎましょう。**強調構文の訳し方**は 2 通りあります。

① It is ～［that ... ］の that 以下を It にかけて**「…なのは～だ」**と訳す。
② まず強調部分を**「～こそ」「実に～」**と訳して that 以下を訳す。

第 3 文は，provides 以下を「物質界のための鏡を与える→物質界を映し出す鏡である」と一工夫しましょう。

《全文訳》 人間が発明した言語は精神を映し出す鏡である。まさに言語を通じて私たちは優れた小説や戯曲や詩から自分自身の人間性について学ぶのである。他方，数学は自然界を対象にする言語だから物質界を映し出す鏡なのである。

（解説・解答→別冊：p.30）

演習 50　次の英文の下線部を訳しなさい。

When we buy something new, we're looking for something, unlike ourselves and our other possessions, perfect. <u>It never stays that way for long and it's this period of disillusion and disappointment that we find so hard to live with.</u>

（茨城キリスト教短大）

演習：語句 unlike 前 とは違って／ possession 名 所有物／ disillusion 名 幻滅／ disappointment 名 失望／ live with Vt に耐える

51 強調構文の疑問形を見抜け！

次の英文の下線部を訳しなさい

How is it that a child swiftly and seemingly without much effort learns to speak and understand? The process of language learning begins well before the first birthday, and most children use language with considerable skill by their third year.

（明治学院大）

解法 〈It is, that〉の強調構文では，**疑問詞が強調**される場合があります。この疑問詞を強調する構文について検討しましょう。

① You want peace.「きみは平和を望んでいる」
② peace を強調すると ➡ It is peace that you want.
「きみが望むのは平和です」
③ 疑問文にすると ➡ Is it peace that you want?
④ peace を what にすると ➡ What is it that you want?
⑤ is it, that をはずすと ➡ What you want?
⑥ 正しい形にすると ➡ What do you want?

つまり，④「きみが望むのは何だ」は⑥の疑問文の What を強調したものなのです。**〈疑問詞＋is it (that) ... ?〉**は**疑問詞を強めた強調構文**と理解できましたね。「一体何がほしいの」とか「ほしいのは何だ」ぐらいの訳になります。口語では that が省略されるので要注意です。

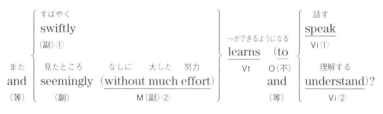

How（どうして）（強調される疑問詞） is it（だろうか）（強調構文） that（（～）のは） a child（子どもが）S

{ swiftly（すばやく）（副）① and（また）（等） seemingly（見たところ）（副） (without（なしに） much（大した） effort（努力）) M（副）② } learns（～ができるようになる）Vt (to O（不） { speak（話す）Vi① and（等） understand（理解する）Vi②})?

例題：語句 swiftly 副 すばやく／seemingly 副 表面上は／learn to Ⓥ「Ⓥができるようになる」／process 名 過程／well 副 かなり／with considerable skill「かなり上手に」

〈**How（疑問詞）＋is it that ... ?**〉は**How が強められた強調構文**です。**文中から強調のための「枠」is it that をはずした疑問文**は，a child ～ learns ... の頭に How をつけ，さらに助動詞 does を主語 child の前に置きます。

How does a child ～ learn (Ⓥ) ...?

without much effort は much を否定して「大して努力しないで」とします。

第 2 文は，前置詞句を（　　）でくくる技術を使うとすぐ理解できる文構造ですね。

過程は　の　言語　習得　始まる
The process (of language learning) begins
S　M　Vi

かなり　の前に　最初の誕生日
well (before the first birthday),
（副）（前）M

そして　たいていの　子どもは　を使う　言葉
and most children use language
（等）S　Vt　O

を持って　かなりの　上手さ　までに　彼らの　3 歳
(with considerable skill) (by their third year).
M　M

《**全文訳**》子どもがとても早く，また見たところ大して努力しないで，話したり理解したりできるようになるのはどうしてだろうか。言語習得の過程は，満 1 歳の誕生日のずっと前から始まり，たいていの子どもは 3 歳になるまでにかなり上手に言葉を使うのである。

（解説・解答→別冊：p.31）

演習 51　次の英文の下線部を訳しなさい。

In trying to manage a language not our own, we find ourselves having to simplify ourselves, committed not to making impressive sentences, but just to making sense. Instead of hiding behind the complicated web of fancy expressions, we are forced to come out into the open and state in simple terms what exactly it is we want to say.　（平安女学院短大）

演習：語句　be committed to N「N に専心する」／make sense「意味が通じる」／complicated 形 複雑な／web 名 網目状のもの／fancy 形 こった／the open 名 明るみ

52 〈so ～ that ...〉のいろいろな訳し方

次の英文の下線部を訳しなさい

Can a brain ever get filled up? Let us put the question in other words: Can a brain become **so** filled with knowledge **that** it can remember no more? Can it be **so** full **that** new facts can not be packed into it without displacing old ones?

（関東学院大）

解法 〈so ～ that ...〉の構文というと，例の「とても～なので…」という意味が思い浮かびますね。ところで，so は「とても」，that は「なので」と覚えていませんでしたか。

〈so ～ that ...〉は相関構文で，**so** は「それほど」「そんなに」の意味の**副詞**です。「それ，そんな」の内容を具体的に説明するのが that 節で，「(結果として) ～になる」の意味を持ちます。**that** は**接続詞**で，結果・程度を表す副詞節を導きますが，省略されることもあります。

訳すときは，**so から訳して that 節の内容を「(とても) ～なので…」(結果)** と述べるのと，**that 節から訳して「…なほど～だ」(程度) と so** へ戻っていく方法があります。

第 2 文，3 文 (下線部) に〈so ～ that ...〉の構文が見えます。検討しましょう。

があるだろうか	脳が	になる	あまりにも	いっぱい	で	知識
Can	a brain	become	**so**	filled	(with	knowledge)
(助)	S	Vi	(副)	C (過分)		M

(結果として)	脳が	できる を記憶する	少しも～ない	それ以上	
[**that**	it	can remember	no	more]	?
(接)	S (代)	Vt	(副)	O (代)	

文頭の "Can ～ ?" は「(一体) ～だろうか (いやそうではない)」と自分の考えを反語的に強い疑問の形で述べる「修辞疑問」の感じが強いですね。第 1 文の "Can ～ ?" と同じ使い方です。

〈so ～ that ...〉の部分は，「あまりにも～になって，それ以上覚えていられない」(結果) と訳すことができますが，以下のように that 節から訳していくこともできます。

例題：語句 brain 名 脳／ever 副 一体／put O in other words「O をほかの言葉で言い表す」／displace Vt を押し出す

so「それほど～」→「それ以上覚えていられないほど～」
[that it can remember no more]

下線部もまったく同じ文構成です。

があるだろうか	脳が	になる	それほど	いっぱい
Can	it	be	**so**	full
(助)	S	Vi	(副)	C(形)

～なほど	新しい	事実が	できない	詰め込まれる	に	脳
[**that**	new	facts	can not be packed		(into	it)
(接)	(形)	S	V(否)(受)		(M)	

なしに	を押し出すこと	古い	事実
(without	displacing	old	ones)]?
M→	(動名)(Vt)	(O)(不定代)	

〈so ～ that ... cannot〉を that 節から訳し始めると,「もう詰め込めないほどにいっぱいになるということがあり得ようか」(**程度**)となりますね。なお,can not は cannot より強意の否定になります。

また,〈so + 動詞 + that ...〉の形で,**so が動詞を修飾**する場合には,**「…のように～する」**(**様態**)の意味になります。

The bridge is so made that it opens in the middle.
「その橋は真ん中が開くように作られている」

> **《全文訳》** 人の頭[脳]がいっぱいになってしまうことが一体あるのだろうか。この質問を言い換えてみよう。頭があまりにも知識でいっぱいになって,もうそれ以上記憶できないなんてありえようか。古い事実を押しのけないと新しい事実がもう(その)中に詰め込めないほど頭がいっぱいになるなんてありえようか。

(解説・解答→別冊:p.31)

演習 52 次の英文の下線部を訳しなさい。

A motoring friend of mine sometimes obliges me to concede that you can see quite a lot of countryside through the window of a car. Indeed, there are now so many 'scenic drives' that the visitors to the countryside may feel deprived if their view is not framed in a car windscreen.

(専修大)

演習:語句 oblige O to Ⓥ「O が Ⓥ せざるを得なくする」/ concede Vt を認める / scenic 形 眺めのよい / deprive O of N「O から N を奪う」

53 that 節から訳すべき〈so ～ that ...〉

次の英文の下線部を訳しなさい

Of the many good reasons why people should make a habit of seeking advice, the best is that nobody is infallible. As the great Elizabethan playwright Ben Jonson wrote, "No man is **so** wise **that** he may not easily err if he takes no other counsel but his own."

（上智大）

解法 前の課では，〈so ～ that ...〉構文は that 節から先に訳すことができることを確認しました。例題から，〈so ～ that ...〉構文の部分を抜き出して検討してみましょう。

いない	人は	である	それほど	賢明な	～なほど	彼は	～ないだろう	簡単に	誤りを犯す
No	man	is	**so**	wise	**[that**	he	may not	easily	err
(否・形)	S	Vi	(副)	C	(接)	S		(副)	Vi

場合に	人が	を受ける	ない	ほかの	忠告	以外の	自分自身のもの
[if	he	takes	no	other	counsel	(but	his own)]].
(接)	S	Vt	(形)		O	(前)	(代)

これを前から後ろへ訳したらどうなるでしょうか。「(とても) 賢明な者はいないので，誤りを犯しそうにない」では，おかしいですね。これは，so と that 節 (副詞的従属節) を切り離してしまったためです。No man is so wise ／ [that ...]，とは分離できないのです。

No man is 〈so wise [that ...]〉が正しく，もし前から訳すなら「(とても) 賢明であるため，誤りを犯しそうにない者はいない」(結果) となりますが，これでも不自然な訳ですね。ここは**「誤りを犯しそうにないほど賢明な者はいない」**(程度) とすべきなのです。特に **so の前に否定語があるとき，that 節から訳す**とピッタリな訳し方になります。

「それほど賢明な者はいない」→「that 節であるほど賢明な者はいない」と考えると楽ですね。

例題：語句 make O of N「O を N から作る→ N を O にする」／ infallible 形 (人が) 絶対に誤ることがない／ playwright 名 劇作家／ err Vi 誤る／ counsel 名 忠告

順序が逆になりましたが，第1文も見ておきましょう。

の中で 数ある もっともな 理由	(そのために)	人は	べきだ
(Of the many good reasons)	[why	people	should
M (先)	(関副)	S	(助)

～にする	習慣	を求めること 忠告
make	a habit	(of seeking advice)],
Vt	O	M

最良なのは	である	ということ	人は～いない	である	誤りがない(の)
the best	is	[that	nobody	is	infallible].
S	Vi	C→(接)	S	Vi	C

make a habit of Ving は「いつもVする」と訳すとこなれた訳になります。

主節の the best は，ここでは the best reason のこと。the best is [that ～] で，that 節は補語の役割の名詞節です（→ **14** 課）。

第2文では，As からカンマまでが従属節で，**as は関係代名詞**です。ここでは wrote の目的語の役割を果たしており（→ **97** 課），「～であるが，～のように」とします。そして，この課のポイントである，先に説明した引用符に入った〈so ～ that ...〉構文が続きます。

《全文訳》 人が常に（他人に）忠告を求めるべきだという数あるもっともな理由の中で，最良なのは，決して誤りを犯さない人間は誰一人いないということである。偉大なエリザベス朝の劇作家，ベン・ジョンソンが書いたように，「自分自身の忠告以外のどんな忠告も受けない場合に，すぐには誤りを犯しそうにないほど賢明な者はいないのである」。

（解説・解答→別冊：p.32）

演習 53 次の英文の下線部を訳しなさい。

Why is literacy so important in the modern world? Some of the reasons, like the need to fill out forms or get a good job, are so obvious that they needn't be discussed. But the chief reason is broader. The complex activities of modern life depend on the cooperation of many people with different specialties in different places. Where communications fail, so do the activities.

（東京電機大）

演習：語句 literacy 名 読み書きの能力／fill out O「O に必要事項を記入する」／form 名（記入）用紙／obvious 形 明白な／specialty 名 専門／where 接 ～の場合に（は）

54 意味の上では〈so ~ that ...〉=〈such ~ that ...〉

次の英文の下線部を訳しなさい

A normal English family, especially when it has just moved into a new district, wants to be friendly with those living in the same area, yet <u>it often hesitates because there is a fear that some neighbours might want to be too friendly and make **such** a habit of calling **that** the members of the family could not call their home their own.</u>

（工学院大）

解法 長い 1 文ですが，前置詞句を（　　）に，従属節を［　　］に入れて SV を決めていけば，yet までの文の骨格は A normal English family wants to be friendly ~. となり，SVO の文型であることがわかりますね。

さて，下線部です。because 節の中に that 節が含まれており，この that 節は fear に対する同格節（→ 47 課）ですが，その中の and がつなぐ共通関係はつかめましたか。might を共通語として want to be ~と make が続いています。

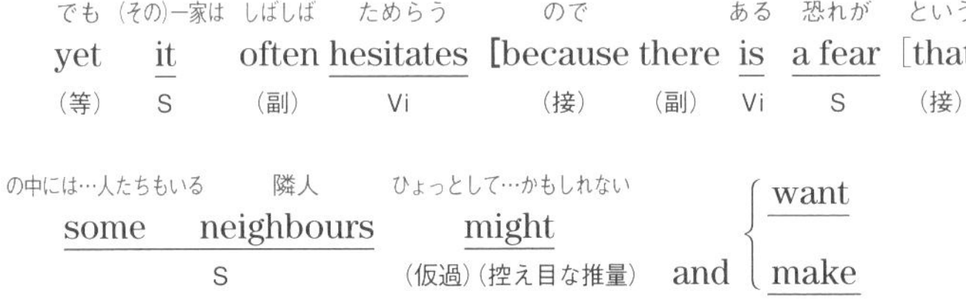

この make 以下がポイントです。**〈such ～ that ...〉**に注目してください。〈such ～ that ...〉は〈so ～ that ...〉と同様に，**相関的に「結果」「程度」「様態」の意味**を持ちます。この文では such から訳して，①「とても～なので…ない」（結果），that 節から訳して，②「…ないほどに～」（程度）となるのは，〈so ～ that ...〉と同じです。ただ，so が副詞なのに対して，**such は強意の形容詞**ですから，**“～”の部分には名詞または〈形容詞＋名詞〉**がきます。

例題：語句 a normal English family 名 並みの英国人の一家／district 名 地区／ hesitate Vi ためらう／ neighbo(u)r 名 隣人／call 名 訪問／be friendly (with N)「(N と) 親しくなる」

(を習慣)にする　そんな　習慣　を　訪問すること　ほど　構成員は
and make **such** a habit (of calling) [**that** the members
(等)　Vt　(形)　O　M　(接)　S

の　その　家族　できない　～を…と呼ぶ　自分の家(を)　自分のもの
(of the family) could not call their home their own]].
M　Vt(仮過)　O　C　(代)

この文では，①の訳では might のニュアンスを that 節のほうにかぶせて，「とても～なので…できないのではないか(かもしれない)」としますが，②の場合は「…できないほどあまりに～かもしれない」となります。なお，〈such that ～〉のように名詞が見当たらないときは，such は「(～ほど)のもの」と訳せる代名詞です。ところで，

Such people [**as** we know] are kind.
(形)　S　O　S　Vt　Vi　C

においては，such と as は相関関係にあるのですが，**as は関係代名詞**です。〈such ～ as ...〉は「…するような～」と訳します。上の例文は「私たちがつき合っているような人々は親切である」となります。

《全文訳》 普通の英国人の一家は，特に新しいところに引っ越したばかりのときは，同じ地域に住んでいる人と親しくしたいと思うものの，隣人によっては必要以上に親しくなりたがり，家族が自分の家を自分のものと言えなくなるほどひんぱんにやって来るのではないかという恐れがあるので，ためらうことが多い。

(解説・解答→別冊：p.33)

演習 54　次の英文の下線部を訳しなさい。

Through conquest and acquisition the strong overpowered the weak and made slaves of the people. Those who were made slaves and serfs were compelled, through forced labor, to work for their masters and lords upon such terms and conditions as the owners and lords fixed for them.

(東京経済大)

演習：語句 acquisition 名 獲得／〈the ＋形容詞〉「～な人々」／ make O of N「N を O にする」／ slave 名 奴隷／ serf 名 農奴／ terms 名 条件／ conditions 名 条件，規約／ fix Vt を決める

55 that や助動詞のない目的の〈so that 節〉

次の英文の下線部を訳しなさい

In cold, mountainous regions of the world, <u>people have traditionally built houses **so that** one side almost touches the mountain</u>. Thus, this side of the house is protected from cold winds. Modern architects who plan houses are finding this old tradition to be very useful.

（千葉商科大）

解法 目的を表す副詞節には，〈so (that) ～ may [will/can]〉などがあります。ところが，口語体では that を省略したり，また助動詞を使わない形もあるので，**so が「目的」を表しているのか，「結果」を表しているのか**は，文の流れで判断しなければならない場合もあります。第 1 文の so that に注目してください。

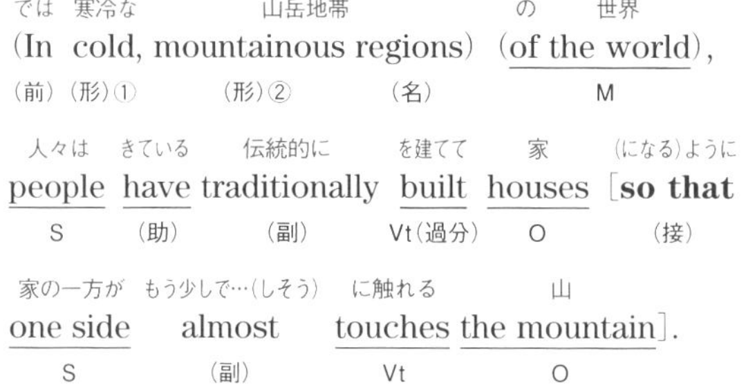

so that 節に助動詞がない形です。**「そこで」と結果の意味になるときは，普通 so の前にカンマを打ちます**が，絶対的な基準ではありません。仮りに結果の意味と考えても，「～家を建ててきた。それで一方が…に触れる」では文の流れが悪いですね。

つまり，**前後関係，文の流れから，この so that は「目的」の意味**と考えられます。「一方が…に触れるように～家を建ててきた」となります。助動詞がないから，またカンマがあるからといって，「結果」と判断してはいけません。

なお，〈so that 節〉の助動詞が can の場合も，カンマの有無だけで「目的」を表しているのか，「結果」を表しているのかは即断できません。以下の例文を見てみましょう。

例題：語句 mountainous region 名 山岳地帯／ architect 名 建築家／ tradition 名 伝統

She spoke loud (,) so that everyone could hear her.

①「彼女はみんなに聞こえるように大声で話した」 (目的)
②「彼女は大声で話した，それでみんなに聞こえた」(結果)

このように構造で判別できないときは，文脈からの判断が必要です。

第2文，第3文を見てみましょう。

このようにして 山側が の 家 守られているのだ から 寒い 風
Thus, this side (of the house) is protected (from cold winds).
(副) S M V(受) M

this side「この面」と指示していますから，これは前出の one side のことですが，訳は文脈上，「山側」としましょう。

現代の 建築家たちは (その人は) を設計する 家屋
Modern architects [who plan houses]
S (先) (関代)S Vt O

(～が…だ)とわかってきている この 古い 伝統(が) である とても 有効
are finding this old tradition (to be very useful).
Vt(進) O C→(不)(Vi) (副) (C)

SVOC の文型です。O と C の間には S と P の関係があり，「～が…である」と訳すのでしたね(→6課)。この場合，意味上，This old tradition is very useful. が成立します。

《全文訳》 世界の寒冷な山岳地帯では，人々は伝統的に家の一方がもう少しで山に触れそうになるように家を建ててきた。このようにして家の山側が，寒い風から守られることになるのである。家屋を設計する現代の建築家たちは，この古い伝統がきわめて有効だと思うようになってきている。

(解説・解答→別冊：p.33)

演習 55 次の英文の下線部を訳しなさい。

Although a friendly letter should be light-hearted and avoid familiar complaints and personal problems, there are times when you have to tell bad news. Don't use the shock approach. Prepare the reader with some introductory hints, then tell the full story, so your letter won't give the impression that there is worse to come.

(京都女子大)

演習：語句 light-hearted 形 快活な／approach 名 接近(方法)／prepare Vt (人)に心の準備をさせる／introductory 形 前置きの／worse 名 いっそう悪いこと

56 形容詞的〈to Ⓥ〉は名詞に後置

次の英文の下線部を訳しなさい

Because of man's great capacity for adaptability and his remarkable ingenuity, he can improve in a great variety of ways upon the manner in which other animals meet their needs. Man has the ability **to create** his own environment, instead of, as in the case of other animals, being forced to submit to the environments in which he finds himself.

（松蔭女子学院大）

第１文のカンマまでは，because of ～「～のために」がわかれば問題ありません。カンマ以下の“of ways”の **of は「構成要素」**を示します（→４課）。

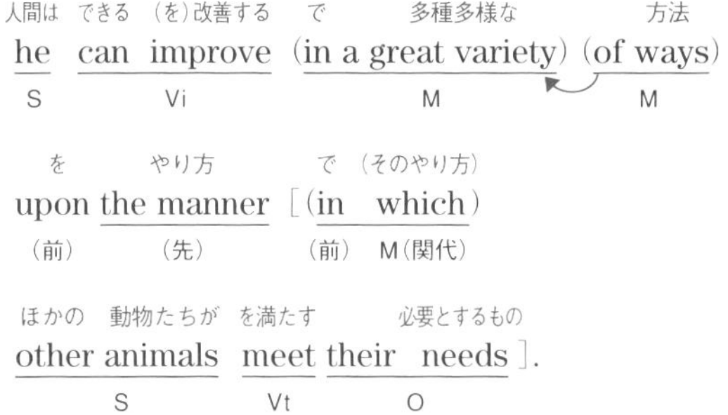

関係詞節の部分は，other animals meet their needs (in the manner) とキャッチしてください（→26課）。

次はこの課のポイント，下線部分です。to create に注目してください。その前に以下の構造と意味を確認しておきましょう。

something to drink

例題：語句 capacity for adaptability 名 適応する能力／remarkable 形 驚くべき／ingenuity 名 独創力／improve upon N「N を改善する」／a variety of N（複数名詞）「N からなるさまざま→さまざまな N」／environment 名 環境／instead of 群前 の代わりに，をしないで／in the case of 群前 の場合に／force O to Ⓥ「O に Ⓥ することを強いる」／submit Vi 屈する

2 語以上の語句がまとまって形容詞の働きをして (代) 名詞を修飾する場合，2 語以上の語句は (代) 名詞の後ろに置かれるのですが，〈to Ⓥ (動詞の原形)〉も例外ではありません。だいたいは，(代) 名詞とⓋは意味のつながりを持ち，「何か飲む (べき／ための) もの」などと，**will/can/should などの助動詞的な表現をこめて (代) 名詞を修飾させる**と片づきます。「すべき～」は堅苦しい感じもしますが，けっこういろいろな意味を含んでいるからです。

Man (人間は, S) has (を持っている, Vt) the ability (能力, O) (**to create** (を創る, (不・形)(Vt)) his own environment (自分自身の環境, (O))),

instead of, (のではなくて, (群前)) (挿入) (as (とは違って, (接)) in the case of ((に)場合の, (群前)) other animals (ほかの動物たち, (名))),

being forced (を強いられる, (動名)(受)) C→ (to submit (こと 屈服する, (不)(Vi)) (to the environments (に 環境, (先))

[in which (の中に (それ), (前) M(関代)) he (人間は, S) finds (を見出す, Vt) himself (自分自身, O(再帰代名詞))])).

to create は ability を説明していますが，ability to create「～を創る (べき／ための) 能力」を見て，be able to を思いつきましたか。Man is able to create「人間は～を創ることができる」という内容がくみ取れますね。as は，その前の instead of ～が実質的に否定の内容を持っていますから，「～とは違って」とします (→ 18課)。

> 《**全文訳**》 すばらしい適応能力と，驚くべき発明の才があるので，人間は多種多様な方法で，ほかの動物たちが必要とするものを満たすやり方を，改善することができる。<u>人間はほかの動物たちとは違って，自分が置かれている環境に屈伏させられるのではなく，自らの環境を創る能力を持っているのである。</u>

(解説・解答→別冊：p.34)

演習 56 次の英文の下線部を訳しなさい。

Crying is the only reliable way in which young babies can signal the adults who take care of them — <u>a way of communicating which includes a variety of cries to convey different information.</u>

(大阪女学院短大)

演習：語句 reliable 形 確かな／signal Vt に合図する／a variety of N(e)s「さまざまなN」／convey Vt を伝える

57 形容詞的〈to Ⓥ〉「～すべき」がダメなら「～という」

次の英文の下線部を訳しなさい

It is easy to see why many people visiting Japan for the first time talk and write of it just in terms of unresolved contrasts — the computer and the kimono, the chrysanthemum and the sword. <u>On the other hand, any attempt **to find** a single category **to include** all the phenomena of contemporary Japanese social and political life is likely to be equally misleading.</u>

(玉川大)

解法 この例題の中にも，〈to Ⓥ〉がいくつかありますね。第1文の to see，第2文の to find，to include など。それぞれどんな使われ方をしているかを考えながら，解釈していきましょう。

(こと)は	である	簡単	こと	を理解する		なぜ	多くの	人たちが	を訪れる	日本
It	is	easy	(to	see	[	why	many	people	visiting	Japan
S(形)	Vi	C	S(真)→(不)(Vt)		(O)→(疑・副)		S		(現分・形)(Vt)	(O)

初めて	語ったり	また	書いたりする(か)	について 日本
(for the first time)	talk	and	write	(of it)
(M)	Vi①	(等)	Vi②	(M)

まさに	～の点から	理解しにくい	対比	
(just	in terms of	unresolved	contrasts	～)]).
	(群前)	(形)	(名)	

to see は It との関係で楽に考えられますね。もちろん，形式主語の It です。why 節は see の目的語になっていますが，あっさり「なぜ～か」と訳すといいでしょう。

第2文では，前課の既習事項を生かして，category to include は「含む（ような／べき）カテゴリー」としましょう。attempt は第2文の主語ですが，to find を「見つける（べき／ための）」とするとしっくりきません。attempt（名詞）は「試み→～しようとすること」と解されるために，attempt to find は「見つけようとする試み」→

例題：語句 in terms of 群前 の観点から／unresolved 形 説明しがたい／chrysanthemum 名 菊／category 名 認識の枠組み／phenomenon 名 現象（phenomena は複数形）／misleading 形 誤解を招く

「見つけようという試み」と同格的に訳しましょう。

(On the other hand)〔他方において〕, any〔いかなる〕 attempt〔試みも〕 (S) (to〔という〕 find〔を見つけよう〕 (不・形)(Vt) a single〔たった1つの〕 category〔認識の枠組み〕 (O))

(to include〔を含む〕 (不)(Vt) all〔あらゆる〕 the phenomena〔現象〕 (O))

(of〔の〕 (前) contemporary〔現代の〕 (形) Japanese〔日本の〕 (形) social〔社会面〕 (形)① and〔および〕 (等) political〔政治面の〕 (形)② life〔生活〕 (名)) is ～.

名詞の内容を説明する〈to Ⓥ〉を「～ための」「～すべき」としてつながりが悪いときは，「～という」のように同格的に訳すとピッタリです。特に，名詞に同形の動詞があるときは，同格的な修飾関係になります。この種の名詞はattemptのほかにdesire，plan，promise，wishなどがあります。そして，この文の構成は，Any attemptをSとして，以下のように〈VC + to Ⓥ〉と続いています。

is〔(ことに)なりそうだ〕 (V) likely (C) (to〔である〕 (不) be (Vi) equally〔同様に〕 (副) misleading〔誤解を招く〕 (C)(形)).

《全文訳》 なぜ，初めて日本を訪れる人にはコンピューターと着物とか，菊と刀といった理解しにくい対比という点から日本を語ったり，また書いたりする人が多いのかを理解することは簡単である。他方において，あらゆる現代日本の社会，政治両面の生活（に見られる）現象を含むたった１つの認識の枠組みを見つけようといういかなる試みも，同様に誤解を招きそうである。

（解説・解答→別冊：p.35）

演習 57　次の英文の下線部を訳しなさい。

Many young Japanese express the wish to become *kokusaijin*. They study English conversation, travel abroad, and may even make a point of claiming that they dislike Japanese food. It is probably better to be even that kind of *kokusaijin* than to be a nationalist who constantly insists on the superiority of everything Japanese.

（跡見学園短大）

演習：語句 make a point of Ving「必ずVする」／nationalist 名愛国主義者／superiority 名優越

58 〈be + to Ⓥ〉=〈助動詞+ Ⓥ〉ととらえる

次の英文の下線部を訳しなさい

One must be fond of people and trust them if one **is** not **to make** a mess of life, and it is therefore essential that they should not let one down. They often do. The moral of which is that I must, myself, be as reliable as possible, and this I try to be.

（成蹊大）

解法 You are to study. をどのように訳しますか？ are と to を切り離し，you「あなた」は to study「勉強すること」では意味が不明です。このような〈be to〉は**未来を表す助動詞的表現**で，意味は文脈によって決まります。この場合，「あなたは一生懸命勉強するべきだ（しなさい）」ぐらいの意味で，「義務」を表しています。

この〈**be ＋ to Ⓥ**〉は〈**助動詞＋ Ⓥ**〉と**同じ意味**を持ち，**予定**（= be going to），**義務**（= must），**可能**（= can），**意図**（= will/intend to）などを表します。

それでは第1文，if 節の is not to make 〜に注目してください。

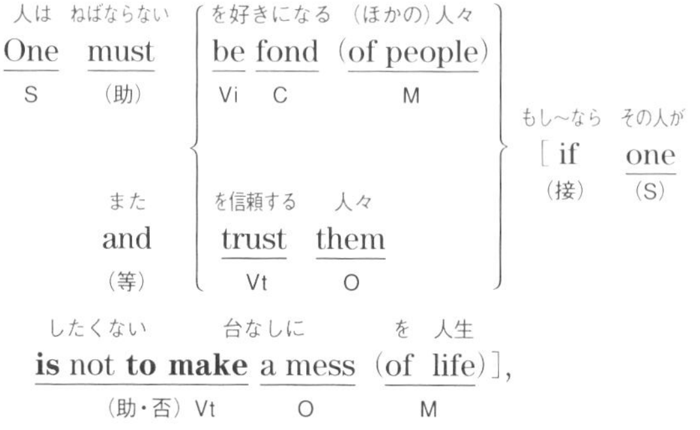

is not to make ですが，予定「〜することになっている」，義務「〜すべきである」では文意が通りません。この文のような if 節の中では，**be to 〜「〜するつもり（なら）」**の意味になることが多く，**「意図」**とキャッチしてください。ここは doesn't intend to make と言い換えられます。なお，〈be + to Ⓥ〉が「可能」の意味を表すときは，以

例題：語句 trust Vt を信頼する／ make a mess of N「N でめちゃくちゃを作る→ N を台なしにする」／essential 形 不可欠な／let down Vt を失望させる／as 〜 as possible「できるだけ〜」／ reliable 形 信頼できる

下のように否定語，受動態の不定詞が使われるのが普通です。

Not a star is to be seen. 「星は１つとして見ることができない」

そして	(こと)が	である	それゆえ	不可欠で
and	it	is	therefore	essential
(等)	S(仮)	Vi	(副)	C

ということ(が)	人々が		ない	人を失望させ(る)		
[that	they	should	not	let	one	down].
S(真)→(接)	S	(助・否)		Vt	O	C

should not はここでは判断を表す語 essential に誘発されて使われているだけなので，「～すべき」とは訳しません。

第２文の **do** は**代動詞**(→ **17**課)で，let one down の代わりです。第３文を見てみましょう。

教訓は	の	そのこと	である	ということ	私	ねばならない	自身
The moral	(of	which)	is	[that	I	must,	myself,
S	(前)	(関代)	Vi	C→(接)	S	(助)	(同格語)

である	限り	信頼される(人間)			そのよう(に)	私は	と努める	になろう	
be	as	reliable	as possible],	and	this	I	try	to	be.
Vi	(副)	C	(接)	(等)	(C)	S	Vt	O(不)	(Vi)

which は They often do.を，this は as reliable as possible を指していて，be の補語になっています。

《**全文訳**》 人はもし人生を台なしにしたくないのなら，(ほかの)人々が好きになり，また(ほかの)人々を信頼しなければならない。従って，人々が決して人を失望させないことが絶対必要である。ところが人々はがっかりさせることが多い。そのことの教訓は，私自身ができる限り信頼されなければならないということであり，私はそうなろうと努めている。

演習 58　次の英文の下線部を訳しなさい。

(解説・解答→別冊：p.35)

In the English-Japanese dictionaries which I have at hand, the word "privacy" is to be found. It is defined, however, not by an equivalent Japanese noun, but by an explanatory sentence, suggesting that the situation which the word describes has not had an important place in the Japanese tradition.

(佛教大)

演習:語句 at hand 副 手元に／privacy 名 私的なことでほかから干渉されないこと／define Vt を定義する／equivalent 形 対応している／explanatory 形 説明的な

59 〈too ～ to Ⓥ〉の構造をつかめ

次の英文の下線部を訳しなさい

In primitive times, one had a feeling of unity with one's family. The horizon was **too** narrow **to** see farther than that, though the family wasn't as narrow then as it often is with us. It included a variety of cousins and distant connections, often marked by a common name. Such an extended family might be called a "clan."

（山脇学園短大）

解法　〈too ～ to Ⓥ〉は，①「Ⓥするにはあまりにも～」，②「あまりに～なのでⓋできない」の２通りの訳ができます。①の訳と構造を確認しましょう。

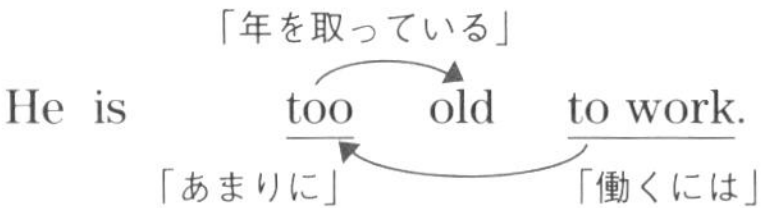

to work が too を修飾し，too が old を修飾しているのです。「働くには年を取りすぎている」→「働けないほどの年だ」**（程度）**となります。これを，前から訳すと，「あまりに年を取っていて働くことができない」**（結果）**と締めくくりは否定になりますから，**否定語とともに使われるときは①の訳し方で処理する**とすんなりいきます。

He is not too old to work.「働けないほどの年ではない」という具合です。

では，例題の〈too ～ to Ⓥ〉の部分に注目してみましょう。

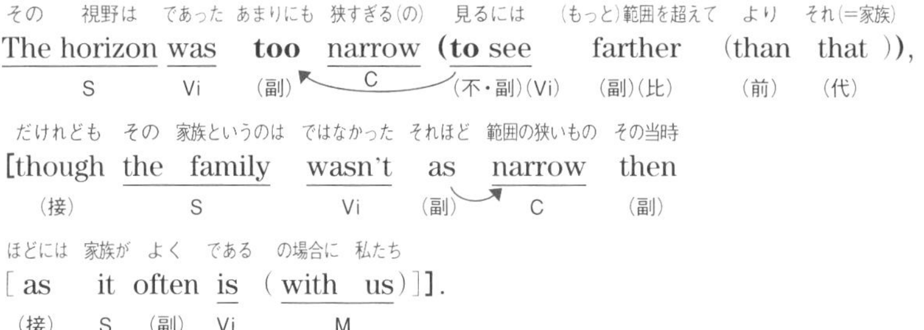

例題：語句 primitive 形 原始の／horizon 名 視野／a variety of N「N からなるさまざま→さまざまな N」／connections 名 親戚／mark Vt を特徴づける／extended 形 広範囲の／clan 名 一族

too narrow to see は「見るにはあまりにも狭すぎて」または「とても狭すぎて見えない」の2通りの訳ができます。〈too ～ to Ⓥ〉は否定の内容になるので，**so ～ that 構文で書き換え**てみましょう。

The horizon was so narrow that one couldn't see ～,

否定語が姿を現します。第2文では though 以下の従属節の〈not as ～ as ...〉「…ほどには～ない」という比較表現も押さえてください。

第3文の文構造も検討しておきましょう。

家族は It (S) / を含んでいた included (Vt) / さまざま a variety (O) / からなる (of (M→) { いとこ cousins (名)① / や and (等) / 遠縁 distant connections (名)② }),

しばしば often (副) / 特徴づけられる marked (過分) / で 共通の 名前 (by a common name) (M).

marked は過去分詞で，(who were) marked とすると，cousins と connections を修飾していることがはっきりしますね。might は may を過去形にすることで，控え目な推量を示しています。

《全文訳》 原始時代，人は自分の家族と一体だという気持ちを持っていた。その当時の家族は，現代の私たちによく見られる家族ほどには限られたものではなかったが，その視野はあまりにも狭すぎて，自分の家族を超えたとらえ方ができなかった。家族には名前が同じなのでわかることの多い，さまざまないとこや遠縁が含まれた。そんな広範囲の家族は「一族」と呼べるであろう。

（解説・解答→別冊：p.36）

演習 59　次の英文の下線部を訳しなさい。

Compare the amount of time you spend on crowded city streets to the time you spend walking along the seashore or through the woods. Your health is simply too important for you not to think of this. The difference in your health when fresh air is supplied to your lungs and blood is dramatic and obvious.　（立教大）

演習：語句 compare O to [with] N「O を N と比べる」／ amount 名 量／ spend O Ving「O を V して過ごす」／ simply 副 実に／ supply Vt を供給する／ lung 名 肺

60 〈enough + to Ⓥ〉の構造をつかめ

次の英文の下線部を訳しなさい

What is it about an island that always catches at your heart? The Isle of Wight is no exception: big **enough to** give a feeling of complete freedom, varied enough both in scenery and kinds of entertainment, and yet small **enough to** be cosy.

（大妻女子短大）

解法 〈～ enough to Ⓥ〉も前の課で学んだ〈too ～ to Ⓥ〉と修飾関係は同じですが，**enough は形容詞・副詞の後に置かれる**点が大きな違いです。確認しましょう。

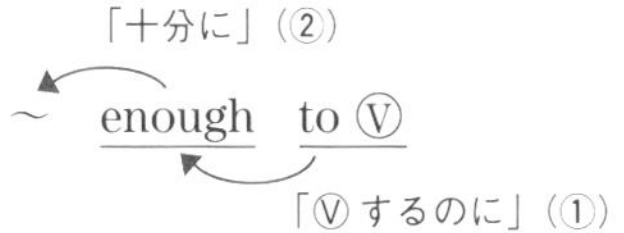

訳は①後ろから「Ⓥするのに十分（足りるだけ）～」,「Ⓥできるほど～」(程度), ②前から「(十分) ～なのでⓋできる」(結果)の2通りが可能です。**否定語と一緒に使われるときは①の「程度」の訳し方で処理**するとすんなりいきます。

She is not old enough to go to school.
「学校に行ける年ではない［就学年齢に達していない］」

では，まず第1文から見ていきましょう。

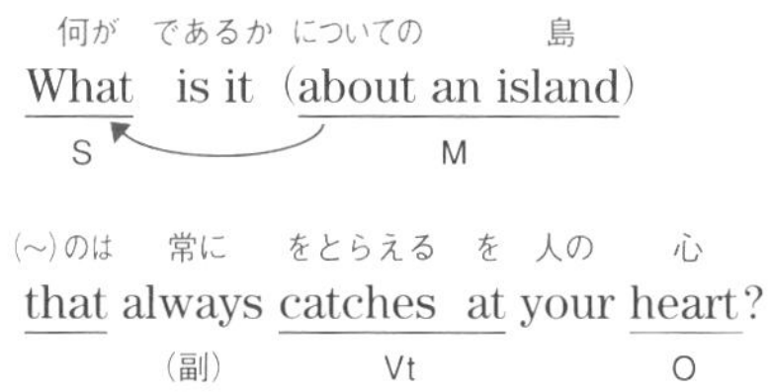

何が であるか についての 島
What is it (about an island)
S M
(～)のは 常に をとらえる を 人の 心
that always catches at your heart?
(副) Vt O

"What is it ～ that ...?" を見て，**疑問詞を強めた強調構文**（→ 51 課）だとピンときましたね。

例題：語句 catch at Vt をつかもうとする／ the Isle of Wight 名 ワイト島／ be no exception「例外ではない」／ entertainment 名 娯楽／ cosy 形 居心地のよい

次の第2文のコロンまではわかりますね。普通は no exception = quite the same ですが（→ 86課），この文は第1文の疑問文に対する答えに相当しますから，この no exception はコロンの後の内容を「予告」しています。コロン以下ですが，ここは〈enough to Ⓥ〉が続いています。

この島は　である
（It　is）（省略）
big **enough** (**to** give a feeling (of complete freedom)),
大きく　ほど　を与える　感じ　という　完全に　自由（だ）　また
C①　（副）　（不・副）(Vt)　(O)　M

varied **enough** both (in scenery and kinds (of entertainment)),
変化に富み　十分に　の両面で　風景　と　種類　の　娯楽
C②　（副）　（副）　M

それでいて
and yet
（等）（副）
small **enough** (**to** be cosy).
狭さ（で）　ほど　居心地がよい
C③　（副）　（不・副）(Vi)　(C)

まず，It is の省略とみて，読んでいきます。すると，is が共通語で，C①，C②，C③の共通関係がキャッチできますね。**to Ⓥ はいずれも enough を修飾し，enough は前の形容詞を修飾する**のでした。真ん中の enough は to Ⓥ を従えてはいませんが，前の形容詞を修飾する，「十分に」という意味の副詞であることに変わりはありません。

《全文訳》 人の心を必ず魅了してしまうのは島のどんなところだろうか。ワイト島もまた例外ではない。（この島は訪れる人に）完全に自由だという気持ちを与えるほどの面積があり，風景と娯楽の種類の両面で変化に富み，それでいて居心地のよいほどの狭さ（の島）なのである。

演習 60　次の英文の下線部を訳しなさい。　（解説・解答→別冊：p.37）

All girls in Ames, even Shirley, baby-sat. When we were eleven or twelve, old enough for our mothers to approve our staying out late at night, we were expected to accept baby-sitting jobs eagerly.

（東京外語大）

演習：語句 baby-sit Vi 子守をする／stay out late「遅くまで外出している」／expect O to Ⓥ「O が（当然）Ⓥ するものと考える」／accept Vt を引き受ける／baby-sitting 名形 子守（の）

61 〈for O to Ⓥ〉のSP関係をつかめ

次の英文の下線部を訳しなさい

Many in Japan take pride in the idea that their native tongue is too difficult **for** most foreigners **to master**. But the increasing number of Japanese-language students around the world may demolish some of the myth surrounding the self-professed uniqueness of the Japanese people.

（神田外語大）

〈for O to Ⓥ〉について，形式主語を使った文で考えてみましょう。

It is important for us to work.

この文において，述語動詞isの主語はItです。一方to Ⓥは，その動詞の原形（work）が示す動作・状態の主体，つまり**意味上の主語**があり，for usはworkのSがwe（= us）であることを示しています。上の文では「私たちが働くこと」（名詞的用法）となります。このように，**〈for O to Ⓥ〉には意味上SPの関係があります。**

またto Ⓥと同様，〈for O to Ⓥ〉には名詞・形容詞・副詞の3つの働きがあります。

It is time for me to go to bed.「自分が寝る時間だ」（形容詞的用法）

では，例題にチャレンジしてみましょう。

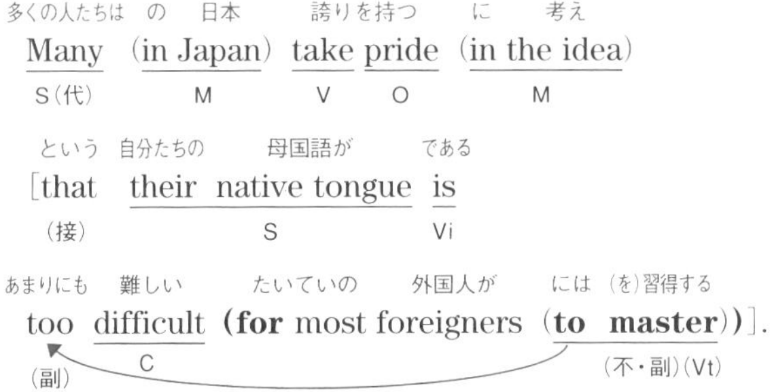

例題：語句 take pride in N「Nを自慢する」／native tongue 名 母国語／increasing 形 ますます増えている／demolish Vt をくつがえす／myth 名 神話／surround Vt に密接に関連する／self-professed 形 自ら公言した

idea の後の that は「格」なしで接続詞ですから，that 節は同格節です（→ **47** 課）。〈for O to Ⓥ〉は〈too O to Ⓥ〉とセットで以下のように修飾構造がキャッチできれば文句なし。

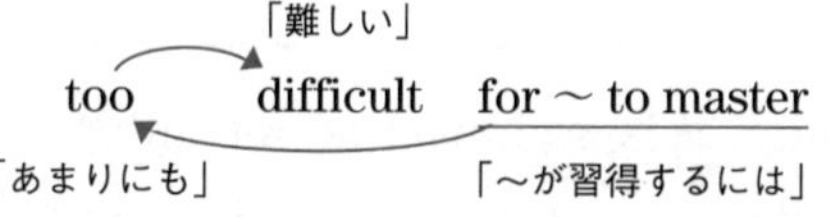

for ～ to master は too という副詞を修飾する副詞的用法というわけです。

第 2 文は前置詞句を（　　）でくくれば，文構造ははっきりします。

the increasing number（of ～）may demolish some（of ～）
（形）　S　Vt　O

という骨格が見えてきました。そして，述部を詳しく図解すると，

かもしれない　をくつがえす　一部　の　神話　にまつわる
may demolish some (of the myth) (surrounding
Vt　O　M　（現分・形）(Vt)

その　自ら公言した　特殊性　が持つ　日本　国民
the self-professed uniqueness) (of the Japanese people).
（形）　(O)　M

となり，surround「～を取り囲む」の現在分詞が形容詞的に myth を修飾していることが理解できますね。

《全文訳》 自分たちの母国語が難しすぎて，ほとんどの外国人が習得できないという考えを誇りにする日本人が多い。しかし，世界中に日本語専攻の学生数が増えてきているために，日本人自らが公言する日本国民の特殊性にまつわる神話の中には，くつがえされるものも出てくるかもしれない。

演習 61　次の英文の下線部を訳しなさい。　（解説・解答→別冊：p.37）

When Chris Evert began her career as a tennis player it was still seen as unfashionable for women to be exercising and getting into shape. Also, women who wanted to win were seen as not being feminine. Chris Evert has made it possible for two generations of women to feel that running and sweating are OK.　（昭和女子短大）

演習:語句 begin one's career as N「N として人生のスタートを切る」／ get into shape「体を作る」／ see O as C「O を C と考える」／ unfashionable 形 時流に逆らった

62 文頭の to Ⓥ はまずは「目的」と考える

次の英文の下線部を訳しなさい

To be a leader in business today, it is no longer an advantage to have been raised as a male. Women may even hold a slight advantage since they need not “unlearn” the old military style of business organization and manners in order to run their departments or companies.

（慶応大）

解法 第１文を見てください。文頭は To be a leader ～となっていますね。**文頭の〈to Ⓥ〉が名詞的か副詞的かは，文の形で区別できます。**つまり，名詞的な to Ⓥは文中でＳ，Ｏ，Ｃいずれかの役割になりますから，文頭にくればＳとなり，その述語動詞が存在するはずです。以下の例で確認しましょう。

To see you is nice.
S V C

しかし，実際には形式主語構文（→48課）で It is nice to see you. のように表しますから，文頭の to Ⓥは副詞的で目的「～するために」を表す場合が多いのです。

第１文に戻りましょう。まず，**文頭に立つ to Ⓥ は述語動詞がありませんから，目的を表す副詞的用法**と考えます。

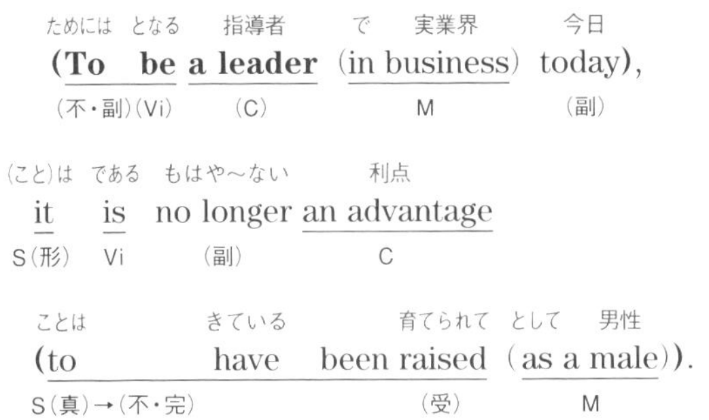

ためには となる 指導者 で 実業界 今日
(To be a leader (in business) today),
(不・副)(Vi) (C) M (副)
(こと)は である もはや～ない 利点
it is no longer an advantage
S(形) Vi (副) C
ことは きている 育てられて として 男性
(to have been raised (as a male)).
S(真)→(不・完) (受) M

例題：語句 advantage 名 利点／raise Vt を育てる／unlearn Vt を捨て去る／military 形 軍隊の／business organization 名 会社組織

「指導者となるためには」とすると，文意がうまく流れますね。この文は，**〈it ～ to Ⓥ〉**の**形式主語構文**とキャッチできましたか。ところで，**〈to have ＋過去分詞〉**は**完了不定詞**といい，この場合 to have been raised は述語動詞 is より前の「時」，具体的には「(今日より前から) 育てられてきたこと」を表します。

女性は かもしれない (で)さえ を持っている わずかな 有利
Women may even hold a slight advantage
S (助) (副) Vt (形) O

ので 彼女たちは 必要がない を捨て去る 古い 軍隊 式
[since they need not "unlearn" the old military style
(接) S (助・否) Vt O

の 企業の 組織
(of business organization
や 慣行
and manners)] ～
(等)

since はこの場合は**理由の接続詞**です。なお，図解は省略しましたが，これに続く〈in order to Ⓥ〉は 100 パーセント「目的（Ⓥするために）」を表し，文頭に置かれることも多くあります。

《全文訳》今日，実業界で指導者になるには，男性として育てられてきたことはもはや利点ではない。女性は彼女たちの部門や会社を運営するために，古い軍隊式企業組織や企業慣行を「捨て去る」必要がないという理由から，わずかに有利な立場さえ有しているかもしれない。

（解説・解答→別冊：p.38）

演習 62 次の英文の下線部を訳しなさい。

A proverb is often defined as a popular short saying, with words of advice or warning. But to become a proverb, a saying has to be taken up and assimilated by the common people. In the process, its origin is forgotten. Once it has become proverbial, the saying is used as part of popular wisdom; the user is no longer interested in its origin.

（明治大）

演習：語句 define O as C「O を C と定義する」／ saying 名 表現／ warning 名 警告／ a word of advice 名 1つの忠告／ assimilate Vt を吸収する／ common people 名 民衆／ origin 名 起源／ wisdom 名 知恵

63 文頭のto Ⓥは「目的」でなければ「条件」

次の英文の下線部を訳しなさい

The bright child is willing to go ahead on the basis of incomplete understanding and information. He will take risks, sail unknown seas, explore when the landscape is dim, the landmarks few, the light poor. <u>**To give only one example**, he will often read books he does not understand in the hope that after a while enough understanding will emerge to make it worth while to go on.</u>

（立命館大）

解法 **文頭のto Ⓥはまず「目的」を表す**と考えることを前の課で学びました。ところが，文頭の副詞的なto Ⓥには，もう1つ意外な存在があります。「目的」を表す場合，to Ⓥは述語動詞を修飾するのでした。この「目的」でない場合は，以下のように**全体を修飾するものです**。

To do X, S + V + X.

これは，**「～すると」という「条件」の意味**を持ちます。SVXの部分からは独立した感じがあるため**「独立不定詞」**と呼びます。書き換えると，〈If I ～〉と筆者（話者）自身が意味上の主語になっているものです。"to tell you the truth"「実を言うと」などの慣用化したものが多いのが特徴です。

さて，第2文の文構造を見ておきましょう。

He will { take risks, / sail unknown seas, / explore ［when { the landscape is dim, / the landmarks (are) few, / the light (is) poor］. } }

andやbutなどがない場合，共通関係はカンマが頼りです。主節は傾向「～するもの

例題：語句 bright 形 頭のいい／be willing to Ⓥ「進んでⓋする」／go ahead「先へ進む」／on the basis of N「Nに基づいて」／take risks「危険を冒す」／dim 形 ぼんやりとした／landmark 名 目印／emerge Vi 生じる

だ」を表す助動詞 will を共通語として3つのV (take, sail, explore) が並んでいます。なお，従属節の landmarks と light の後には**be 動詞が省略**されています (→**44**課)。

さて下線部ですが，**文頭は to Ⓥ** です。この意味上の主語は何でしょうか。主節の he とすると，「(彼が) たった1つの例を挙げるため」と「目的」になりますが，これでは文意が通りません。では，**"If I give ～"** という「**条件**」ではどうでしょうか。

とすれば を挙げる たった 1つの 例
(**To give only one example**),
(不) (Vt) (副) (形) (O)

利口な子は ものだ よく を読む 本 (それを) 自分が 得ない 理解し
he will often read books [(which) he does not understand]
S (助) (副) Vt O(先) (関代)O S Vt(否)

「(もし) たった1つの例を挙げると」となり，これなら文意に合いますね。続けて，名詞 hope の後の that が接続詞と判明すれば that 節は同格節です (→**47**課)。

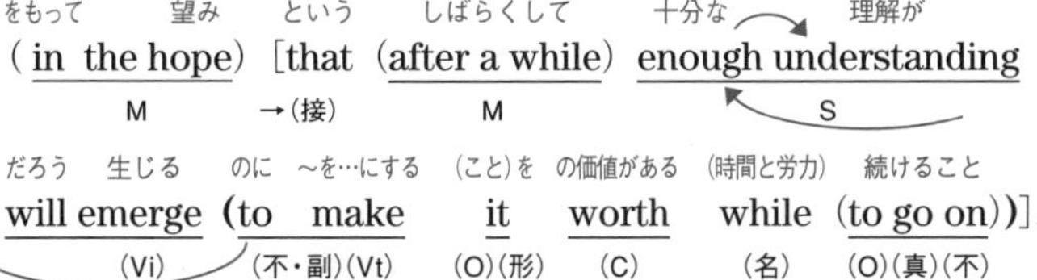

をもって 望み という しばらくして 十分な 理解が
(in the hope) [that (after a while) enough understanding
M →(接) M S
だろう 生じる のに ～を…にする (こと)を の価値がある (時間と労力) 続けること
will emerge (to make it worth while (to go on))].
(Vi) (不・副)(Vt) (O)(形) (C) (名) (O)(真)(不)

〈**make it C to Ⓥ**〉の形式目的語構文 (→**7**課) がつかめましたか。

〈enough to Ⓥ〉の構文ですから，「読み続けるのが価値あるようにさせるだけの十分な理解が生じるだろう (という望み)」(程度) ですが，全文訳は「結果」の訳にしてあります。

《全文訳》 利口な子どもは理解や知識が不完全でも進んで先に進む。自ら危険を冒し，未知の海に船出し，陸地がおぼろで目印が少なく灯が弱くても冒険する。たった1つの例を挙げると，利口な子は今はわからなくても，そのうち十分わかって続けて読む価値が出てくるだろうと期待して，本を読むことが多い。

演習 63　次の英文の下線部を訳しなさい。 (解説・解答→別冊：p.38)

To be realistic, it would be very difficult to return to living standards of the past. But we can make efforts to reduce our energy consumption by conserving energy and developing new technologies. (慶応大)

演習:語句 realistic 形 現実的な／make efforts to Ⓥ「Ⓥしようと努力する」／reduce Vt を減らす／consumption 名 消費／conserve Vt を保存する

64 現在分詞は「形容詞」役の-ing形

次の英文の下線部を訳しなさい

In contrast to the learning of reading or arithmetic, a child masters language without formal teaching; indeed, much of the learning takes place within a fairly limited linguistic environment, which does not specify precisely the rules **governing** competent language use.

（明治学院大）

解法 **動詞**の原形に-ingをつけて**形容詞の性格を持たせたものが現在分詞**です。動詞と形容詞の働きを「**分**け持つ**詞**」という意味なのです。例えば，現在進行形の文で，以下のように助動詞のbe動詞が消滅すると，名詞（ここではchild）を中心とした表現になります。

A child (S) is swimming (V（進行形）) in the river (M). → a child swimming in the river

swimming以下がchildを修飾

これを一般化すると，**現在分詞は形容詞として「～している」「～する」などの能動の意味を持って名詞を修飾**する，ということになります。また，現在分詞は「**動詞の性格**」を持ちますから，OやCを従えたり，副詞句がついたりして，以下の形をとります。

N + Ving X

では，例題を見てみましょう。-ing形が目につきますね。まずセミコロンまでです。

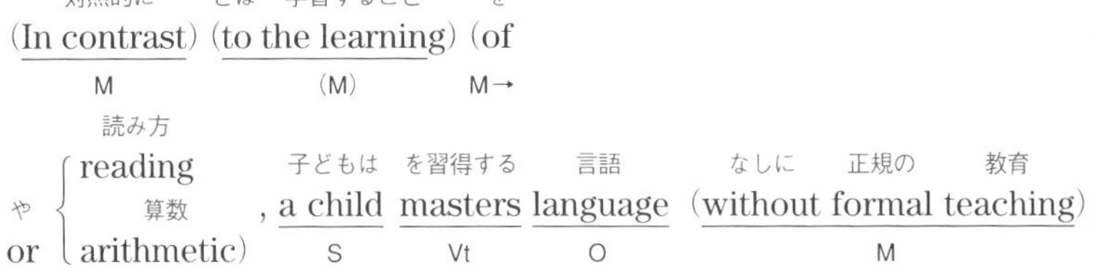

例題：語句 in contrast to N「Nと対照的に」／ arithmetic 名 算数／ formal teaching 名 正規の教育／ take place「起きる」／ linguistic 形 言語の／ specify Vt を詳しく述べる

冠詞の the がついた learning，arithmetic と並んだ reading，formal に修飾された teaching は**名詞**と扱いましょう。

大部分は　の　その　学習　起こる　の内部で　環境
much (of the learning) takes place (within … environment),
S(代)　M　Vi　M

indeed 以下次のカンマまででは，the learning とは「(言語) 習得」を意味し，これも名詞扱い。「(言語) 習得の多くは～の中で行われている」となります。そして，その後の which 以下の従属節にある現在分詞 governing がこの課のポイントです。

その環境は　ことが　ないのだ　を詳しく述べる　明確に
[which does not specify precisely
(関代)S　Vt(否)　(副)

規則　を決めている　正しい　言語の　使い方
the rules (**governing** competent language use)].
O　(現分・形)(Vt)　(O)

関係代名詞 which の先行詞は a ～ environment「かなり限られた言語環境」ですね。さて，governing は O として use を従えている Ving です。**governing 以下を削除しても which 節の文型は成立**しますし，governing は直前の名詞 rules にピッタリと寄り添っていますから，**rules を修飾する現在分詞と判断**しましょう。なお，belong や resemble などの進行形になじまない動詞の現在分詞は，進行形ではなく，現在形・過去形の内容を意味します。

《全文訳》 読み方や算数の学習とは対照的に，子どもはこれという正規の教育を受けることもなしに，言語を習得する。事実，言語習得はほとんどかなり限られた言語環境で行われ，その環境の中では正しい言語の使用法を決める規則を明確に詳しく学ぶことがないのである。

(解説・解答→別冊：p.39)

演習 64　次の英文の下線部を訳しなさい。

Signposts, giving place-names, stand everywhere about the English countryside directing travelers to cities, towns and villages. Most counties have nameboards to mark their boundaries; and some of the more helpful also label streams and rivers.　(関西学院大)

演習:語句 signpost 名 標識／direct O to N「O に N への道を教える」／county 名 州《英》，郡《米》／nameboard 名 地名板／boundary 名 境界線／label Vt を(札で)表示する

65 動名詞の意味上の主語をつかめ

次の英文の下線部を訳しなさい

At present, the employer thinks only of getting cheap labor, and the worker only of getting high wages. This results in **many people getting pushed**, or **pushing** themselves, into jobs that could be better done by others, and is very wasteful.

（関西大）

解法 動詞の原形に-ingをつける点で，動名詞と現在分詞は同じですが，**動名詞**は文・節の中で**名詞の働き**をし，S，O，Cや前置詞のOの役割をする点で決定的に違います。従って，**動名詞を削除すると文型や意味が損なわれます**。**動詞としての性格**も持ち，OやCを従えたり，副詞（句）がついたりします。例で確認しましょう。

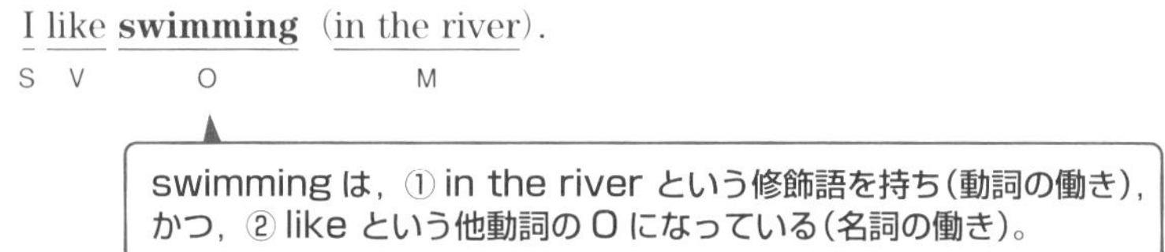

I like **swimming** (in the river).
S V O M
swimming は，① in the river という修飾語を持ち（動詞の働き），
かつ，② like という他動詞の O になっている（名詞の働き）。

このように動名詞は，**動詞と名詞の働きを合わせ持っている**のがわかりますね。

目下のところ
(At present),
M

雇い主は　考えている　だけ　を　を得ること　安い　労働力
the employer　thinks　only of　getting　cheap labor,
S①　Vt　(副)　(O)(動名)(Vt)　(O)

また　労働者は　考えている　だけ　を　を得ること　高い　賃金
and　the worker　(thinks)　only of　getting　high wages.
(等)　S②　(省略)(Vt)　(副)　(O)(動名)(Vt)　(O)

andをはさんで文の構成が対称的になっています。後のonlyの前にはthinksが省

例題：語句 at present 副 目下のところ／ wage 名（肉体労働による）賃金／ result in N「Nという結果になる」／ push O into N「OにNを強いる」／ wasteful 形 むだな

略されており（→ **44** 課），2つの getting は **thinks of の O ですから動名詞**です。

では，第2文の **getting**，**pushing** は現在分詞でしょうか，動名詞でしょうか。なお，**〈get ＋過去分詞〉は受動態の一種**です。

このことは	（結局～に）終わる	に	多くの人たちが	ること	強いられ
This	results	(in	**many people**	**getting**	**pushed**,
S	Vi	（前）	（意味上の主語）	（動名）①（Vi）	（過分）
			また	に強いる（こと）	自分自身
			or	**pushing**	themselves),
			（等）	（動名）②（Vt）	（O）

2つの Ving が現在分詞なら people を修飾しますから，前置詞 in の O は people になってしまい，「（このことは）～している多くの人々（になる）」となり，非論理的です。したがって2つの Ving は動名詞ですが，では，直前の many people は何でしょうか。実は，61 課で学んだ不定詞の「**意味上の主語**」は動名詞にもあるのです。これは，普通，動名詞の前に所有格で示されますが，**他動詞やこの文のような前置詞の直後では目的格が使われることもあります**。つまり，この **many people は意味上の主語**ですから，「（このことは）多くの人々が～すること（になる）」となり，論理的ですね。

また，into 以下で注意すべきは and の後の is の主語です。これは単数形ですから，一目で This だと判断できます。さらに関係代名詞 that で始まる節の**助動詞 could** を見て，「**仮定法過去**かな？　条件は by "others" かな?」（→ **77** 課）と見抜けましたか?

《**全文訳**》 目下のところ，雇い主は安い労働力を得ることだけを考え，一方，労働者は高い賃金を得ることだけを考えている。このために，結局多くの人が他の人たちならもっと良くできるような仕事に無理やりつかされたり，無理につこうとしたりすることになるので，むだが多いのである。

（解説・解答→別冊：p.39）

演習 65　次の英文の下線部を訳しなさい。

One of the worst parts of urban life, as the sociologists call it, is riding in automatic elevators. The ride is all right. It is smooth and safe and free. But the silence gets a person. There is something strange about being sealed in a small room with a lot of other people without a word being spoken.

（国学院大）

演習：語句 urban 形 都市の／ sociologist 名 社会学者／ free 形 無料の／ get O（人）「人を閉口させる」／ seal O（up）「O をしっかり閉じ込める」

66 名詞の後の-ed形は過去か過去分詞か

次の英文の下線部を訳しなさい

As for timber, a recent article in *Newsweek* says that Japan receives forty percent of the wood **exported** from the world's jungles. Cutting down trees helps speed a phenomenon **called** "global warming," which increases temperatures and causes higher levels of water in the earth's oceans.　（津田塾大）

解法　文構造を把握するには**動詞の活用を判断**することが欠かせません。動詞の過去形と過去分詞が同形（-ed形など）の場合，どちらの活用かを決定しなければならないのです。**単独で述語動詞になる場合なら過去形**です。**過去分詞**は **be/have [has] などと結合し**ていますから見分けはつきますね。

問題は，**(代) 名詞の直後の-ed形についての見分け方**です。過去形ならばその直前の(代) 名詞は主語であり，過去形でなければ**過去分詞**で，**形容詞的修飾語**か**補語**になります。これを起点にして，例題の(代) 名詞の後の-ed形を判定してみましょう。

(As for timber)〔について言えば 木材〕M, a recent article〔最近の 記事は〕S (in *Newsweek*)〔の『ニューズウイーク』誌〕M says〔と書いている〕Vt

[that〔(ということ)〕O→(接) Japan〔日本は〕S receives〔入手している〕Vt forty percent〔40%〕O

(of〔のうちの〕(部分) the wood)〔木材〕 ← **exported**〔輸出されてくる〕(過分・形) (from the world's jungles)〔から 世界中の ジャングル〕M].

exported は過去形・過去分詞のいずれかを考えてみましょう。過去形と仮定すると，wood がSでなければなりませんが，wood は明らかに前置詞 of のOです（→3課）。とすれば，exported は過去形ではなく**過去分詞で (from ～ jungles) を従えて，wood を修飾**していることになります。**修飾語としての他動詞の過去分詞は受動の意味を持ちますから，「～され(てい)る」**とします。

例題:語句 as for 群前 ～について言えば／ timber 名 木材／ article 名 記事／ export Vt を輸出する／ help Ⓥ「Ⓥするのを促進する」／ global warming 名 地球温暖化

次の第2文には called がありますが，これはどちらでしょうか。

を切り倒すことは　木々　を促進していること　を速める
Cutting down trees　helps　(to)　speed
S(動名)(Vt)　(O)　Vt　O→(原形)(Vt)

現象　と呼ばれる　地球の　温暖化　(それは)
a phenomenon　**called**　"global warming,"　which ～
(O)　(過分・形)(Vt)　(C)　(関代)S

called を過去形と考えると，直前の名詞 phenomenon は S になりますが，これは speed の O です。called は述語動詞（＝過去形）ではなく，修飾語の過去分詞です。この a phenomenon called "global warming" は，能動態 call O C「O を C と呼ぶ」を受動態にし，is を除いてできる，名詞 phenomenon を中心とした表現です。

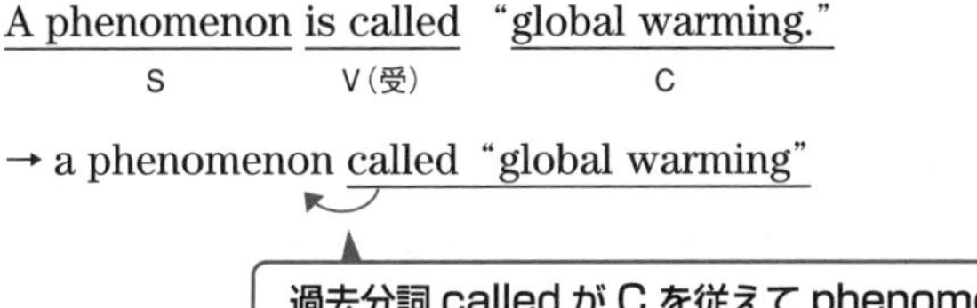
A phenomenon is called "global warming."
S
V(受)
C
→ a phenomenon called "global warming"
過去分詞 called が C を従えて phenomenon を修飾

また，**修飾語は削除しても文型や意味は成立**しますから，**-ed 以下を削除して英文が成立するかどうか**も過去形か過去分詞かを見分ける目安になります。**削除できるなら過去分詞**です。

《**全文訳**》 木材について言えば，最近の『ニューズウイーク』誌の記事によると，日本は世界中のジャングルから輸出されてくる木材の40パーセントを買いつけているとのことである。木々を伐採することは「地球温暖化」と呼ばれる現象を速めることにつながる。そして，この温暖化現象は，気温の上昇と世界の海の水位上昇を引き起こしている。

（解説・解答→別冊：p.40）

演習 66　次の英文の下線部を訳しなさい。

Literacy gives us access to the greatest and most influential minds in history: Socrates, say, or Newton have had audiences vastly larger than the total number of people either met in his whole lifetime.　（神戸女学院大）

演習：語句 literacy 名 読み書きの能力／ access 名 接近／ influential 形 影響を及ぼす／ mind 名（精神を持つ）人物／ say Vi（挿入語句として間投詞的に）例えば／ vastly 副 はるかに／ lifetime 名 一生

67 分詞構文は「副詞」の役割

次の英文の下線部を訳しなさい

In politics, "like votes" can win elections, and the same phenomenon exists in business. Business leaders who can be tough-minded but likable will be the future's management elite. <u>That's because leaders need to function comfortably in public, **winning** the goodwill of everyone.</u>

（立教大）

解法 前の2つの課（64課と66課）で，（代）名詞を修飾する分詞について学びました。この課では，**分詞で始まる句が副詞の役割**をして，述語動詞（あるいは原形や分詞，動名詞など）を修飾する**分詞構文**について学習します。分詞構文の基本形は**Ving 形**で，以下の3つの修飾パターンがあります。

① Ving＋X, S＋V＋X.　② S＋V＋X, Ving＋X.

③ S, Ving＋X, V＋X.

分詞構文はやはり，「意味上の主語」を持っていますが，**分詞の前に（代）名詞が明示されていなければ，分詞の意味上の主語は，文全体の主語と一致**します。

第1文の意味はとれますね。「政治では『人気票』が選挙に勝つのであり，同じ現象が実業界にもある」というのです。次に第2文を見てみましょう。

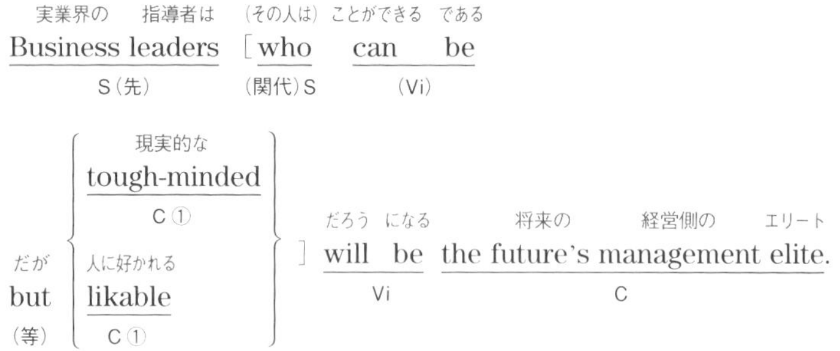

例題：語句 politics 名 政治／like vote 名 人気票／election 名 選挙／tough-minded 形 現実的な／likable 形 人に好かれる／management 名 経営（側）／function Vi 役目を果たす

これも who 以下の関係詞節を［　　］でくくれば，文の骨格はすぐ姿を現します。

次にこの課のポイント，第 3 文 **winning** に注目してください。

それはである　～だから　指導者は　必要がある　役目を果たす
That 's [because leaders need **(**to function
S　Vi　C→(接)　S　Vt　O→　(不)(Vi)

人に対して心地よく　では　人前
comfortably (in public),
(副)　(M)

(そして)～を勝ちとる (必要がある)　好意　の　みんな
winning the goodwill (of everyone)**)**].
(分詞構文)(現分・副)(Vt)　(O)　(M)

修飾パターンとしては前頁の②で，原形の function「役目を果たす」を修飾しています。「～の好意をつかみながら，…の役目を果たす (必要がある)」となります。解釈の上では，以下のようになります。

need to (and) { function ～ / win ...

分詞構文の意味は「**～して**」**が基本で**すが文脈により，①「**～したとき**」，②「**～ので**」，③「**～しながら**」「**そして～**」とすると，たいてい解決します。例題は③の「～しながら」でした。

《**全文訳**》 政治では「人気票」が選挙でモノを言うし，同じ現象が実業界にも見られるのである。現実的だが，人に好かれる実業界の指導者は，将来のよりすぐれた経営者になるだろう。なぜかというと，指導者は人前でよい印象を持たれる役目を果たし，みんなの好意をつかむ必要があるからである。

(解説・解答→別冊：p.41)

演習 67　次の英文の下線部を訳しなさい。

Diana stood and watched the train disappearing from view. Being disappointed she turned away. She had missed it by seconds and she hated being late for the office. Then she thought of the letter in her bag. It was from her son, Stephen. She had longed to open it before she left the house.

(関西大)

演習:語句 view 名 視界／turn away Vi 顔をそむける／miss Vt に乗りそこなう／long to Ⓥ「Ⓥしたいと切望する」

68 beingの隠れた分詞構文

次の英文の下線部を訳しなさい

It was at lunch on a cold Sunday in late January that we first heard the noise. It sounded like a tapping; slightly metallic. **Reluctant** to leave the table, at first we speculated on the possibilities. But when the tapping became persistent, or rather insistent, we went to investigate. And so we came upon the blackbird, pecking at the window.

(法政大)

解法 前の課で，分詞構文の基本形はVing形だと確認しましたが，分詞構文のVing形のうち，**beingやhaving beenは省略されることが多い**のです。意味上の主語を［S］にして図解すると，以下のようになります。

［S］(**being/having been**) **過去分詞・形容詞・名詞，S＋V＋X.**

意味上の主語として(代)名詞が明示されていない場合は，**分詞構文の意味上の主語は文の主語(S)と一致**します。

では，第1文から。It wasに続くのが副詞句at lunch，weの前にthatがあり，thatの後はSVOの文型が成立しています。〈It is, that〉の強調構文に気づきましたか？

It was (at lunch) (on a cold Sunday) (in late January)
であった［強調構文］ / 昼食時［M(副)］ / のある寒い日曜日［M］ / の末1月［M］

that we first heard the noise.
～のは / 私たちが［S］ / 最初に［(副)］ / を聞いた［Vt］ / その音［O］

at lunchを中心に，at ～ in late Januaryが強調されていますね。

次に第2文では，その音(＝It)がどのように聞こえたのかを説明しています。

例題：語句 sound Vi に聞こえる／tapping 名 コツコツと軽くたたく音／be reluctant to Ⓥ「Ⓥするのが嫌である」／speculate Vi (あれこれ)推測する／persistent 形 しつこい／insistent 形 気になってしょうがない／investigate Vi 調べる

続いて，この課のポイントである第３文です。**文頭の Reluctant が形容詞であることに注目しましょう**。文の SV (= we speculated) とは離れているので，**Reluctant の前に be 動詞**を置きたいところです。be を現在分詞にして，置いてみましょう。

なので　嫌(な)　のが　を離れる　食事中のテーブル
(**Being**) **reluctant** (to leave the table),
(分詞構文)(Vi)　(C)(形)　(不)(Vt)　(O)

初めは　私たちは　あれこれ推測した　について　あり得ること
(at first) we speculated (on the possibilities).
M　S　Vi　M

上のように，分詞構文の基本形が得られます。分詞構文の表す意味はいくつかありますが (→ 67 課)，ここでは文脈から「(私たちは食事中に) テーブルを離れたくなかったので」と解釈できます。

第５文にも分詞 (**pecking**) があります。

それで　私たちは　を見つけた
And so we came upon
(等) (副)　S　Vt

クロウタドリ　つついている　を　窓
the blackbird, pecking (at the window).
O　(現分・形)(Vi)　M

これは上の図解のように，blackbird を後ろから形容詞的に修飾しています。

《**全文訳**》 私たちが最初にその音を聞いたのは，１月末のある寒い日曜の昼食時であった。その音は，何かコツコツたたく音のようでやや金属的に響いた。食事中にテーブルを立つのが嫌で，私たちは初めはあり得ることをあれこれ推測していた。が，コツコツという音がしつこくというよりはむしろ気になってしょうがないほどうるさくなってきたので，調べに行った。それで，私たちは窓をつついているクロウタドリを見つけたのである。

(解説・解答→別冊：p.41)

演習 68　次の英文の下線部を訳しなさい。

Simply stated, discovery is learning without a teacher, and instruction is learning through the help of one. In both cases, the activity of learning is experienced by the one who learns.

(東北学院大)

演習:語句 simply 副 平易に／ state Vt を述べる／ instruction 名 教えられること

69 〈with OP〉に SP 関係をつかめ

次の英文の下線部を訳しなさい

If you see someone at a dinner party holding a fork in his right hand **with the prongs pointing up**, you can be sure that person is American. English people would hold their knife in their right hand and the fork in their left **with the prongs pointing down**. This is regarded in England as good manners even though it can make eating more difficult. (東京女子大)

勉強(!?)疲れで "sleep with the light on" したことはありませんか? 下線部がこの課のテーマです。

with the light on「明かりをつけて」の直訳は「明かりがついた状態で」です。with を取り除いて文にすると, The light is on. となります。つまり with the light on では, the light に対して副詞の on が P(述語) になっています。① P になるのは, 副詞(句), 分詞, 形容詞, 名詞(節) ですから, 英文中に〈with OP〉を見つけたら, ② 一部の現在分詞(→ 46・64 課)を除いて, 以下のように考えます。

with OP ⇒ 「O(S)が P である(状態で)」
　　 ||
S be P

たいてい「O が P にある状態で」, 時には「O が P なので」「O が P ならば」の意味です。このような with をよく「付帯状況を表す with」と呼びますが, 本書では〈with OP〉の形を「with 構文」とします。

では, 第 1 文。If からカンマまで長い従属節になっています。

としたら / を見る / 誰かが / で / 夕食 / 会 / を持っている / フォーク

[If (接) you S see Vt someone O (at a dinner party) M holding C(現分)(Vt) a fork (O)

に / その / 右 / 手 / (〜の)状態で / 先が / 向いている / 上を

(in his right hand) M (**with** (付帯状況) **the prongs** (O) **pointing** (P)(現分)(Vi) **up** (副)),]

例題:語句 prong(s) 名 (フォークなどの)とがった先/ point up Vi (ある方向を)向く/ regard O as C「O を C と考える」/ manners 名 礼儀作法

まずは，with に注目！　**with の後に O**（前置詞の目的語）**と Ving**（現在分詞）**がくっついています**。S と P の関係をキャッチして，「先が上を向いた状態で→先を上に向けて」とできますね。そして，主節は「(〜としたら) その人物はアメリカ人だと確信してよい」となります。

英国の　人たちは　ことだろう　を持っている
English people would hold
S　(仮過)　(Vt)

ナイフ　に その　右　手
their knife (in their right hand)
O①　M

フォーク　に その　左　手
and the fork (in their left (hand))
(等)　O②　M　(省略)

(〜の)状態で　先が　向いている　下を
(**with** **the prongs** **pointing down**).
(付帯状況)　O　P(現分)(Vi)　(副)

ここにも with 構文があります。**the prongs と pointing down** の間の S と P の関係がキャッチできましたか。この文は述語動詞に**仮定法過去の would** が使われていますが，主語になっている名詞が**「英国人なら〜」という条件**と考えられます(→ **76** 課)。

《全文訳》 夕食会で，誰かがフォークを右手に持ち，先を上に向けているのを見たら，その人はアメリカ人だと信じてよい。英国人なら右手にナイフを，フォークを左手に持って先を下に向けるだろう。こうするのが英国では，たとえ食べるのがより困難でも良い作法と見なされている。

（解説・解答→別冊：p.42）

演習 69　次の英文の下線部を訳しなさい。

Opening the gate, Vernon Berry walked through the little garden with a smile on his face and a large book in one hand. Long experience had taught him how to sell books to people who did not want them. He had a fine, deep voice and could talk well. He could make people laugh. He was clean and well-dressed. He was one of those men that people like at once, and he knew it. In short, he was a success.

（成城大）

演習：語句 deep 形（声が）太い／ clean 形 清潔な／ well-dressed 形 いい身なりをしている／ in short 副 要するに／ success 名 成功者

70 〈of ＋抽象名詞〉は形容詞に換えられる

次の英文の下線部を訳しなさい

The aid administered and received before a doctor is available is often **of** vital **importance**. First aid is the health-related help that must be given *first* in any emergency. Often a doctor cannot get to the scene of an accident. Victims may have to wait for skilled medical attention until they can be taken to a hospital or other emergency center.

（松蔭女子学院大）

解法 **of** という前置詞はなかなかくせもので，「～の」と訳したのでは意味がとれないことがあります。例題第 1 文の of ... importance の of がその代表格です。

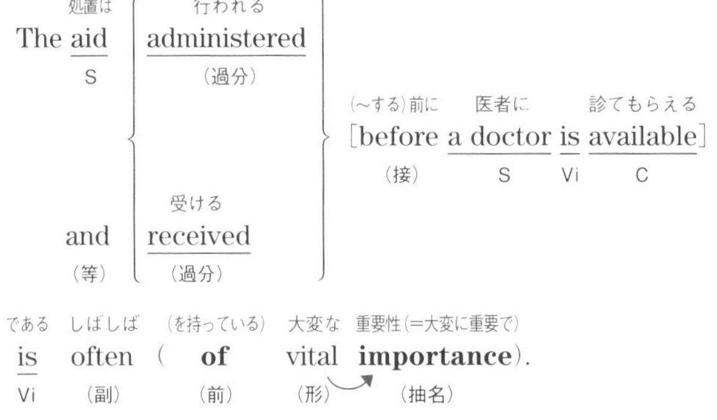

最初の is は doctor の V で，before 節は 2 つの過去分詞（administered と received）を修飾しています。2 番目の is が文全体の V です。aid is (of importance) が文の骨格で，SVC の文型です。つまり，**of 句は形容詞句として be 動詞と結合し，補語の役割**をしています。実は，この **of** は「性質・形・色などを記述する」もので，**「～を持っている（＝ having）」という意味**なのです。

of importance は「重要性のある」「重要な」の意味になり，important という形容詞に相当します。**〈of ＋抽象名詞〉は形容詞に換えられる**のが，この課のポイントです。

例題：語句 aid 名 処置／administer Vt を行う／available 形（人に）仕事をして（会って）もらえる／vital 形 大変な／health-related 形 安否にかかわる／emergency 名 緊急事態

また，以下のように名詞を修飾することもあります。

a book (of importance) = an important book
「重要な～」

例題の場合，vital を副詞にすると vitally ですから，**of vital importance = vitally important** ですね。

第 2 文は that 節内が受動態になっていますから，関係代名詞 that に先行詞 help を代入して help must be given ... (by S) → S must give help のように，**give と help の意味のつながり**を確認しましょう。

第 4 文の **until** は接続詞で節内は受動態になっていますね。

Victims (犠牲者は, S) may have to wait (かもしれない 必要がある 待つ, V) (for skilled medical attention) (を 熟練した 医者による 手当, M)

[until (まで, 接) they (S) can be taken (得る 移送され(る), V(受)) (to a (に, M→) { hospital (病院) or other emergency center (ほかの 救急 センター))].

of 句が形容詞に転化できる例としては，**of ability = able**「能力がある」，**of courage = courageous**「勇気がある」，**of use = useful**「役に立つ」，**of value = valuable**「価値がある」などがあります。

《全文訳》 医者に診てもらえる前に行われ，受ける処置は大変重要であることが多い。応急処置はどんな緊急の事態にあってもまず施さなければならない安否にかかわる手当てである。医者は事故現場に着けないことがよくあるのである。犠牲者は病院もしくはほかの救急センターに移送されるまで，熟練した医療を待たなければならないかもしれない。

(解説・解答→別冊：p.42)

演習 70 次の英文の下線部を訳しなさい。

The novel is based on the behavior of human beings as they appear in everyday life, and it is not quite accidental that it came into vogue during the eighteenth century when man was regarded as of central importance in the universe. The novel is an offshoot of humanism. (成城大)

演習：語句 novel 图小説／everyday 形日常の／accidental 形偶然の／come into vogue「流行する」／offshoot 图派生物／humanism 图人間主義

71 同格 of は「すなわち」・後ろから訳して「という」

次の英文の下線部を訳しなさい

It is part of the North American culture that people should be kept at a distance, and that contact with another person's body should be avoided in all but the most intimate situations. Because of this social **convention of dealing** with others at a distance, people in the U.S. have to place much reliance on their distance receptors, their eyes and ears, for personal communication.

（関西学院大）

解法 〈名詞＋ **of** ＋名詞〉の of を「～の」と訳しても，文意が通らないときがあります。こんなときは，**of の前後の意味関係を考えてみることが大切です。**

第 1 文の part of the ～ culture はどうでしょうか。

(～)は　である　一側面　の　北アメリカの　文化
It　is　part　(of the North American culture)
S(形)　Vi　C　M

ということ(は)　人々は　べきだ　とどめられる　に　少し離れたところ
[that　people　should　be kept　(at a distance)],
S(真)①→(接)　S　V(受)　M

ということ(は)　接触は　との　ほかの　人の　身体
and　[that　contact　(with another person's body)
(等)　S(真)②→　S　M

べきだ　避けられる　場合に　あらゆる　以外　ごく　親しい　状況
should be avoided　(in　all　(but the most intimate)　situations)].
V(受)　M→　(前)　M

「アメリカ合衆国の文化の持つ一側面」となり，この〈名詞＋ of ＋名詞〉の of は「～の」で，これは問題ありませんね。この文は It ～ that の形式主語構文で，and でつながれた 2 つの that 節が共通関係を作っています。the most intimate situations とは「最も親しく接することのできる状況」，すなわちキスや抱き合うことなどができ

例題：語句 keep O at a distance「O を近づかせない」／ contact 名 接触／ but 前 を除いて／ intimate 形 親しい／ convention 名 慣習／ deal with Vt (人) と接する／ place reliance on N「N を信頼する」／ receptor 名 受容器官

る状況のことです。

さて，下線部です。ここにも〈**名詞＋ of ＋名詞**〉が見えますね。**social convention of dealing 〜**の部分ですが，この of を「(他人と) 接することの社会的慣習」と解釈しては何のことか意味が不明です。convention の言い換え，つまり**同格語**に相当するのが dealing 〜ととらえて，「(他人と) 接するという社会的慣習」とすれば意味がうまく流れます。

(Because of this social **convention**)
のために（群前） この 社会的 慣習（名）

(**of** **dealing** with others (at a distance)),
という（前） 接する（動名）(Vt) に ほかの人たち（O） 少し離れて（M）

people in the U.S. have to place much reliance (on 〜
アメリカ合衆国の人は（S） ねばならない（助） にする（Vt） 大いに（形） 頼り（O） を（M→）

このofが，いわゆる**「同格の of」**です。典型的な例を挙げます。

the name **of** Tom ／ the habit **of** getting up early
name：N①　Tom：N②　habit：N①　getting up early：N②

N②は N①をより具体的に表現した内容になっています。この場合，The name is Tom. とか Tom is the name. のように，N①と N②を be 動詞でつなぐことができます。この **of は前から訳して「すなわち」，後ろから訳して「という」**となります。

《全文訳》 人を遠ざけておくべきで，他人との身体の接触はごく親しくできる（状況）以外はあらゆる状況において避けられるべきだというのが，北アメリカの文化の一側面である。少し離れて他人に接するという，この社会的慣習のために，アメリカ合衆国の人は個人的な意思伝達を果たすのに，目や耳など，距離があっても役立つ感覚器官を大いに頼りにしなければならないのである。

演習 71　次の英文の下線部を訳しなさい。　(解説・解答→別冊：p.43)

The thing that is common to all sufferers from stress — whether the overstress of the high-pressured life or the under-stress of boredom and frustration — is a feeling of not being in control of your life.

(同志社大)

演習:語句 sufferer 名 悩む人／ high-pressured 形 負担を重くされた／ boredom 名 退屈／ frustration 名 欲求不満／ be in control of N「N を自由にできている」

72 〈名詞＋ of ＋名詞〉の PS/VO 関係をつかめ

次の英文を訳しなさい

The full participation and empowerment of women is essential to the **development of a culture** of peace. It was the **monopolization of warfare by men** that led to the **exclusion of women** from power.
（法政大）

解法 〈N ①＋ of ＋ N ②〉において，**N ①が「文の動詞か（補語となる）形容詞」を名詞に変えたもの**の場合があります。この課ではN ①とN ②の間にPとSあるいはVとOの関係がある場合を検討します。SPでなくPSとしたのは，意味の上でN ①がP（述語）でN ②がS（主語）になっていることを示しています。また〈N ①＋ by ＋ N ②〉がPSの関係を意味することもあります。例題にはCである形容詞が名詞になった語はありませんから，初めに例を挙げましょう。

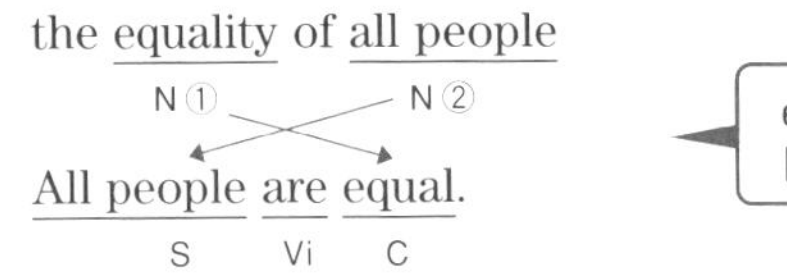

equality の元になる形容詞は equal。
「すべての人は平等である」

このように，〈**N ①＋ of ＋ N ②**〉には**P（＝ Vi ＋ C）＋ S の関係**があります。

第１文の１つ目の of の前後を検討しましょう。participation，empowerment の元になる動詞は participate（Vi），empower（Vt）です。名詞を動詞にするのに伴い full（形容詞）を副詞にすると fully（副詞）です。

（a）The full participation of women
（形）　N ①　N ②
Women participate fully.
S　Vi　（副）
「女性が十分に参加する」

（b）The full empowerment of women
（形）　N ①　N ②
empower women fully
Vt　O　（副）
「女性に権限を十分に与える」

（a）では〈**N ①＋ of ＋ N ②**〉に**P（＝ Vi）＋ S** の関係が，（b）では〈**N ①＋ of ＋ N ②**〉に〈**Vt ＋ O**〉の関係があります。

例題：語句 full 形 十分な／ participation 名 参加／ empowerment 名 権限を与えること／ essential 形 不可欠な／ development 名 発展／ monopolization 名 独占／ warfare 名 戦争／ lead Vi 至る／ exclusion 名 締め出すこと

2つ目の of の前後はどうでしょうか。the development of a culture は (b) と同じタイプです。**develop (Vt) ＋ a culture (O)** で **「文化を発達させる」** でいいですね。of peace は形容詞 peaceful に相当します (→ 70課)。

第2文は It was N that ... の形で過去形です。第1文は is (Vi) で現在形ですから，その内容が It になることは考えにくいですね。またどの名詞を It に代入しても意味が通りませんから，It が前出の表現を受けることはありません。

次に**形式主語構文か〈It is, that〉の強調構文かの判別**です。that の後は led (Vi) で S が不足していますから**強調構文**です (→ 50課)。

(c) the monopolization of warfare by men を2つに分けてみましょう。

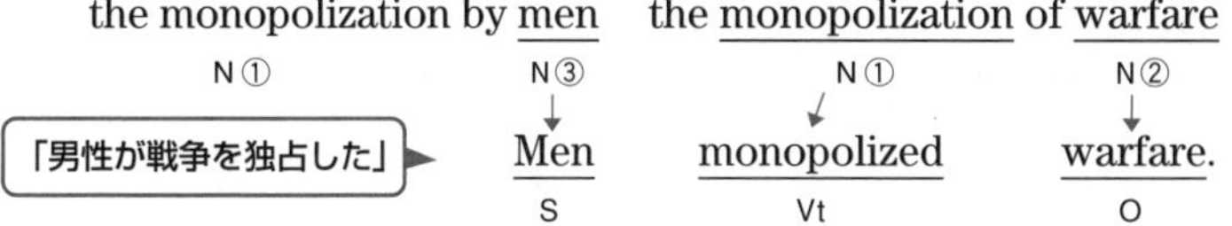

(d) the exclusion of women from power は the exclusion of women と the exclusion from power が合体したものです。

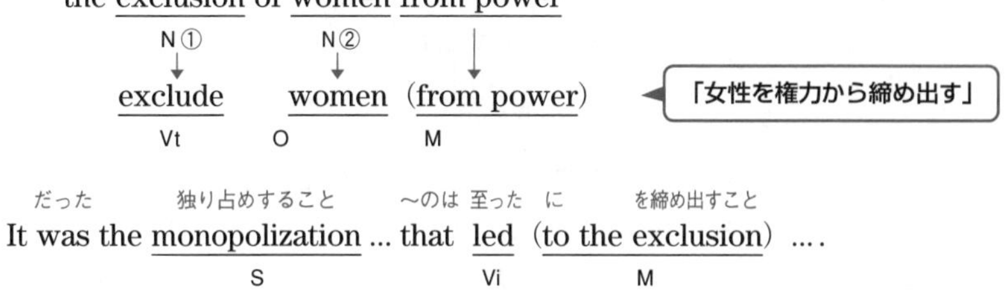

《**全文訳**》 平和な文化を発展させるには女性が十分参加し女性に権限を十分に与えることが不可欠である。もっぱら男性が戦争にかかわったからこそ女性を権力から締め出すことになったのだ。

(解説・解答→別冊：p.44)

演習 72　次の英文の下線部を訳しなさい。

Some resistance remains. A few developing countries severely restrict or prohibit the use of English, viewing its spread as "cultural imperialism." In Bangladesh, Parliament passed a bill replacing English with Bengali in official work.　(いわき明星大)

演習：語句 severely 副 厳しく／restrict Vt を制限する／prohibit Vt を禁止する／view O as C「O を C と見なす」／replace O with N「O を N と取り替える」

73 仮定法は「事実」と「時」をキャッチせよ！

次の英文の下線部を訳しなさい

Will war and peace continue to be rivals? Nuclear power can be used for the betterment of man or against him. The greatest hope of mankind lies perhaps in this very paradox. **If** all the earth's resources **were utilized** for peaceful purposes, a great deal of human wants and sufferings **would disappear**.

（神奈川大）

この課から 77 課まで，仮定法について学びます。まずは，仮定法の基本を確認しておきましょう。

If ＋ S ＋動詞の過去形～，S ＋ { would / could / should / might } ＋ Ⓥ…

このように，**現在あるいは未来の事柄について，(助) 動詞を過去形に**して「**仮に～なら，…なのに**」「**～なら (いいのに)**」という気持ちを表現することを「**仮定法過去**」と言います。事実とは違ったり，実際にはあり得なかったり，あっても可能性の低いことについての仮定・想像・願望を述べます。

同様に**過去の事実に対して「仮に (あのとき) ～だったら，…なのに」**と仮定するときに使われるのが「**仮定法過去完了**」です。**If 節内には〈had ＋過去分詞〉，帰結節には〈would/could/should/might ＋ have ＋過去分詞〉**を使います。ですから，仮定法らしき表現が目に入ったら，「いつの」「どんな事実」を踏まえているかをキャッチする必要があります。

では，例題を見てみましょう。第 1 文で「戦争と平和はライバルであり続けるのだろうか」と述べ，第 2 文では，その例として原子力は反する利用が可能と述べていま

例題：語句 nuclear power 名 原子力／ betterment 名 向上／ against 前 に不利に／ very 形 まさにその／ paradox 名 矛盾／ resource 名 資源／ utilize Vt を利用する／ wants 名 欲望／ sufferings 名 苦しみ

す。この矛盾を受けて，第３文では「人類の望みはこの矛盾そのものの中にあるかもしれない」と述べています。

続いて，この課のポイントの第４文に移りましょう。**「主節に助動詞の過去形」があるのは，仮定法過去（完了）の目印**です。

もし～なら　あらゆる　地球の　資源が　に利用される
［**If** all the earth's resources **were utilized**
（接）　S　（仮過）V（受）

平和　目的　たくさんの　人類の
(for peaceful purposes)］, a great deal of human
M　（形）　（形）

欲望　と　苦悩は　ことになろう　姿を消す
wants and sufferings **would disappear**.
S　（仮過）　Vi

If 節に were utilized と過去形，主節に would（助動詞過去）＋ disappear（原形）をしっかりマークしてください。**「現在の」事実とは異なるが「仮に～」**という気持ちをまずキャッチ。そしてその事実とは「現実としてはすべての地球上の資源が平和目的に利用されているわけではなく，欲望と苦悩が存在する」わけですね。ですから，筆者は「仮にすべての資源が平和目的に利用されるなら，（いいなあ）」という願いを込めて仮定法過去を用いているのです。

《全文訳》 戦争と平和はこれからも競争し合うのだろうか。原子力は人間を向上させるのにも，あるいは人間に不利になるようにも利用できる。人類が抱く最大の望みは，もしかしたらまさにこの矛盾の中に見出されるのかもしれない。もし地球のあらゆる資源が平和目的に利用されるなら，多くの人類の欲望と苦しみはなくなるだろう。

（解説・解答→別冊：p.44）

演習 73　次の英文の下線部を訳しなさい。

If our ancestors were brought back to life in the late twentieth century, they would surely think that the world was governed by a powerful new religion. They would see shining buildings reaching up to the sky, the old churches and shrines hidden in their shadows.

（慶応大）

演習：語句 ancestor 图先祖／ bring O back to life「O を生き返らせる」／ late 形末期の／ govern Vt を支配する／ religion 图宗教／ shrine 图聖堂

74 〈were to〉は「ありそう」から「まずない」まで

次の英文の下線部を訳しなさい

I am confident that if a teacher **were to** ask his pupils to make regular reports on himself, he would discover that many unexpected details were blocking his effectiveness. Habits of dress, mannerisms of speech, intonations of voice — things easily corrected, but obstacles of importance when they are not — would be revealed to him.

（文教大）

次の英文を見てみましょう。

If the sun **were to** rise in the west, I would not change my mind.
「たとえ太陽が西から昇るようなことがあっても，私は心を変えることはないだろう」

「太陽が西から昇る」ことは「あり得ないこと」ですね。〈**were to**〉は，この「**あり得ないこと**」から「**ありそうにないこと**」までに使われる，**仮定法過去**の表現で，〈be to〉（→ 58課）の過去形です。例題についてはどうでしょうか。

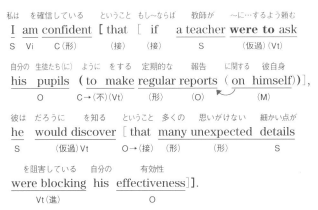

私は　を確信している　ということ　もし～ならば　教師が　～に…するよう頼む
I am confident [that [if a teacher **were to** ask
S　Vi　C（形）　（接）　（接）　S　（仮過）（Vt）

自分の　生徒たち（に）　ように　をする　定期的な　報告　に関する　彼自身
his pupils (to make regular reports (on himself))],
O　C→（不）（Vt）　（形）　（O）　（M）

彼は　だろうに　を知る　ということ　多くの　思いがけない　細かい点が
he would discover [that many unexpected details
S　（仮過）Vt　O→（接）　（形）　（形）　S

を阻害している　自分の　有効性
were blocking his effectiveness]].
Vt（進）　O

筆者はどうやら教師に自己点検を勧めているようですが，〈**were to**〉はこの場合，「**ありそうな**」「**あってもいい**」ことについて使われていると考えるのが自然です。

例題：語句 confident 形 確信して／ make a report「報告する」／ effectiveness 名 有効性／ mannerism 名 癖／ obstacle 名 障害／ reveal Vt を明らかにする

習慣 の 服装 癖 の 言葉遣い 抑揚が の 声
Habits (of dress), mannerisms (of speech), intonations (of voice)
S① M S② M S③ M

こと 容易に 訂正される であるが
— things easily corrected, but
(同格語) (副) (過分) (等)

障害 重大な 場合には それらが ない 訂正され
obstacles (of importance) [when they are not (corrected)] —
(同格語) (前) (抽名) (接) S V(受) (省略)(過分)

だろう 明らかにされる に対して 彼
would be revealed (to him).
(仮過) V(受) M

ダッシュの中は，〈of＋抽象名詞〉(→ 70 課)，not の直後の省略(→ 44 課)，they = things easily corrected を押さえてください。things と obstacles は S ①②③の同格語です。そして，ポイントは助動詞の過去形 would をキャッチすることです。「助動詞の過去形は仮定法過去(完了)の目印」でしたね。前文の if 節に呼応する形で，述語動詞が仮定法過去になっています。

《全文訳》 私は，もし教師が生徒たちに彼自身について定期的に報告してくれるように頼んだとすると，彼は多くの思いがけない細かい点が原因で自分が期待通りに能力を発揮できていないのを知るだろう，と確信している。服装の習慣，言葉遣いの癖，声の抑揚 —— 容易に訂正されることだが，直されない場合には重大な障害なのである —— が彼に明らかになるだろう。

(解説・解答→別冊：p.45)

演習 74 次の英文の下線部を訳しなさい。

People often ask me why I choose to spend so much time in Japan. <u>If I were to answer that it is because I need certain rare documents that can be obtained only in Japan, most people would accept this as a reasonable explanation.</u> To be more exact, however, I need extremely few documents that are not available in the university library, and it is more convenient for me to use this library than any in Japan. (北海学園大)

演習：語句 choose to Ⓥ「Ⓥしたがる」／obtain Vt を手に入れる／accept O as C「O を C と認める」／to be more exact 副 (独立不定詞) より正確に言えば

75 〈as if〉は「〜ならば…ように」が元の意味

次の英文の下線部を訳しなさい

When I try to explain why I am happier in Tokyo I generally begin with a series of negatives. In Tokyo I am not worried even if I walk down a dark street late at night. In Tokyo the subway cars are not defaced with graffiti or filled with people who look **as if** they might suddenly resort to violence.

（北海学園大）

〈**as if 〜**〉はこれを接続詞と見て，「まるで〜みたいに」と訳しますね。

① He talks [as if he knew everything].

② He talks [as (he would talk) [if he knew everything]].

②「彼はすべてを知っているならば話すであろうように」→ ①「すべてを知っているかのように」と，〈as if 〜〉は元あった as と if の間の he would talk が省略された表現なのです。この課のポイントは，この〈as if 〜〉のからくりを知ることです。

では，例題です。第 1 文で，著者は「なぜ東京にいるほうが幸せなのかを説明するとき，一連の否定文（negatives）で始める」と述べています。そして，第 2 文は，以下のようになっています。

(In Tokyo)［では 東京／M］ I［私は／S］ am not worried［心配しない／V（否）（受）］ [even if［たとえ〜でも／（接）］

I［私は／S］ walk［歩く／Vi］ (down［を通って／（前）］ a dark street［暗い通り／M］) late［遅く／（副）］ (at night［夜／（M）］)].

〈even if〉は「たとえ〜しても」です。

次の第 3 文の後ろに〈as if〉があります。if は紛れもなく**仮定法の条件**を示します。この文では，**as と if の間に they would look が隠れている**のを思い出しましょう。「暴力に訴えるかもしれないならば見えるであろうように」→「暴力に訴えかねないか

例題：語句 begin with N「N から始める」／ a series 名 一連／ negative 名 否定文／ deface O with N「O の表面を N で汚す」／ resort Vi（好ましくない手段に）訴える，用いる

のように」となります。なお，〈as if 〜〉は **〈as though 〜〉** となることもあります。

(In Tokyo) the subway cars are not { defaced (with graffiti) / or filled (with people) }
（では 東京 / 地下鉄の 車両は いない / 汚(さ)れて で 落書き / のでも(ない) / 一杯になって で 人々）
M / S / (助)(否) / V①(過分) / M / (等) / V②(過分) / M(先)

[who look [as if they might suddenly resort (to violence)]].
（(その人々は) 見える まるで〜かのように かもしれない 突然 訴える に 暴力）
(関代)S / Vi / C→(接) / S / (仮過)(助) / Vi / (M)

ところで，**〈as if 〜〉が「いつ」のことを表しているかをチェック**することは重要なポイントです。ここでは現在形 look が基準となっており，as if の中が仮定法過去ですから，「(今にも) 暴力に訴えかねないかのように」となるのです。では，次の例文を比較してみましょう。

The police treat me **as if** I **were** a criminal. (①)
as if I **had been** a criminal. (②)

基準時（今）

〈as if〉の中が①仮定法過去なら「(今) 犯罪者のように」，②仮定法過去完了なら「(以前) 犯罪者だったかのように」となります。つまり，**仮定法過去**は**基準時と「同時」**を示し，**仮定法過去完了**は**基準の時より「前の時」**を示しているのです。

《全文訳》 なぜ東京にいるほうが幸せなのかを説明するとき，たいてい，私は否定文をまず続けて使う。東京では夜遅く暗い通りを歩いても心配がない。東京では地下鉄の車両は落書きで汚れてもいないし，まるで突然暴力を振るいかねない顔つきの人々で一杯でもない。

(解説・解答→別冊：p.46)

演習 75 次の英文の下線部を訳しなさい。

Americans view time as being tangible, almost as if it were something that could be touched. They can spend it or save it. In some ways, they treat it like money. In fact, in English, there is an expression "Time is money."

(四天王寺国際仏教大短大部)

演習：語句 view O as C「O を C と見なす」／ tangible 形 実体のある，有形の／ save Vt を貯える／ treat Vt を扱う

76 〈If ～〉に代わる条件は不定詞・名詞をマーク

次の英文の下線部を訳しなさい

Francine and I have been married now forty-six years, and I **would** be lying **to say** that I have loved her for any more than half of these. Let us say that for the last year I haven't, let us say this for the last ten, even. Time has made torments of our small differences and tolerance of our passions. （玉川大）

解法 この課では「現在時制の述語動詞の中にある助動詞の過去形は仮定法の目印」と覚えておきましょう。

フランシーヌ と 私は 結婚している 今では（もう） 46年間
Francine and I have been married now (forty-six years),
S Vi C （副） M

そして 私は ことになるだろう うそをついている と言ったら
and I **would** be lying (**to say**
（等） S （仮過） Vi（進） （不・副）（Vt）

私が を愛してきている 彼女
[that I have loved her
（O）→（接） S Vt（現完） O

～の間 少しは もっと より 半分 の中の この（期間）
(for any more than half (of these))].
（副） M

would が目に入りましたね。現在（完了）時制とともに **would があれば，if がなくても仮定法**と考えていいのです。では，仮定法であれば条件はどれでしょう？　条件になりそうなのは to say です。**to say ＝ if I said** とすると，条件の形が整います。例題の to say は，以下の現在時制の文と同じ使い方で，副詞的な役割を持っています。

You are kind **to say** so. 「そう言ってくれるとはご親切に」

名詞的用法の不定詞も**仮定法の条件**になります。例を挙げましょう。

形式主語 真主語
It would be wise (to say so). 「そう言うと賢明だろう」

例題：語句 make O of N「N で O を作る→ N を O にする」／ torment(s) 名 苦痛／ difference(s) 名 意見の違い／ tolerance 名 我慢／ passion(s) 名 情熱

不定詞のほかに**名詞が条件を表すケース**もあり，その場合，多くは次のように，名詞は主語として使われます。

A man of sense would not do such a thing.
「良識のある人なら，そんなことはしないだろう」

第2文に移りましょう。

Let（と言いましょう / Vt（使役））us（O）say（C（原形）（Vt））[that（(O)→(接)）(for the last year)（この1年間 / M）I（私は / S）haven't（いなかった / Vt（現完））(loved（を愛して / （省略））her)（彼女 / O）],

let（と言いましょう / Vt（使役））us（O）say（C（原形）（Vt））this（愛していなかった / (O)）(for the last ten)（この10年間 / (M)）, even（さえ / (副)）.

この場合，Let us say は「告白する雰囲気」を示しています。そして，第3文は and で結ばれた共通関係がキャッチできますね。

Time（時は / S）has made（に変えてしまった / Vt（現完））
- torments（苦痛 / O①）(of our small differences)（を 私たちの ちょっとした 意見の違い / M）
- and（そして / (等)）tolerance（忍耐 / O②）(of our passions)（を 私たちの 情熱 / M）.

《全文訳》 フランシーヌと私は結婚してもう46年だが，このうち半分を少しは超える期間，彼女を愛してきたと言ったらうそになるだろう。この1年は愛していないと言いましょう。それどころか，この10年でさえも愛していないと打ち明けましょう。時の経過によって，私たちのちょっとした意見の違いは苦痛に，そして情熱が忍耐になってしまったのである。

（解説・解答→別冊：p.46）

演習 76　次の英文の下線部を訳しなさい。

Already computers can perform mathematical functions in a short time that human mathematicians would require a lifetime to duplicate. Computers can also work without the likelihood of error. That, however, doesn't mean that computers are "smarter" than mathematicians.　（神奈川大）

演習：語句 perform Vt （仕事など）を行う／function 名 機能／mathematician 名 数学者／lifetime 名 一生／duplicate Vt を再び行う／likelihood 名 可能性

77 条件は副詞句をマークせよ！

次の英文の下線部を訳しなさい

The electric light bulb, which we take for granted, **would not have been** possible **without** the work of the American scientist Thomas Edison, nor **would** much of the dyeing and drugs industries **without** the work of the English chemist Perkin.

（日本大）

解法 前課に続いて**条件を表す if 節に代わる表現**を検討して仮定法の締めくくりとします。現在完了には「現在」，過去完了には「ある過去の時」という基準時があるのと同様，**仮定法**にも**基準時**があります。筆者が文を書いているときが基準となる「現在」です。

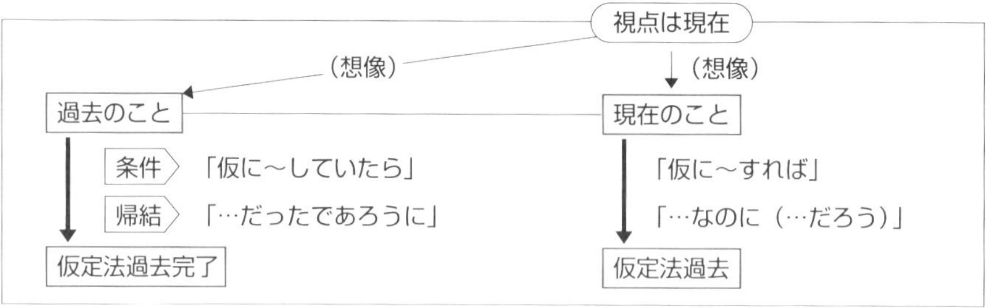

例題文は〈**would not have ＋過去分詞**〉と**仮定法過去完了**の帰結の形が使われていますから，想像されているのは過去のことと考えられます。

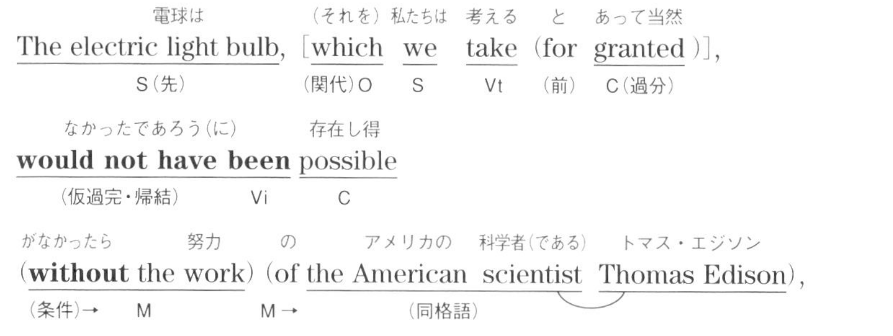

例題：語句 electric light bulb 名 電球／take O for granted「O を当たり前と思う」／possible 形 あり得る／work 名 努力／industry 名 産業／chemist 名 化学者

if に相当する条件は〈without 〜〉という副詞句以外に見つかりそうもないですね。without = but for ですが，節にするときは帰結節の時制を確認して，**〈without 〜〉が〈if it were not for 〜〉か〈if it had not been for 〜〉のいずれなのかを判断する**ことがポイントです。この場合は，帰結節が would not have been（仮定法過去完了）ですから，それに合わせて「過去の事実に対する仮定・想像」とキャッチして，〈if it had not been for 〜〉に書き換えられます。

後半 nor 以下はちょっとやっかいです。nor は接続詞で，and 〜 not の意味ですが，語・句・節のどれを否定しているのでしょうか。前置詞句を（　　）でくくると，nor would much（of 〜）（without 〜）が残ります。

The bulb would not have been possible（without 〜）
S　V　C

┌ nor ┐
and ... not would much（of 〜）省略(?)（without 〜）
（助）　S　V＋C

nor 以下は and much（of 〜）would not（have been possible）（without 〜）と理解できます。nor の後に節が続く場合は，**〈nor ＋助動詞／ be 動詞＋ S〉の倒置**が生じるのと，助動詞に直結する**動詞本体が省略**されている（→ 42 課）ことを押えましょう。

《全文訳》 電球は ―― 私たちはそれがあって当たり前と思っているが ―― アメリカの科学者トマス・エジソンの努力がなければ，存在し得なかっただろうし，染料および薬品産業の大部分もまたイギリスの化学者パーキンの努力がなければあり得なかっただろう。

（解説・解答→別冊：p.47）

演習 77　次の英文の下線部を訳しなさい。

Franklin could have made a fortune merely by patenting his inventions, but he refused to do so. He believed that new ideas should be used to benefit all people.

（成城大）

演習：語句 make a fortune「一財産作る」／ patent Vt を特許化する／ refuse Vt を拒む／ benefit Vt のためになる

78 比較級/〈as ＋原級〉は「比べる相手」をチェック

次の英文の下線部を訳しなさい

The saying "Early to bed and early to rise, makes a man healthy, wealthy, and wise," which has been attributed to Benjamin Franklin, American statesman and all-around genius, <u>has greatly strengthened the superstitious belief that sleep is **more restful** before midnight.</u>

（千葉大）

解法 **比較級や〈as ～〉**を見ると，機械的に「より～」「同じくらい～」などと訳してしまいがちですが，後ろに比較する相手がないと，訳としてピンとこないものです。これは，〈比較級＋（than ～）〉や〈as ＋原級＋（as ～）〉において（　　）**内が省略されるケースでも，何と比べているのかを文脈からとらえる**ことが，英文の構造を理解するためのポイントになるからです。

例題は長い１つの文ですが，まずこの文の**SとVを確定**してみましょう。

ことわざ（という）	早寝すること	～を…にする	人（を）	
The saying	"Early (to bed)	makes	a man	healthy,
S	（副） S①（不）（Vi）	Vt	O	C①
				wealthy,
				C②
かつ	早起きすることは		かつ	
and	early (to rise),		and	wise,"
（等）	（副） S②（不）（Vi）		（等）	C③

ここで，The saying（ことわざ）に対して**"　"の中身が同格関係**を作っていることがわかります。"　"内の節がそのことわざです。「早寝早起き」で１つの概念ととりますから，３単現 makes が使われています。この後の which は**関係代名詞の継続用法**で，そこから genius までが**挿入節**になっています。とすれば，文の**S**は **The saying** で，**V**は **genius の後の has ～ strengthened** だとキャッチできますね。

例題：語句 saying 名 ことわざ／ wealthy 形 豊かな／ be attributed to N「Nの作と思われている」／ statesman 名 政治家／ genius 名 天才／ superstitious 形 迷信的な／ belief 名 信念

大いに　を強くしてしまった　迷信的な　信念
has greatly strengthened the superstitious belief
(副)　O
Vt(現完)

という　睡眠は　もっと　休息を与える
[that sleep is **more restful**
(同格節)→(接)　S　Vi　(比)　C

it = sleep

以前に　真夜中　よりも　以後　真夜中
(before midnight) [**than** it is (after midnight)]].
(省略)

この課のポイントは同格のthat節(→47課)内のmore restfulという比較級の部分のとらえ方です。**moreと呼応するthan～が省略**されています。とすれば，**thanに続く「比べる相手」を文脈からキャッチ**しなければなりませんね。

節内の主語はsleepですが，thanの後に主語を置くと，こちらもsleepと考えられるので，**同一物(人)に関する状態の比較**になります。つまり「睡眠はほかの何かよりもrestful」というのではなく，「睡眠は真夜中前のほうが～よりもrestful」とすると，真夜中前(before midnight)と比較されるのはafter midnightと見当がつきますね。**thanの後にit(= sleep) is after midnightを補う**と形が整います。

《全文訳》「早寝早起きは人を健康にし，豊かにし，かつ賢明にする」ということわざは，アメリカの政治家であり，かつ多才な天才であったベンジャミン・フランクリンの作と言われているが，睡眠は真夜中前のほうが休息がとれるという迷信を，大いに強固にしてしまっている。

演習 78　次の英文の下線部を訳しなさい。　(解説・解答→別冊：p.47)

Like many native Italians, my parents were very open with their feelings and their love —— not only at home, but also in public. Most of my friends would never hug their fathers. I guess they were afraid of not appearing strong and independent. But I hugged and kissed my dad at every opportunity —— nothing could have felt more natural.

(産能短大)

演習:語句 native 形 生粋の／hug Vt を抱きしめる／independent 形 自立した／opportunity 名 機会／feel C Vi (物事が)Cの感じを与える

79 名詞をゼロにする〈no ＋比較級〉→最上級

次の英文の下線部を訳しなさい

Manners are not a demonstration of weakness, but a sign of common sense. Manners are mankind's way of saying, "Let's not fight unless we have to" —— <u>and there may be **no higher** wisdom than that, in business, in love and marriage, in the transactions of everyday life.</u>

（京都女子大）

解法 nobody, none の **"no" は「ゼロ」を意味し**ます。「ゼロの人→人はいない」と考えます。I have no money.なども「ゼロのお金を持っている→お金を全然持っていない」となります。つまり，**"no" は名詞をゼロにする**わけです。

では，例題の第２文，"—— and" 以下に注目してください。

礼儀作法は　である　人間の　方法　のための　言うこと　ことにしよう　ない　戦わ
Manners are mankind's way (of saying), "Let 's not fight
S　Vi　C　(動名)　Vt　O　(否・副)　C(Vi)

〜でない限り　なければならない　戦わ　〜があるかもしれない
[unless we have to (fight)]" —— and there may be
(接)　S　Vi(省略)　(副)　Vi

ない　高度な　知恵は　より　それ
no higher wisdom than that, { in business, / in love and marriage, / in the transactions 〜.
S　(前)

there may be no higher wisdom than that,〜の "no" は何を否定しているのでしょうか。there ... が存在「〜がある」を言うための表現ですから，wisdom の存在がどうかを言わんとしています。no は名詞 wisdom を形容詞として修飾し，「ゼロの wisdom → wisdom がない」と言っているわけですね。no は直接的には「that」よりも higher な wisdom（の存在）をゼロにするわけですから，no wisdom may be higher than that,と言い換えてもよく，最上級にすると，次のようになります。

例題：語句 manners 名 礼儀作法／demonstration 名 表現／common sense 名 常識，良識／wisdom 名 知恵／transaction 名 用事

that may be the highest wisdom,〜

実質的には「that = saying, "Let's not 〜 to"」が最もすぐれた知恵と言いたいのです。**名詞をゼロにする〈no ＋比較級〉は最上級に転換できる**のです。例を挙げましょう。

There is no better policy than honesty.
➡ Honesty is the best policy.「正直は最善の策」

なお，have to の to は代不定詞（→ **20** 課）で，to = to fight とキャッチしてください。unless「〜でない限り，〜のとき以外は」= except if/when ...ですよ。

さて，前後しますが，第 1 文も図解しておきましょう。

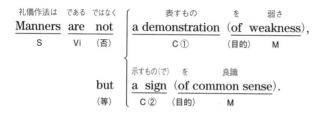

礼儀作法は	である	ではなく	表すもの	を	弱さ
Manners	are	not	a demonstration	(of	weakness),
S	Vi	(否)	C①	(目的)	M
			示すもの(で)	を	良識
		but	a sign	(of	common sense).
		(等)	C②	(目的)	M

ここでは，〈not A but B〉（→ **8** 課）「A でなく B」と「目的の of」（→ **72** 課）を押さえてください。

《全文訳》 礼儀作法は弱さを表すものではなくて，良識を示すものである。それは人間の「止むを得ない場合を除いては，戦わないことにしよう」と表現する方法である。仕事，恋愛と結婚生活，日常生活の用事で，それ（不要な戦いの放棄を表明すること）ほどすぐれた知恵はないのかもしれない。

演習 79　次の英文の下線部を訳しなさい。　（解説・解答→別冊：p.48）

To have friends in foreign countries is a great source of joy and as one grows older one tends to travel not to see famous places but to visit these friends. There is no greater pleasure for a *kokusaijin*.

（跡見学園短大）

演習：語句 source 图 源／tend to Ⓥ「Ⓥしがちである」

80 関係代名詞に変身したas/thanをキャッチ

次の英文の下線部を訳しなさい

A Presidential slip of the tongue, a slight error in judgment —— social, political, or ethical —— can raise a storm of protest. <u>We give the President more work **than** a man can do, more responsibility **than** a man should take, more pressure **than** a man can bear.</u> We abuse him often and rarely praise him. We wear him out, use him up, eat him up.

（名城大）

解法 比較級とともに使う **than**，そして同等比較〈as ～ as ...〉の後ろの **as** は接続詞ですが，後続の語句との関係で **S，O，C の役割をしている場合は関係代名詞**と理解したほうが文構造の把握がすっきりします。例題では，第 2 文に than がありますが，その前に第 1 文を片づけておきましょう。ダッシュの中の or は「～であろうと」と譲歩の雰囲気を持っています（→ 99 課）。

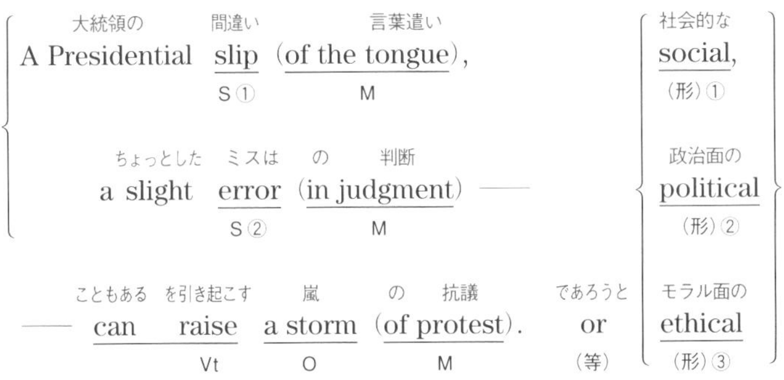

次に，第 2 文ですが，まず文型をしっかり押さえておきましょう。

We give the President more work

ここまでで，SVO1（間接目的語）＋ O2（直接目的語）の文型が完成しています。また，the President（O1）を共通語として，カンマでつながる 3 つの〈more ＋ O2〉の共通関係が成立しています。ですから，それぞれ than 以降は別の節になります。それらの

例題：語句 slip 名 間違い／slight 形 ちょっとした／ethical 形 道徳上の／storm 名 嵐／abuse Vt を乱用する／rarely 副 めったに…ない／wear O out「O をすり減らす」

節中の動詞 do，take，bear はいずれも目的語を必要とするものですが，実は，その役割を than が担っているのです。

私たちは　～に…を与えている　大統領（に）
We　give　the President
S　Vt　O_1

もっと(多くの)　仕事(を)　(それ)より　人が　できる　を果たす
more **work** [**than** a man can do],
O_2 ①(先)　(関代)O　S　Vt

もっと(多くの)　責任(を)　(それ)より　人が　べきである　を取る
more **responsibility** [**than** a man should take],
O_2 ②(先)　(関代)O　S　Vt

もっと(多くの)　圧力(を)　(それ)より　人が　できる　を耐える
more **pressure** [**than** a man can bear].
O_2 ③(先)　(関代)O　S　Vt

この **more との関係で使われた than は関係代名詞に変身**しています。先行詞は than の前の名詞ですが，名詞がないときは，比較級自体を先行詞と見ます。この文ではそれぞれ，work，responsibility，pressure が先行詞となっていますね。

《全文訳》 大統領が失言したり，ちょっとした判断ミス ── 社会・政治・モラルいずれか（のミス）にせよ ── を犯したりすると，ごうごうたる非難の声が上がりかねない。私たち（国民）は大統領にこなせないほどの仕事と取るべきでない責任と耐えられないほどの圧力を課す。私たちはしばしば彼をこき使い，めったに誉めない。私たちは彼をすっかり疲れさせ，使い果たし，食べ尽くすのである。

（解説・解答→別冊：p.49）

演習 80　次の英文の下線部を訳しなさい。

As we congratulate ourselves on a world becoming increasingly democratic, we should recall that several times before in the past century it seemed that democracy had won universal acceptance, but the acceptance was much less trustworthy than had been imagined.

（明治大）

演習：語句 congratulate oneself on N「N を喜ぶ」／ democratic 形 民主主義的な／ recall Vt を思い出す／ acceptance 名 容認／ trustworthy 形 当てになる

81 no bigger than = as small as

次の英文の下線部を訳しなさい

With a population nearly half of the U.S.'s squeezed into an area **no bigger than** Montana, Japan has virtually no room left in its crowded cities. Developers have built towering skyscrapers and even artificial islands in the sea, but the space crunch keeps getting worse.

（関西学院大）

解法 A is no bigger than B. という文を考えてみましょう。

この場合，**no** は **big** を否定し，同時に「**差**（A が B より大きい，あるいは B が A より大きい）」**を否定**しているのです。図式化すると，以下のようになります。

no bigger than

no が差を否定するのは I am 3 years older than you.において，3 years を「ゼロ」つまり "no" にすると「差がない」のがわかりますね。ですから，以下のように，**結果的に A と B は差がなくて同じという意味**になります。

A is no bigger than B. = A is as small as B.

big を否定して，small の方向でということです。一般的な形でまとめてみましょう。

〈no ＋比較級＋ than〉⇒〈as ＋反意語の原形＋ as〉

では，第 1 文カンマまでを no bigger than に注目して検討しましょう。

（With〔の状態で〕 a population〔人口が〕 (nearly〔およそ〕 half〔半分〕 of〔の〕 the U.S.'s〔合衆国の〕)
（付帯状況）→ O ← M

squeezed〔詰め込まれている〕 (into〔に〕 an area〔地域〕) no bigger than〔ほどに 小さい と同じ〕 Montana,〔モンタナ州〕)
P（過分） M

= as small as

例題：語句 population 名 人口／ squeeze O (into N)「O を（N の中へ）押し込める」／ virtually 副 ほとんど／ the crunch 名 危機／ keep Ving「V し続ける」

〈**With OP（過去分詞）**〉は「**OがPの状態で**」で，付帯状況のwithであることをまず確認（→69課）。そして，この課のポイントno bigger than Montanaですが，これは「Montanaがbigなんてとんでもない」というのが前提になって，as small as Montanaと考えます。つまり，「Montanaと同じほどに狭い」という意味になります。

日本は　～を…にしている　ほとんど　ない　余地が　残って
Japan　has　virtually no　room　left
S　Vt　（副）　O　C（過分）

には　その　人口密度の高い　大都市
(in its crowded cities).
M

haveは状態を表していて，〈**have OC**〉「**OをCの状態にしている**」が直訳。OとCのSとPの関係（→6課）から，Virtually no room is left.「残されている余地（土地）はほとんどない」と読み取りましょう。

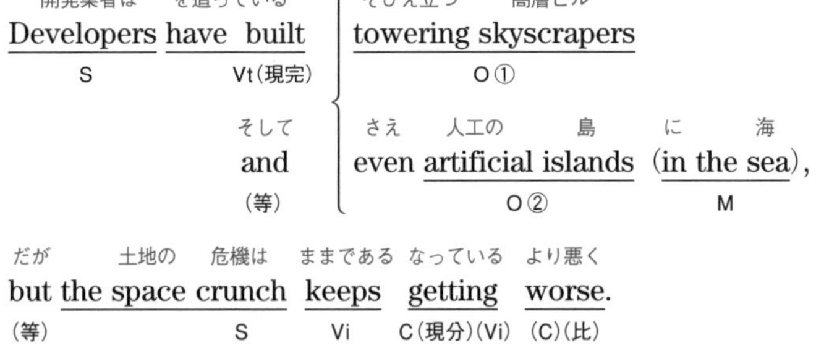

だが　土地の　危機は　ままである　なっている　より悪く
but the space crunch keeps getting worse.
（等）　S　Vi　C（現分）（Vi）　（C）（比）

《**全文訳**》合衆国の半分くらいの人口が，モンタナ州程度の狭い国土に詰め込まれていて，日本は人口が過密な大都市では土地がほとんど残っていない。開発業者はそびえ立つ高層ビルを，そして海に人工の島まで造っているが，土地の危機は悪化し続けているのである。

（解説・解答→別冊：p.49）

演習 81　次の英文の下線部を訳しなさい。

By the 1820s the ratio between the sexes in America had evened out in the East and South, but the old imbalance followed the frontier. Thus the male-female ratio in California in 1865 was three to one, in Colorado no less than twenty to one.

（鶴見大）

演習：語句　ratio 名 比率／sex 名 男女の別，性別／even out Vi 均衡がとれる／imbalance 名 不均衡／follow Vt の後について行く／frontier 名 辺境地／thus 副 だから

82 「鯨の公式」は「馬は魚だ」との比較

次の英文の下線部を訳しなさい

"Our kinship with other animals does not mean that if their behavior seems often to be under the influence of instincts, this must necessarily also be the case in humans," says an anthropologist. He quotes one authority who has written: "There is **no more** reason to believe that man fights wars because fish or beavers are territorial **than** to think that man can fly because bats have wings."

（慶応大）

解法 「鯨の公式」とは「AがBでないのはCがDでないのと同様」とか「CがDでないのと同様にAはBでない」と訳される構文です。この構文は日本語に振り回されずに，**何が何と比較されているのか，比較の対象をきちんととらえる**のがコツです。その前に，第1文の引用符部分の構造を見ておきましょう。

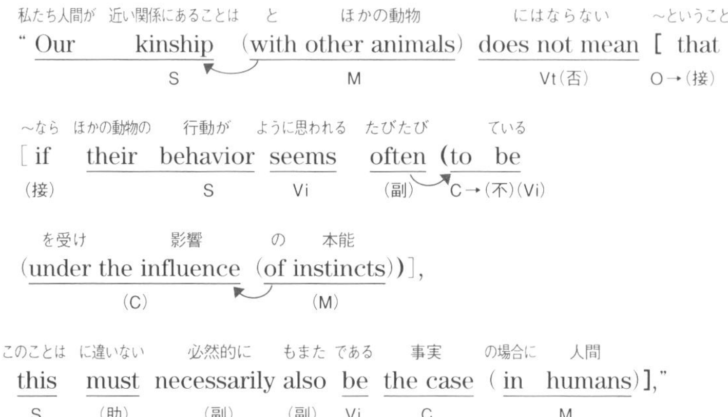

if 節の often は to be の直前にありますから，seems ではなく to be を修飾しているのが要注意です。

例題：語句 kinship 名 近い関係／ instinct 名 本能／ the case 名 真実／ anthropologist 名 文化人類学者／ quote Vt を引用する／ reason 名 理由，根拠／ territorial 形 縄張り習性のある

さて，「鯨の公式」とは，

A whale is **no more** a fish **than** a horse (is a fish).
A　　　　　　　　　　　　　B

において，**A「鯨は魚だ」とB「馬は魚だ」との比較**なのです。Bは真実性がゼロですね。**Aは「真実性ゼロ」のBと比べて「同程度に真実性が少ない」→Bと「同様に真実ではない」**，という内容になります。それを日本語の関係で，「鯨が魚でないのは馬が魚でないのと同様」とか「馬が魚でないのと同様に鯨は魚でない」と訳すのです。

“There is (ある, Vi) **no more** (同程度に(少ない)) reason (根拠が, S) (to believe (と信じる, (不)(Vt)) [that (O)→(接) man (人間は, S) fights (をする, Vt) wars (戦争, O)
(副)

(there is (ある) any (少しでも) reason (根拠が)) (省略) [because (〜だから, (接)) fish or beavers (魚 や ビーバーが, S) are (ている, Vi) territorial (なわばり的習性を持っ, C)]])

than (〜のと) (to think (と考える, (不・形)(Vt)) [that ([真実性ゼロ], (O)→(接)) man (人間は, S) can fly (飛べる, Vi) [because (〜だから, (接)) bats (コウモリが, S) have (を持っている, Vt) wings (翼, O)]])”

「thanの後と比べて〜」と認識するのがポイントになります。

《**全文訳**》「私たち人間がほかの動物と近い関係にあるからといって，ほかの動物の行動が本能の影響を受けることが多いと思われるなら，必然的に人間の場合にもこれが当てはまるに違いない，ということにはならない」とある人類学者が言っている。彼はある権威の言葉を引用するが，その権威は「人間は戦争をするが，それは魚やビーバーが縄張り習性を持っているからだ，と信じる根拠がないのは，コウモリに翼があるから人間も飛べると考える根拠がないのと同様だ」と書いている。

(解説・解答→別冊：p.50)

演習 82　次の英文の下線部を訳しなさい。

A man like Kasparov studies chess constantly and has memorized large numbers of openings, closings, and midgame situations, so that in some respects he plays mechanically. A computer can, in principle, do this with greater memory capability and thus, eventually, outmatch any human being. But this no more shows any real superiority than when it carries out vast numbers of mathematical operations simultaneously.　(神奈川大)

演習：語句　opening，closing，midgame 名（チェスの）序盤・終盤・中盤／in some respects 副 いくつかの点では／in principle 副 理論的には／outmatch Vt に優る

83 〈the ＋比較級, the ＋比較級〉の the は副詞

次の英文の下線部を訳しなさい

The ideals and practices of child rearing vary from culture to culture. In general, **the more** rural the community, **the more** uniform are customs of child upbringing. In more technologically developed societies, the period of childhood and adolescence tends to be extended over a long time, resulting in more opportunity for education and greater variety in character development.

（愛知工業大）

解法 「えっ，副詞の the だって」，と驚く顔が目に浮かびます。**〈the ＋比較級～, the ＋比較級 ...〉**の **the が副詞**とわかれば，比較級とくっつくわけが何となく納得できますね。丸暗記で「～すればするほど，いっそう…」と訳だけ覚えているだけでは実際の解釈では通用しないこともあります。理解なくして技術なし，です。

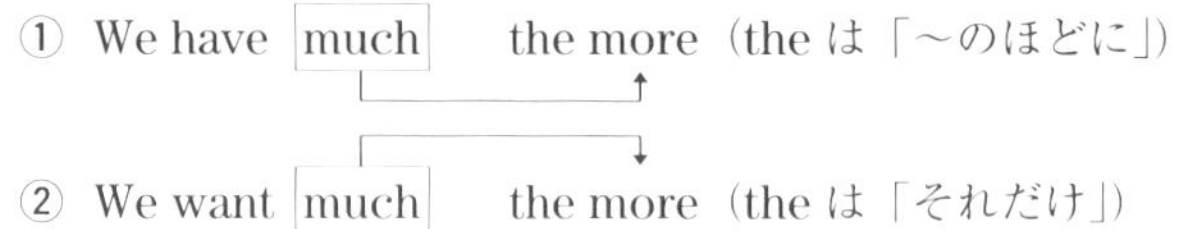

① We have much the more（the は「～のほどに」）
② We want much the more（the は「それだけ」）

この２つの〈the ＋比較級〉がそれぞれ主語の前に出て，次のように相関的につながって意味をなすのです。

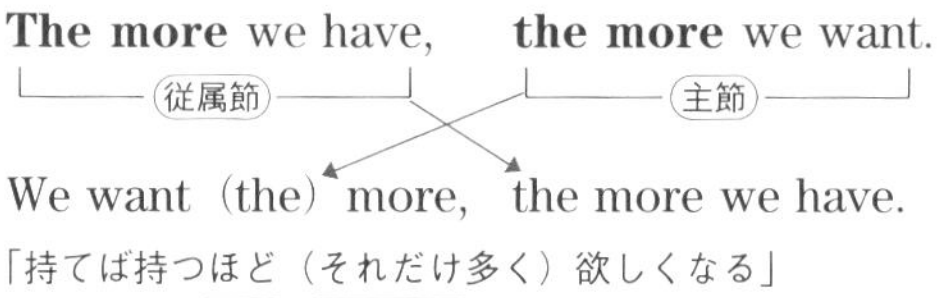

The more we have, the more we want.
従属節
主節
We want (the) more, the more we have.
「持てば持つほど（それだけ多く）欲しくなる」

第２文に〈the ＋比較級〉が２つありますね。前半の従属節は V が省略され，主節ではリズムの関係で **are（＝V）が S の前に置かれた倒置**が起きています。

（～する）ほど　より　田舎（で）　社会が　である
... **the more** rural the community (is),
C　S　（省略）Vi

例題：語句 child rearing 名 子育て／in general 副 一般的に／uniform 形 画一的な／upbringing 名 しつけ／technologically 副 技術的に／adolescence 名 青春

それだけ ますます 画一的 である 慣習(は) にかかわる 子どもの しつけ
the more uniform are customs (of child upbringing).
C Vi(倒置) S M

第3文の resulting は，前の節全体を意味上の主語とする分詞構文で関係代名詞を使って，which results (in 〜) とすることもできます。

では より 技術的に 発展した 社会
(In more technologically developed societies,)
(前) (副) (副) (形) (名)

期間が 児童期 と(を合わせた) 青春期
the period (of childhood and adolescence)
S M

傾向がある 延ばされる にわたって 長期間
tends (to be extended (over a long time)),
Vi C→(不) (V)(受) (M)

(このことは)
〜という結果になる
resulting in
(分詞構文)(現分)(Vi) (前)

より多くの 機会 ための 教育(を受ける)
more opportunity (for education)
(名①) M

と
and

より大きな 多様性 における 性格の 発達
greater variety (in character development).
(名②) M

後半は more と greater に着目すると，**opportunity と variety が in を共通語に**しているのがつかめますね。

《全文訳》 子育ての理想と実際は文化ごとに異なる。一般的には，社会が田舎であればあるほど，子どものしつけの慣習はますます画一的である。より技術的に発展した社会では，児童期と青春期を合わせた期間が延びる傾向があり，その結果として教育の機会が増え性格の発達がより多様化するのである。

(解説・解答→別冊：p.51)

演習 83 次の英文の下線部を訳しなさい。

Look at the context of each word — the sentence that it's in, and the sentences that come before and after. Look to see if the word is repeated later in the text; the more often it's used, the easier it is to understand.

(成城大)

演習:語句 look at Vt に注意を払う／context 名 文脈／see Vt を確かめる／text 名 本文

84 関係詞節に潜るSVを〈　〉で囲んで文型キャッチ

次の英文の下線部を訳しなさい

Boldness means a deliberate decision to bite off more than **you are sure** you can chew. And there is nothing mysterious about the mighty forces referred to. They are the hidden powers that all of us possess.

（立教大）

以下の例文①の was と turned out の主語を考えてみましょう。

① The man who I thought was a policeman turned out to be a thief.
（was：V　turned out：V）

まず，動詞の thought が was の S になるはずがありませんから，who が was の S だと見当がつきます。policeman は was の補語（C）で who 節の範囲はここまで（→21課）。ただ，I thought が邪魔ですから，who 節を［　　］で囲んで I thought を文からはずしてみましょう。

The man［who was a policeman］turned out（to be a thief）.
（The man：S　who：S　was：Vi　a policeman：C　turned out：Vi　to be a thief：C）

文型がはっきりしてきます。実は，①のタイプの文は，以下の **2つの文がドッキングしたもの**なのです。

② The man turned out to be a thief.
③ I thought（that）he was a policeman.

③の he を who にかえて man に結合させましょう。

④ who I thought ↓ was a policeman（he → who）

he が節の頭に移動して who に変身

thought の後の接続詞 that が姿を消し，「警官だと私が思っていた男は，実は泥棒だった」という①の例文になります。このように③で主節の SV だった I thought が④のように**関係詞の後ろに潜っている形の関係詞節を連鎖関係詞節**と言いますが，関係代名詞の**目的格だけでなく主格（ここでは who）が省略**されることもあります。

例題：語句 boldness 名 大胆さ／a deliberate decision 名 慎重な決定／bite off Vt をかみ切る／chew Vt をかむ／mighty 形 強力な／refer to N「N に言及する」

では，例題の下線部にチャレンジしてみましょう。

大胆さとは のことである しっかりした 決断 をかみ切る 多くのもの
Boldness means a deliberate decision (to bite off more
S Vt O (不・形)(Vt) (O)

(それを)より たしかに～と思っている 人が をかめると
[than 〈you are sure〉 you can chew]).
(関代)O S Vi C S Vt

chew の O が必要ですね。**関係代名詞に変身した than**（→ **80** 課）がそれにあたると考えると，you are sure が邪魔になります。you are sure を〈　〉で囲んでみましょう。～ bite off more than you can chew「人がかめる以上のものをかじり取る→人が自分の力以上のことを引き受ける（イディオム表現）」という文構成がはっきりつかめます。decision to Ⓥ は「Ⓥしようという決断」と処理します（→ **57** 課）。

(～な)ところがない 不思議な
And there is nothing mysterious
(副) Vi S (形)

には 強い 力 言及された
(about the mighty forces) (referred to).
M (過分)

第 3 文の They は the mighty forces を指しています。**that** はもちろん**関係代名詞目的格**です。

《全文訳》 大胆だということは，自分にできると確信している以上の仕事を引き受けようとするしっかりした決断をすることである。そして，(前に)述べた強い力には何も不思議なところはない。それは私たちが皆持っている隠れた力なのである。

（解説・解答→別冊：p.52）

演習 84　次の英文の下線部を訳しなさい。

I was not the best high school student, but still, there was one scholarship to New York University which my teachers thought I could win so that I could afford to go to college. New York University was looking for liberal arts students to take part in an experimental program called "The X Group."

（跡見学園女子大）

演習：語句 still 副 それでも／ can afford to Ⓥ「Ⓥする余裕がある」／ liberal arts 名（大学の）一般教養（科目）／ experimental 形 実験の／ program 名 カリキュラム

85 先行詞が二重に修飾される構文をキャッチ

次の英文の下線部を訳しなさい

Workaholics are the people who always have more **to do** than they can ever complete. They work hard out of compulsion, and for them, work has the highest priority in life. Because of their hard work, workaholics usually keep getting promoted in business, though their lack of creativity keeps them from reaching the top levels.

（島根大）

解法 関係代名詞の先行詞が，さらに別の句や関係詞節に修飾されることがあります。次の例文を見てください。

This is the best book [that I can think of] (to read).

to read を関係詞節の中に組み入れると「読む目的で思いつける最良の本」となり意味が不明です。to read を関係詞節からはずし，別個に book を修飾すると考えると，「これが私が思いつける読むべき最良の本である」となります。このような**修飾関係**を**「二重限定」**と言いますが，これをキャッチするには，**関係詞節の述語動詞と句（上記の文では to read）とが関連していないことを見抜くことがポイント**になります。

では，例題の下線部に注目してみましょう。

Workaholics（仕事中毒者は / S） are（である / Vi） the people（人たち / C） [who（（その人は） / (関代)S） always（いつも） have（を抱えている / Vt） more（多くのこと / O(先)） (to do)（なすべき / (不・形)(Vt)）

[than（（それを）より / (関代)O） they（S） can（できる / (助)） ever（まったく） complete（を完成する / Vt）]].

more の原級は much ですから，have much (to do) は「多くのなすべきこと（仕事）を抱えている」となり，to do は more を修飾しています（→ 56 課）。同時に，関

例題：語句 out of compulsion 副 強迫衝動から／priority 名 優先／promote Vt を昇進させる／keep O from Ving「O に V させない」

係代名詞 than に導かれた節が to do に呼応する形で，「まったく完了できるのより多く（の）→まったく完了できないほどたくさん（の）」というように，**比較級 more を修飾**しているわけです。

二重限定は，文型をしっかり把握して，句や節の働きをよく考えると見えてきます。第 2 文の構造は単純ですから省略して，第 3 文を図解しておきます。

のために　その　熱心な　働きぶり
(Because of their hard work),
M

仕事中毒者は　たいてい　ままである　（る）　昇進させられ　では　仕事
workaholics usually keep getting promoted (in business),
S　（副）　Vi　C（現分）（Vi）　（受）（過分）　（M）

もっとも～だが　欠けていること　が　創造する能力　抑える　彼ら
[though their lack (of creativity) keeps them
（追加的に）（接）　S　M　Vt　O

から　に到達すること　一番上の　地位
(from reaching the top levels)].
（動名）（Vt）　（O）

their lack of creativity は **They lack creativity.** と読み取ります（→ 72 課）。

《全文訳》 仕事中毒者とはいつも決してやりきれないほどたくさんの仕事を抱えている人のことである。彼らは（しなくてはいけないという）強迫的な気持ちにかられて猛烈に働くし，彼らにとっては仕事が人生で最も大事なのである。よく働くから仕事（実業界）ではどんどん出世する，もっとも独創性がないから一番上の地位にはつけないのだが。

（解説・解答→別冊：p.52）

演習 85　次の英文の下線部を訳しなさい。

To find a wonderful book that has been lost for hundreds of years is an exciting discovery. But for the individual boy or girl, or man or woman, it is not more wonderful than to find a great book on a library shelf. To hunt and find such a book is one of the great adventures which readers have that other people do not have.

（成蹊大）

演習：語句　exciting 形 胸躍るような／ shelf 名 棚／ hunt Vt を探す

86 no の否定の仕方をつかめ

次の英文の下線部を訳しなさい

In a survey of 13,000 people carried out by the American magazine *Psychology Today*, a compelling 79 per cent of those who were pet owners said that at some time their pet had been their closest companion. The fact comes as **no** surprise to practicing veterinary surgeons, who have been front-row observers of the subtle changes in their clients' relationship with their pets.

（千葉大）

解法 名詞を否定してゼロにする用法は I have no money. に見られます。「ゼロのお金を持っている→お金がない」と理解できますね（→ 79 課）。では He is no fool. はどんな意味なのでしょう。

それを検討する前に，まず第 1 文から。

(In a survey (of 13,000 people) carried out
（～において 調査 に関する 13,000 人 実施された；carried out＝過分）

(by the American magazine *Psychology Today*)),
（～によって アメリカの 雑誌 『現代心理学』；*Psychology Today*＝同格語）

a compelling 79 per cent (of those) [who were pet owners] said
（注目せずにはいられない 79 パーセントは の 人々 (その人は) である ペットの 飼い主 と言った；79 per cent＝S，those＝(先)，who＝(関代)S，were＝Vi，owners＝C，said＝Vt）

[that (at some time) their pet had been their closest companion].
（(と) では ある 時点 自分の ペットが であった 最も親しい 友；that＝O→(接)，at some time＝M，their pet＝S，had been＝Vi(過完)，their closest companion＝C）

said が過去時制ですから「時制の一致」に注意して were，had been をそれぞれ「～である」，「～であった」と訳します。

第 2 文に **no** がありますね。この no を「ゼロ→～がない」とすると意味不明になり，困ってしまいます。これは He is no fool. のように，**補語となる名詞を**，また It

例題：語句 survey 名 調査／carry out Vt を実施する／compelling 形 注目せざるを得ない／come as a surprise「驚きとなる」／practicing 形 開業している／veterinary surgeon 名 獣医

is no easy task.のように**形容詞を「～どころではない」と否定して反対の意味を持たせる no** なのです。

no fool「馬鹿なんてとんでもない」　→「とても賢い」
no easy task「決して楽ではない仕事」→「とても大変な仕事」

The fact (S: こういった事実は) comes (Vi: なる) (as no surprise) (M: と 決して～ない 驚くべきこと) (to ～ veterinary surgeons) (M: にとって 獣医),

comes as no surprise ≒ is no surprise ですから，as の後の surprise は補語的な名詞です。**no surprise で「何ら驚くにあたらないこと」「まったく当然のこと」**の意味なのです。

[who (（関代）S: というのは彼らは) have been (Vi（現完）: （今まで）であった) front-row (（形）: 最前列の) observers (C: 観察する人) (of the subtle changes) (M: を 微妙な 変化)
(in their clients' relationship) (M: における 彼らの お得意さんの 関係) (with their pets) (M: との （お得意さんの）ペット)].

who 以下は文の流れから付加的に理由を示していると見ます。

なお，〈of＋抽象名詞〉に付いた a matter of no importance「重要性のないこと→取るに足りないこと」と a matter of no small importance = a matter of great importance「大変重要なこと」の 2 例でも「ゼロの no」と「逆の no」の差がわかりますね。

《全文訳》『現代心理学』というアメリカの雑誌が 13,000 人に対して実施した調査では，ペットを飼っている人のうち，注目に値する 79 パーセントの人が，ある時点ではペットが自分の最も親しい友だったと答えた。こういった事実は開業獣医にとっては何ら驚くにあたらない。というのは，お得意さんとペットの関係が微妙に変化するのを最前列で観察してきたのだから。

演習 86　次の英文の下線部を訳しなさい。
（解説・解答→別冊：p.53）

It takes no great moral or spiritual qualities to feel sorry for a person who has fallen from a tremendous height, or has suffered a loss which cannot be replaced. We can easily put ourselves in his place, and feel sorrow for ourselves.
（小樽商科大）

演習：語句 spiritual 形 精神的な／ quality 名 長所／ height 名 高い地位／ suffer Vt（損害など）を被る／ replace Vt を戻す／ feel sorrow for oneself「気落ちする」

87 〈否定語＋100％〉の部分否定を見逃すな

次の英文の下線部を訳しなさい

Viewed as a whole, Japanese society is **not very** efficient. Although the real income for each person is about the same as in the U.S. or the former West Germany, Japanese employees must work an average of 2,160 hours to earn that income; Americans work only 1,980 hours, and West Germans a mere 1,640 hours.

（早稲田大）

解法 not などの**否定語**と **all**「すべて」, **always**「いつも」などが結びつくと,「すべて［いつも］～である,［する］とは限らない」という意味の**部分否定**になります。そのほか **both**「両者とも」, **every**「すべて」, **quite**「まったく」など, **100％を意味する代名詞・形容詞・副詞と否定語が結びつくときはこの部分否定の意味**になりますが, その中でもついうっかり見逃しやすい部分否定が〈**not ～ very**〉です。

(Being) Viewed〔見られると〕(過分) (as〔として〕 a whole〔全体〕) M,

Japanese〔日本の〕 society〔社会は〕 S is not〔ではない〕 Vi（否） very〔あまり〕（副） efficient〔効率的〕 C.

very は 100% を表す副詞ではありませんが, **very も否定語と結びつくと「あまり～でない」**という部分否定のような意味になります。very が「非常に, 大変, とても」という強い意味だからといって,「日本の社会は非常に効果的ではない」と訳してはいけません。**not ～ really** も「**(本当は) あまり～ない**」とします。

Viewed の前に主語がないので, Viewed は過去形ではなく**過去分詞**とわかりますが, これが **Being が省略された受け身の分詞構文**（→ 68課）と気づいたでしょうか。分詞構文の意味上の主語は, 文の主語である Japanese society ですね。

第 2 文です。Although に導かれる従属節部分は, 文脈から Although の後に in Japan を補って in the U.S. と対応させると, the same as の後に it（= the real

例題：語句 as a whole 副 全体として／ efficient 形 効率がよい／ real income 名 実収入／ average 名 平均（値）／ earn Vt を稼ぐ

income) is と補えます。構造を確認しましょう。

[Although (in Japan) the real income ... is about the same [as (it is) (in the U.S. or the former West Germany)]], ...

(接) M S Vi (副) C(先) (関代)C S Vi M

it = the real income

その後の主節を確認しましょう。

Japanese employees must work ((for) an average) (of 2,160 hours) (to earn that income));

S Vi M M (不・副)(Vt) (O)

Americans work only (for) 1,980 hours,

S Vi (副) M→

and West Germans (work) (for) a mere 1,640 hours.

S (省略)Vi M→ (形)

単数名詞や数詞の前で a mere ...

3つの前置詞 for の脱落と，West Germans の後に work が省略されていることをキャッチしてください（→44課）。

《全文訳》 全体的に見て，日本の社会はあまり効率的とは言えない。個人の実収入は，合衆国や以前の西ドイツの場合とほぼ同じだが，日本の労働者はその収入を得るために平均して2,160時間働かなければならないのに，一方，アメリカ人はわずか1,980時間，西ドイツ人になると1,640時間働くにすぎないのである。

演習 87　次の英文の下線部を訳しなさい。　（解説・解答→別冊：p.54）

Not all new sports have managed to excite the public for long. In the 1970s, for example, skate-boarding became enormously popular with many children and teenagers. The number of accidents, though, was a cause of considerable concern to parents, and before more than a handful of skate-boarding rinks could be opened, the sport had virtually died out.

（成城大）

演習：語句 manage to Ⓥ「なんとかⓋする」／be popular with N「Nに人気がある」／a cause of concern 名 心配の種／considerable 形 大変な／a handful of N「一握りのN」

88 二重否定(−)×(−)=(+)

次の英文を訳しなさい

There is **no** time, in all of a child's growing up, when he will **not** be seriously hurt if he feels that we adults are not interested in what he is trying to say.

（日本女子大）

解法 1つの否定表現をさらに別の表現が打ち消す形を「二重否定」と言います。このように，否定語が2つ重なると(−)×(−)=(+)という数式が成り立つように，実質「肯定」の意味になります。

二重否定の効果は肯定を①「弱める」か②「強める」かの２つです。①の例は not uncommon。not の直後に否定を表す接頭辞が付いた語が続く場合に多く，common「よくある」よりは**弱く**，「まあ普通」の感じです。

次に②の例を検討しましょう。

There is no rule without exceptions.
「例外のない規則はない→どんな規則も例外を持っている」

この二重否定は単なる肯定ではなく，**「強い肯定」**あるいは**「かなり強い肯定」**の意味になるのがわかると思います。

ただし，二重否定でも肯定になじまないこともあります。よく「構文集」などでは〈never［not］～ without ...〉「…なしでは～しない→～すれば必ず…」と定番になっている訳がありますが，例えば You cannot succeed without trying.の場合，「成功すれば必ずやってみる」（×）ではなく，**succeed と try の関係を考えて，**「やってみなければ成功できない」（○）とします。

では，例題の前半部に注目してみましょう。

There is **no** time,（副）is: Vi（ない） / time: S（先）（ときは）

例題：語句 seriously 副 ひどく／adult 名 大人／interested 形 興味を抱いて

～の間 すべて 子どもが 成長していくこと
(in all) (of a child's growing up),
M (意味上の主語) (動名)

(その時に) その子が ない られる ひどく 傷つけ
[when he will **not** be seriously hurt [if ～]].
(関副) S (助)(傾向) (助) (副) (V)(過分)

when は関係副詞で，time を先行詞としています (→ **31** 課)。ところで，time の前には no が，when 節の中に not がありますね。

There is no time [when ～ not ...].
(−) (−) ＝(＋)

「(子どもが) ひどく傷つかない (−) ときはない (−) →子どもはどんなときでも (＝必ず) 傷つく (＋)」と強い肯定の意味を表しているわけですね。

～なら 子どもが と感ずる 私たち 大人が 関心がない ～に
[if he feels [that we adults are not interested (in
(接) S Vt O→(接) S (同格語) Vi(否) C M→

(そのこと) 子どもが している と 言おう
[what he is trying (to say)])]].
(関代)(O) S Vt O(Vt)

if 節は will not be hurt を修飾する副詞節。that 節は feels の O であり，that 節内にある what 節は前置詞 in の O です。what 節内では what が原形 say の O となっています。

《全文訳》 子どもが成長するあらゆる過程では，大人たちが自分の言おうとすることに関心を示してくれないと感じた場合は，いつでもひどく傷つくものである。

(解説・解答→別冊：p.54)

演習 88 次の英文の下線部を訳しなさい。

<u>None of the things that now most need to be done for the world have much chance of working unless coupled with the control of population.</u> By present indications our present population of 3.5 billion will have doubled by the end of this century.

(神戸女子大)

演習：語句 chance 名 可能性／work Vi うまくいく／couple O with N「O を N と結びつけ(て考え)る」／control 名 抑制／indication 名 見通し／double Vi 倍になる

89 否定の副詞が文頭にきたら語順をマーク

次の英文の下線部を訳しなさい

The American's attitude toward authority, rules, and regulations was the despair of government officials and strict supervisors. **Nowhere did he** differ more sharply from his English cousins than in his attitude toward rules, for where the Englishman regarded the observance of a rule as a positive pleasure, to the American a rule was at once an insult and a challenge.

（関西学院大）

解法　**倒置**というのは，**語順が変化**することですね。皆さんが苦手とする構文の1つだと思います。ＳＶ→ＶＳ，ＳＶＯ→ＯＶＳといった語順の変化です。倒置構文を見抜くカギは語順と文型の把握，もっと具体的に言えば，**倒置したSVのキャッチ**なのです。このことを頭において例題にあたってみましょう。

第1文は例の〈前置詞＋名詞〉を（　　）にくくる技術を使えば，The American's attitude was the despair.「アメリカ人の態度は頭痛の種であった」というＳＶＣの骨格が見えてきますね。

そして，**倒置**については，第2文のSVに注目してください。

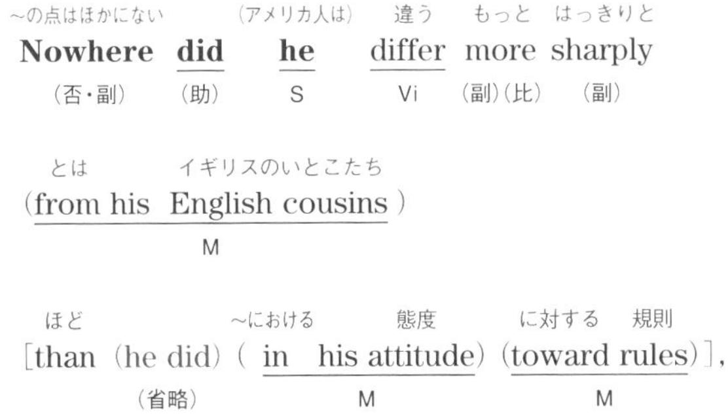

did he differ の部分は**助動詞 did が S（＝ he）の前に出て倒置**になっていますね。

例題：語句　attitude 名 態度／ authority 名 権威／ regulation 名 法規／ the despair of N「Nの頭痛の種」／ official 名 役人／ supervisor 名 管理者／ at once A and B「Aでもあり B でもある」

この倒置は**否定の副詞 nowhere が文頭**にきたことによります。このように否定の副詞が文頭，または節の頭にくると be 動詞や助動詞が主語の前にくる倒置が起こります。一般には，以下がよく見られる倒置です。

Not ~ / Never ~ / Not until ~
Seldom ~ / Little ~
｛ **〈be 動詞＋S X〉／〈助動詞＋S V X〉**

否定の副詞が文頭にきたら倒置ではないかと疑ってみましょう。そして，S と V の位置，語順をキャッチすることに集中すれば，倒置構文は見えてきます。例題の下線部を通常の語順にすると，He did not differ more ~ anywhere than ... で，not ~ anywhere = nowhere「どこでも～ない→いかなる（点）でも～ない」ですね。なお，than の後には he did （= differed）を補います。

というのは ～なのに イギリス人は ～を…と見なす 守ること（を）
for ［where the Englishman regarded the observance
（等） （接） S Vt O

を 規則 と 大変な 喜び にとっては アメリカ人
(of a rule) (as a positive pleasure)], (to the American)
M （前） C M

規則は であった でもあり 侮辱 また 挑戦（でも）
a rule was at once an insult and a challenge.
S Vi （副） C① （等） C②

《全文訳》 権威や規則，そして法規に対するアメリカ人の態度は，政府の官吏や厳格な管理者にとって頭痛の種であった。いかなる点でも，アメリカ人は，（彼の）規則に対する態度ほど，いとこ分のイギリス人とひどく異なることはなかった。というのは，イギリス人は規則を守ることを大きな喜びと考えたが，アメリカ人にとって規則は侮辱であり，挑戦であったからである。

（解説・解答→別冊：p.55）

演習 89 次の英文の下線部を訳しなさい。

Not until the school years do the deeper ties of friendship and genuine group belongingness begin to develop. The school offers an entirely new world of experiences for the child. Besides gaining new intellectual knowledge and skills, he must also learn to obey certain rules.

（岩手大）

演習：語句 tie 名 結びつき／genuine 形 真の／belongingness 名 所属意識／gain Vt を得る／learn to Ⓥ「Ⓥできるようになる」／obey Vt （規則など）を守る

90 文頭の〈Not only〉は倒置の仕掛け人

次の英文の下線部を訳しなさい

Outside Central and South America, Great Britain was the main source of settlers. <u>**Not only could she** provide plenty of emigrants, but her rulers and ministers tended to dislike ruling white colonies and did not stand in the way of their independence.</u> The memories of the American War of Independence went deep.

（日本大）

解法 倒置が起きるのには原因があることは前課で学びました。すなわち，**否定の副詞（句）が文頭あるいは節の頭にくると，倒置が起きる**のでしたね。まずは，主語の前後に注目して，SV の語順を確認しながら，例題にあたってみましょう。

まず，第 1 文。S は Great Britain ですが，SVC と語順に変化はないですね。ここでは「大英帝国は移住者の主たる源であった」と書かれています。また，文頭の Outside を「～の外で」と訳したのでは意味が不明です。なじみの語も，文脈にそった理解が大切です。（→例題：語句）。

では，第 2 文。Not only could ... で，助動詞 could の前に主語（S）がありませんね。読み進むと，could の後に代名詞の主格 she があり，これが S で倒置になっていることに気づきます。また，この she とは，文の流れから英国のこととわかります。could（助動詞）she（S）provide（動詞の原形）が理解できましたね。

～だけではなく　ことができた　英国は　を供給する　大量の　移民　て

Not only **could** <u>**she**</u> <u>provide</u> plenty of <u>emigrants</u>, but ～

（助）（倒置）　S　Vt　（形）　O

倒置がキャッチできたら，原因を考えましょう。再度文頭に立っている語句，ここでは Not only という語句を確認します。これを通常の語順に直すと，She could <u>not only</u> provide ～，but ... となりますね。〈not only ～ but（also）...〉は普通は「～だけでなく…も」という相関語句です。この **not only が文頭にきたために倒置**が起こ

例題：語句 outside N ＝ except N「N を除いて」／ source 名 源／ provide Vt を供給する／ emigrant 名（国外に出ていく）移民／ ruler 名 支配者／ stand in the way of N「N の邪魔をする」／ deep 副 深く（まで）

ったのです。**not only こそが倒置の仕掛け人**だったわけです。

but 以下も図解しておきましょう。

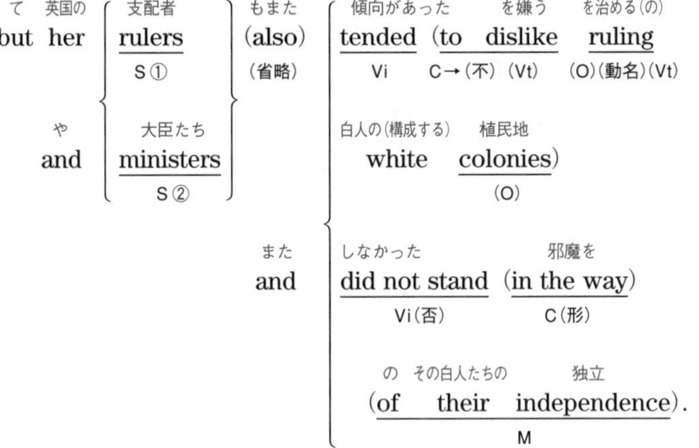

次に，第 3 文。文の骨格は，The memories went deep.「記憶が深いところまで及んでいたのだ」ですから，ここに倒置はありません。

《全文訳》 中央および南アメリカ以外では，英国が移住者の主たる源であった。英国は多数の移住民を出すことができただけではなく，その支配者や大臣たちは白人からなる植民地を統治したくないと考えることが多く，彼らの独立の邪魔をしなかった。アメリカ独立戦争の記憶が（心の）奥深くまで及んでいたからである。

（解説・解答→別冊：p.56）

演習 90 次の英文の下線部を訳しなさい。

Anyone who is dreaming of a trip to the moon can get a little foretaste of it by climbing about on the dead volcanic cones of Easter Island. Not only does his own hectic world seem immeasurably distant, but the landscape can easily give an illusion of being on the moon.

（明治大）

演習：語句 get a foretaste of N「N を前もって経験する」／ volcanic 形 火山の／ cone 名（火山など）円錐形のもの／ hectic 形 大忙しの／ immeasurably 副 果てしなく

91 文頭の〈Only +副詞(句/節)〉も倒置の目印

次の英文の下線部を訳しなさい

As a result of my inexperience, I had the naive idea that artists just look at what is in front of them and copy it, getting better as they go along. **Only recently have I learned** that life does not copy itself on paper, and that to make, with lines and colors, an image that looks like something real, takes technique.

(明治学院大)

解法 前課では，Not only が文頭にきた倒置構文を学びましたが，**〈Only +副詞(句/節)〉も倒置の引き金**になります。〈Only +副詞(句/節)〉の中で，時を表すものは，大体**「～になって初めて」「～になってやっと」**と訳すと無難です。

まずは，第1文から見ていきましょう。

(As a result)〔として 結果〕M (of my inexperience)〔の 私が 未経験(であること)〕M, I S had〔を抱いていた〕Vt the naive idea〔素朴な 考え〕O

[that〔という〕(接) artists〔画家が〕(S) just〔ただ～だけ〕(副)
look at〔見る を〕(Vt) [what〔(～する)もの〕O→(関代)S is〔ある〕Vi (in front of〔目の前に の〕M→(群前) them〔自分たち〕)]
and〔で〕(等) copy〔を模写する〕Vt it,〔それ〕O getting〔だんだん上手になっていく〕(分詞構文)(現分)(Vi) better (C) [as〔うちに〕(接) they S go along〔やっていく〕Vi]].

that が接続詞で「格」を持たず，**that 節は同格節**となります(→47課)。**getting better は分詞構文**です(→67課)。

さて，第2文，この課のポイントです。文の始まりの部分に注意しましょう。

Only recently 副詞 have (助) I S learned V(過分)

have が I (S) の前にあり，I の直後の learned と結合して現在完了を作っています。**〈only +副詞〉が文頭**にきたことで，**倒置**が起こっています。

例題:語句 inexperience 名 未経験／naive 形 素朴な／better 形 (good の比較級) より上手な／go along Vi やっていく／life 名 実物／technique 名 技巧

ようやく 最近になって 私は を知ったのだ
Only recently have I learned
(助) S Vt(過分)

ということ 実物は を模写するものではない おのれ 上に 紙の
[that life does not copy itself (on paper),
(接)① S Vt O M

そして ということ のは を造りあげる
and [that (to make, (with ～)
(等) (接)② S→(不)

life does not copy itself「実物はおのれを模写するのではない」の意味がとりにくいですが，ここは「単に実物を見て姿・形をまねて描くだけではうまく写しとれない」といった意味をこめて解釈しましょう。

のは を造りあげる を用いて 線 と 色(絵具) 画像
(to make, (with lines and colors), an image
S(不)(Vt) (M)(挿入) (O)(先)

(それは) 似ている に 何か～もの 本当の を必要とする 技巧
[that looks (like something real)]), takes technique].
(関代)S Vi C (形) Vt O

カンマが目ざわりですが，have learned の O である 2 つ目の that 節の骨格は To make an image takes technique. になることを確認しておきます。

《全文訳》 自分が未経験であるため，私は画家はただ自分の目の前にあるものを見て模写するだけで，描いているうちにだんだん上手になっていくのだ，という素朴な考えを抱いていた。最近になってようやく，実物がひとりでに紙に写るのではないし，線と色(絵の具)で本物とそっくりの画像を作るには，技巧が必要とわかった。

(解説・解答→別冊：p.56)

演習 91 次の英文の下線部を訳しなさい。

Americans have long accepted literacy as a supreme aim of schooling, but only recently have some of us who have done research in the field begun to realize that literacy is far more than a skill and that it requires large amounts of specific information.

(東京電機大)

演習:語句 accept O as C「O を C と認める」／ supreme 形 最高の／ aim 名 目的／ schooling 名 学校教育／ large amounts 名 莫大な量／ specific 形 特有の

92 副詞（句）が強調された倒置をキャッチ

次の英文の下線部を訳しなさい

Because one of our foremost desires is to remain on friendly and cooperative terms with others we must keep their requirements firmly in mind: **from this awareness of the things which please and displease the people round us** come the beginnings of conscience.

（日本女子大）

解法 **副詞（句）が強調**されて**文頭**に出ると**倒置**が起こりますが，〈VS〉と並ぶ場合，**S を見落としがち**です。例題で見ていきましょう。

［Because（接） one（S：1つは） (of our foremost desires)（M：のうちの私たちが抱いている主な願望） is（Vi：である） (to remain（C→（不）(Vi)：こと…のままである） (on（(C)→：の） {friendly（友好的な） and（そして） cooperative（協力的な）} terms（関係）) (with others（との他人）))］(，)

Because 節は従属節です。主節はもう 1 つの SVX ですから，we の直前にカンマを入れると従属節と主節の切れ目が明確になります。

we（S：私たちは） must keep（Vt：ねばならない を留めておく） their requirements（O：他人が求めていること） firmly（(副)：しっかりと） (in mind)（M：に心）：

さて，コロンの後は前置詞 from で始まっていますが，ここからがこの課のポイントとなる部分です。SV がなかなか見つかりませんね。which から us までは things に対する形容詞節です。とすれば，次にくる **come** が V となりますが，問題はその S は何かということです。come の前の this awareness (of things) は前置詞 from の目的語ですから，S であるわけがありません。**S は** come の後の **beginnings** です。

例題：語句 foremost 形 主要な／ be on friendly terms with N「N と仲がよい」／ cooperative 形 協力的な／ keep O in mind「O を心に留めておく」

から　このように　意識すること　について　こと
((**from this awareness**) (**of the things**)
(副句)→　M　(先)

(それは)　を愉快にしたり
[**which**　**please**
(関代)S　Vt①
　人たち　の周囲の　私たち
　the people (**round us**)])
を不愉快にしたりする　O　M
and　**displease**
　Vt②

生じる　芽生えが　の　良心
come the beginnings (of conscience).
Vi　S　M

from ～は副詞的な働きを持ってどの語と意味的に結合するかを考えましょう。come from ～という結合は納得できますね。つまり，the beginnings ～ come (from this awareness ...) という文において，**from ... という副詞句が強調**されて，

(**from** this awareness ...) come the beginnings ～
M　V　S

と**文頭に出たために倒置**が起きたわけです。これでSとVの発見となりましたね。このように，**副詞(句)が強調されて文頭にくると倒置が起こりますが，主語が代名詞**の場合は倒置は行われず，**〈MSV〉の語順**になることも覚えておきましょう。

《全文訳》 私たちが抱いている主な願望の1つは，他人と友好的で協力的な関係を維持していくことなので，その人たちが求めていることをしっかり心に留めておかなければならない。このようにして，周りの人たちを愉快にしたり，不愉快にしたりすることを意識すると，良心が芽生えてくるのである。

(解説・解答→別冊：p.57)

演習 92　次の英文の下線部を訳しなさい。

Almost a hundred and eighty years ago, a steam engine was used to pull a train. The first trains were so slow that one of them lost a race with a horse. But from these slow beginnings came our freight trains and our streamlined passenger trains that travel over a mile a minute.

(明海大)

演習:語句 steam engine 名 蒸気機関／ lose a race with N「Nとの競争に負ける」／ freight train 名 貨物列車／ streamlined 形 流線形の

93 as / than の後の倒置を見抜け

次の英文の下線部を訳しなさい

In Europe, the concept of a regular rest is in large part linked to religion. First, it is written in the Bible that after creating the world in six days, God contemplated it, judged that it was good and then took a rest on the seventh day, the last of the week. Since then, Sunday has been the day of the Lord for the Christians, **as is Saturday** for the Jews and **Friday** for the Muslims.

（日本大）

解法 これまでいくつかの課で，副詞（句）などが文頭や節の頭に出たために起こる倒置について学んできました。この課では，英語はリズムを大事にしますので，この**リズム関係で起こる倒置**について学びます。

例題の下線部，特に as 以下に注目してください。as 以下の SV が指摘できますか。V は **is** に違いありませんが，では S は何でしょう。

Since then,（以来 その時）(副) Sunday（日曜日が）S has been（となってきている）Vi（現完） the day（日（と））C (of the Lord)（の 神）M

(for the Christians)（にとって キリスト教徒）M,

[as（～のように）（接）（様態） is（である）Vi
　Saturday（土曜日が）S① (for the Jews)（にとって ユダヤ教徒）M
and
　Friday（金曜日が）S② (for the Muslims)（にとって イスラム教徒）M].

実は，S は **Saturday** と **Friday** のそれぞれなのです。本来なら，as Saturday [Friday] is (as SV) となるところですが，**軽快なリズム感を出すために，as is Saturday** [Friday] **(as VS)** としているのです。**as** は**様態の接続詞**で，be 動詞の補

例題：語句 concept 名 概念／ link O to N 「O を N と結びつける」／ contemplate Vt をじっと見る／ the Lord 名 神／ Jew 名 ユダヤ教徒／ Muslim 名 イスラム教徒

語となるはずの the day of the Lord が慣用で省略されていることもキャッチしましょう。このように接続詞 as や than の後は以下の語順になることが多くあります。

as / than ＋ be［代動詞(do/does)］＋ S

ただし，軽い感じの代名詞の主格が S の場合は〈as/than S V〉の語順のままです。

第 2 文も図解しておきましょう。

まず第一に　書かれている　に　聖書　ということ(が)
First, it is written (in the Bible) [that
(副)　S(形)　V(受)　M　S(真)→(接)

後で　を造った　世界　で　6 日
(after creating the world) (in six days),
(前)　(動名)(Vt)　(O)　M

をじっと見た　それ
contemplated it,
V①　O

神が
God
S

と判断した　(こと)　それは　申し分ない
judged [that it was good]
Vt②　O→(接)　S　Vi　C

そして　それから
and then

を取った　休息　に　7 番目の　日　終わり　の　その週
took a rest (on the seventh day), the last of the week].
Vt③　O　(同格語)

it ～ that の形式主語構文ととらえた上で，God からの Vt ①，Vt ②，Vt ③の共通関係が読み取れましたね。

《全文訳》 ヨーロッパでは，定期的な休日という考えは大いに宗教と結びついている。まず，聖書には，神は 6 日で天地を創造した後でじっとそれを見渡し，それをよしと判断し，それから，週の終わりの 7 日目に休息をとったと記してある。そのとき以来，ユダヤ教徒にとって土曜日が，イスラム教徒にとって金曜日が神に捧げる日となっているのと同様に，キリスト教徒にとって日曜日が神に捧げる日になっているのである。

(解説・解答→別冊：p.58)

演習 93　次の英文の下線部を訳しなさい。

There are millions of Hindus and Jains in India who, for religious reasons, will not eat meat. The idea of eating beef is particularly abhorrent to them, as is the eating of pork to Muslims and Jews. The Apache Indians will not eat fish, although edible trout are available in their streams.　(慶応大)

演習:語句 millions 名 何百万，多数／ Jain 名 ジャイナ教徒／ abhorrent to N「N に嫌悪感を起こさせる」／ edible 形 食べられる／ available 形 入手可能な

94 〈so V S〉は「〜もまた…である」

Soを具体的に明示して，次の英文の下線部を訳しなさい

An example: a woman decides to get a divorce and live alone. Is that good or bad? Well, of course, this depends upon one's perspective. Breaking up the "sanctity" of a marriage could be considered "bad." <u>**So** also **could the discomfort** of periods of loneliness.</u>

（京都外語大）

解法 **so**という語はよく見かけますね。「そう」とか「そのようで」などの意味で代名詞的な**副詞**と言われますが，soが**名詞・形容詞・動詞の代わり**をすることもあります。

A ：I like music.
B ：<u>So</u> do I.（= I like music, too.）

下線部のsoがこれに当たり，**〈so＋（助）動詞＋主語〉の形で，「〜もまた…である」の意味**になります。なお，この場合のdoは助動詞の仲間に分類される**代動詞**です。この課のポイントは，この〈**so＋助動詞＋主語**〉の構文です。

では，第1文から解説していきましょう。

An example :

ある 婦人が	に決めるとする	こと		をする	離婚
a woman	decides	(to	{	get	a divorce
S	Vt	O→(不)		(Vt)	(O)
		そして		暮らす	1人で
		and		live	alone).
				(Vi)	(副)

この文構造は単純ですね。そして，第2文で「そのことは良いのか，悪いのか」とあり，第3文では「これは人の物の見方による」と書かれています。

例題：語句 get a divorce「離婚する」／ depend upon [on] N「Nによる」／ perspective 名（偏見のない）見方／ sanctity 名 神聖／ discomfort 名 不安

第 4 文は仮定法過去の could が使われていますね。

を断ちきることは　神聖さ　の(持つ)　結婚

Breaking up the "sanctity" (of a marriage)

S(動名)(Vt)　(O)　(M)

こともあるだろう　と見なされる　悪い

could be considered "bad."

(仮過)　V(受)　C

この仮定法過去の could は控え目な推量 (＝可能性) を示しています。

さて，下線部がこの課のポイントです。〈So ＋ (助) 動詞＋主語〉の形になっていますね。

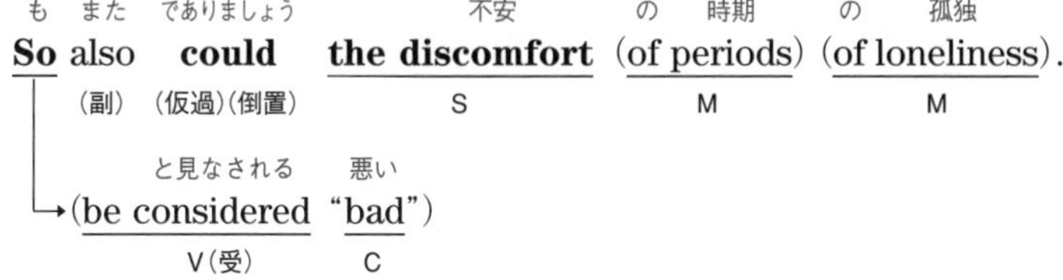

So は前文の内容のうち could と結合する部分の代行をしますから，**So は could be considered "bad" の代わり**をしています。つまり，「不安<u>もまた</u>悪いと見なされることがあるだろう」となります。なお，**also** は**強め**のために使われていて，なくても意味は通ります。

> **《全文訳》** 例を 1 つ。ある婦人が離婚して，一人で暮らすことを決めるとする。そのことは良いことか，悪いことか。そう，もちろん，これは人の物の見方による。結婚の持つ「神聖さ」を断ち切ることは，「悪い」と見なされることもあるだろう。<u>孤独な時期の不安もまた「悪い」と見なされることがあるだろう。</u>

(解説・解答→別冊：p.58)

演習 94　次の英文の下線部の so を具体的に明示して訳しなさい。

Songbirds typically lose up to half their body weight during a single crossing over a large lake. Up to 90 percent of the young songbirds that migrate die en route or at the wintering grounds. Sudden winds and open water claim many feathered victims. <u>So does timing</u>. Going too late brings the risk of storms; too early means food may still be ice-locked.　(愛知大)

演習:語句　up to 群前 (時間・数量など) ～まで／ migrate Vi (鳥などが定期的に) 移動する／ en route 副 途中で／ wintering grounds 名 越冬の場所／ open water 名 氷結しない海／ claim Vt を生じる／ feathered 名 羽のついた／ victim 名 犠牲者

95 挿入SVは文頭に置いて主節に仕立てよ

次の英文の下線部を訳しなさい

The human brain contains, **I am told,** 10 thousand million cells and each of these may have a thousand connections. Such enormous numbers used to discourage us and cause us to dismiss the possibility of making a machine with human-like ability, but now that we have grown used to moving forward with great swiftness, we are becoming less pessimistic.

（関西外語大）

解法 〈S, SV, VX.〉という形の，**カンマではさまれた挿入節**をよく見かけますね。この課では，挿入節の文中での役割と訳し方を学びます。**挿入節は前後のカンマがヒントになります**。挿入節には **I think** や **I know**，あるいは **it seems** などがくることが多いのですが，これらは，実質的に主節に相当する挿入節なのです。これを見破るには，以下のように**挿入節SVに下線を引いていったん文頭に移動し，文意が成立するかどうか**を見ればいいのです。

S, SV, VX. ⇒ SV［that S V X］.

例題の下線部で試してみましょう。まず，カンマではさまれた部分に注目。

The human brain（人間の 頭脳は／S） contains,（を持っている／Vt） **I am told**,（と言われている／挿入節） 10 thousand million cells（100億の 細胞／O）

and（そして／等） each (of these)（それぞれが その（細胞の）／S） may have（かもしれない を持っている／Vt） a thousand connections.（1000の 伝達網／O）

さっそくI am toldを文頭に移動して文意が成立するかどうかを試してみましょう。

I am told (that) the human brain contains ～ cells
and (that) each of these may have ～ connections.

例題:語句 cell 名 細胞／connection 名 結合／enormous 形 莫大な／discourage Vt を失望させる／cause O to Ⓥ「OにⓋさせる」／dismiss Vt を退ける／pessimistic 形 悲観的な

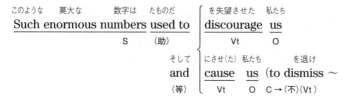

I am told を主節に仕立てると，これを**共通語句**に that 以下の２つの節を従属節とした文が成立しましたね。

第２文はちょっと長い英文ですが，まず Such からカンマまでは，以下のような共通関係をつかむことがポイントです。

このような 莫大な 数字は たものだ を失望させた 私たち
Such enormous numbers used to { discourage us
S (助) Vt O
そして にさせ(た) 私たち を退け
and cause us (to dismiss ～
(等) Vt O C→(不)(Vt)

but 以下も見てみましょう。

しかし 今や～なので きている 慣れて に
but [now that we have grown used (to
(等) (接) S Vi(現完) C(形) (前)
進むこと (前方へ) で 猛烈な 速さ
moving forward (with great swiftness))],
(動名)(Vi) (M)
になってきている より少なく 悲観的 以前より
we are becoming less pessimistic (than we used to be).
S Vi(進) (比) C (省略)

《全文訳》私が聞くところでは，人間の脳には 100 億の細胞があり，その(細胞の)それぞれが 1000 の伝達網を持っているかもしれないということだ。以前はこのような莫大な数字のためにわれわれは失望し，人間に匹敵する能力を持つ機械を作る可能性を退けたものだ。しかし，今や世の中が猛烈な速さで進歩していくことに慣れてきているので，以前ほど悲観的ではなくなってきている。

(解説・解答→別冊：p.59)

演習 95 次の英文の下線部を訳しなさい。

On our last trip to the United States, my son bought postcards at each of the cities we visited. These, he told everyone who asked, were his "pimentos" from his vacation. What he meant to say, however, was mementos —— you know, not a small red pickled thing that goes into potato salad, but a souvenir that would help you remember and reminisce about a trip.

(横浜国立大)

演習：語句 memento 名 記念品／ souvenir 名 みやげ物／ reminisce Vi 思い出を語る

96 カンマにはさまれた挿入 if ～の訳し方

次の英文の下線部を訳しなさい

Once a child receives a certain reputation among his classmates, their usual responses almost force him to maintain the same role, and it is very difficult, **if not** impossible, to reverse the early image.

（白百合女子大）

解法 カンマではさまれ，挿入された **if** 節内［(al) though 節内］では，よく **SV** が省略されることがあります。この場合 **be** 動詞だけでなく，一般動詞も省略の対象になります。例えば，

He seldom, **if ever,** eats breakfast.

「彼は，あるにしても，めったに朝食を食べない」

この文では，if（he） ever （does）「彼はある（＝食べる）にしても」のような省略が行われます。こうした if ～は〈even if〉「～だとしても」の意味になることが多く，また，この〈if ever〉「～するにしても」のようにイディオム化したものがいくつかあります。

さて，まずは例題の Once からカンマまでを見てみましょう。

［ Once（接）いったん～すると a child（S）ある 子どもが receives（Vt）を得る

a certain reputation（O）一定の 評価 (among his classmates)（M）の中で その 級友たち ］,

Once は「いったん～すると」という接続詞です。次の主節は**無生物主語**ですから，訳し方に工夫が必要です。

their usual responses（S（無生物主語））級友たちの いつもの 反応は almost（副）と言っていいほど

例題：語句 once 接 いったん～すると／ reputation 名 評価／ response 名 反応／ force O to Ⓥ「O にⓋするように強いる」／ role 名（社会的）役割，立場／ reverse Vt をくつがえす

を強いる　その子(が)　を維持すること　同じ　立場
force him (to maintain the same role),
Vt　O　C→(不) (Vt)　(O)

無生物主語は**副詞的に訳し，目的語を主語として訳す**のが技術です。また，OとCにはSとPの関係があるので，「OがCする」と訳すのでしたね。さて，次の and 以下がこの課のポイントです。

(～は)　とても　難しい　にしても　ない　不可能(で)
and it is very difficult, [**if** **not** impossible],
(等) S(形) Vi (副)　C

ことは　をくつがえす　最初の　イメージ
(to reverse the early image).
S(真)→(不)(Vt)　(O)

if not の省略部分を補充すれば if (it is) **not impossible** となりますが，if と not が密接に結合していて，**〈if not ～〉「～でないにしても」で，イディオム化**しています。挿入された if ～のイディオム的副詞句には if not や if ever のほか，以下があります。あわせて覚えておくといいでしょう。

〈if only〉	「～だけだとしても」
〈if any〉/〈if anything〉	「たとえあるにしても」
〈if at all〉	「(少しでも)～だとしても」

下線部に戻ります。

it is very difficult,
if (it is) not impossible, } to reverse ～

このように**共通関係**を使えば，文構造がバッチリ理解できますね。

《全文訳》 級友たちの中で，いったんある子どもがある一定の評価を受けると，級友たちがいつも示す反応の仕方のせいで，その子は評判どおりの立場というものを維持しなければならないと言っていいほどで，最初のイメージをくつがえすことは，不可能でないにしても，とても難しい。

(解説・解答→別冊：p.60)

演習 96　次の英文の下線部を訳しなさい。

The colors in grasslands are both brilliant and subtle. Open space seems to stretch out indefinitely; indeed it can inspire an observer to feel, if only for a moment, that there are no bounds or limits on one's existence.　(専修大)

演習：語句 grassland 名 草原／subtle 形 微妙な／open 形 広々した／stretch out「広がる」／indefinitely 副 無限に／inspire O to Ⓥ「O を鼓舞してⓋさせる」

97 主節の内容を指す関係代名詞 as 節に注目

次の英文の下線部を訳しなさい

When one person teaches another through speech or writing, this process is called learning by instruction. <u>**As** we all know, however, we can gain knowledge without being taught</u>. This is discovery, the process of learning something by observation, examination, or searching for facts, without being taught.

（東北学院大）

解法 すでに関係代名詞の as を学びましたが，ここでは**カンマとともに使われる as 節**，いわば as の「継続用法」版に注目してみましょう。次の例を見てください。

She likes sushi, **as** is often the case with foreigners.
「外国人によくあることだが，彼女はすしが好きだ」

この文では，as が前の節 She ～ sushi を指していることは明らかですね。as が主節の後にきて主節の内容を指しています。as の代わりに which も使えます。

① SVX, as ...

また，以下のように，as が主節（先行詞）の前に出たり，主節に割って入ったりする形もあります。

② As ..., SVX.　　③ S, as ..., VX,

この as は**関係代名詞**ですから，**as 節の中で，多くは主語になったり，目的語になったりしますが**，「～のことだが」「～のように」くらいの訳で処理していいでしょう。

では，例題の第 2 文，下線部の As 以下の文に注目してみましょう。As が主節の前に出た②のパターンですが，この As は as 節の中でどんな役割を担っているのでしょうか。

例題：語句 instruction 名 教授／ observation 名 観察／ search for N「N を追求する」

（それ(を)） 私たち 誰もが を知っている しかしながら 私たちは ことができる を得る
[**As** we all know], however, we can gain
(関代)O S (同格語) Vt (副) S Vt

知識 なしに 教えられること
knowledge (without being taught).
O M→ (動名)(助) (過分)

As は know の O に当たりますが，**As 節は we can ～の主節の内容を指しています**。「私たちの誰もが知っていることだが［ように］」と言っていますが，何を知っているかといえば，we can ～のことだというわけです。

第 3 文も図解で検討しておきましょう。

これが である 発見 言い換えると 過程 に関する を学ぶこと 何か
This is discovery, the process (of learning something
S Vi C (同格語) M

によって 観察
(by observation,
M→

調査 なしに 教えられること
examination, (without being taught)).
M→ (動名)(助) (過分)

あるいは 追求すること を 事実
or searching (for facts)),

discovery, the process of ～の部分は「発見，言い換えれば～を学ぶ過程」という**同格関係**になっていること，また **by を共通語とした共通関係**を見抜くことがここでのポイントです。

《**全文訳**》 人が別の人に話すことで，あるいは文書によって教えるとき，この過程は教授による習得と呼ばれる。しかしながら，誰もが知っているとおり，私たちは教わらずに知識を得ることができる。これが発見で，言い換えると，教わらずに観察，調査，あるいは事実を追求することによって何かを学ぶ過程である。

（解説・解答→別冊：p.61）

演習 97 次の英文の下線部を訳しなさい。

You may have experienced some kind of culture shock; but, as is very well known, one of the big impacts of traveling abroad is the strong impression you receive when you come back home.

（大阪電気通信大）

演習：語句 experience [Vt] を経験する／impact [名] 衝撃

98 名詞の後にくる as 節は名詞を制限

次の英文の下線部を訳しなさい

In Britain the retirement pension, or "old-age pension" **as** it is popularly called, may be received by any man from the age of sixty-five (provided he has made his weekly contributions to the fund) if he ceases to work, and by any woman from the age of sixty.

（上智大）

解法 前課では，主節を先行詞にする関係代名詞 as 節の用法について学びました。ここでは〈**名詞＋ as 節**〉の場合，この **as 節を**どうとらえるか，がポイントです。さっそく下線部の前半部を見てみましょう。

[**as** it is popularly called,]
ような　いる　俗に　呼ばれて
（接）S（助）（副）（V）（過分）

この as 節がこの課のテーマです。as 節の中では 3 人称の代名詞かそれに準ずる指示的表現が使われるのが特徴で，この as は**接続詞**なのです。接続詞の as はふつう副詞節を導きますね。ところが，

old-age pension [as it is ～]
「俗に呼ばれているような老齢年金」

のように，**as 節**は**名詞 "old-age pension" を修飾**し，**制限**しています。そして，it は "old-age pension" を指しています。全体としては，**「俗に言う老齢年金」**と訳すと日本語の通りがいいですね。

この as 節の用法について整理しておきます。

This is Japan [as I see it today].
「これが［今日私が見る（ような）］日本である」

例題:語句 retirement pension 名 退職老齢年金／provided (that) S V「S が V するという条件で，もし S が V するなら」／contribution 名 寄付，分担金

このように，as 節の中の代名詞が言及する人（物）そのものを示唆し，〈名詞＋［as SVO］〉や〈名詞＋［as（S be）p.p.］〉の形で**名詞に後置する as 節の役割は，「どんな～」かを意味し，名詞制限の形容詞節と**キャッチします。

ことができる　を受け取る
may be received
V（受）

（によって）どんな～も 男性 から 歳 65
（by any man）（from the age）（of sixty-five）～，
M①

また
and
（によって）どんな～も 女性 から 歳 60
（by any woman）（from the age）（of sixty）．
M②

例題文の V は may be received で，その S は the retirement pension です。**be received を共通語**として，by any man ～，by any woman ～が **and で結ばれた共通関係を**キャッチできましたか。

なお，図解では省略しましたが，文中（　）内の make a contribution とは，本文の内容から make a national insurance contribution のことで「国民保険料を払う」ことです。

《全文訳》 英国では，退職老齢年金，すなわち俗に言う「老齢年金」はどんな男性も（国民保健基金に毎週きちんと保険料を納めているという条件はあるが）仕事をやめた場合，65 歳から，またどんな女性も，60 歳から受け取ることができる。

（解説・解答→別冊：p.61）

演習 98 次の英文の下線部を訳しなさい。

Corporations as we have known them were created by men for men. After World War II, America's veterans exchanged their military uniforms for factory clothing and gray suits, but military organization and rules of behavior continued to govern the business world. Since World War II, however, the number of working women has increased 200 percent, and their presence is changing the nature of corporations in various ways.

（慶応大）

演習：語句 veteran 名 退役軍人／ exchange O for N「O を N と取り換える」／ organization 名 組織／ continue to Ⓥ「Ⓥし続ける」／ govern Vt を支配する

99 〈or〉の訳し方に注意！

次の英文の下線部を訳しなさい

The paper currency appearing in the 19th century English novels consists of notes issued by individual banks and not by a central government authority. In the 19th century virtually any bank, large **or** small, could issue its own notes representing a promise to pay, in gold, the stated amount to the bearer upon demand.

（神戸女子大）

解法 等位接続詞 **or** でつながれた〈A or B〉を「A か B」「A または B」とするのは皆さんおなじみですね。また〈not A or B〉は「A も B も～ない」となるのも知っていますね。ところが，これでは処理できないのがカンマではさまれた以下のような挿入タイプです。

S, A or B, VX.

この特徴は **A と B が意味的に対立している**ということです。

第 1 文には終わりのほうに and not ～がありますね。and は何と何を結んでいるのでしょうか。not が否定するのは，直後の語（句・節）です。**V** はいうまでもなく現在時制の **consists** ですね。

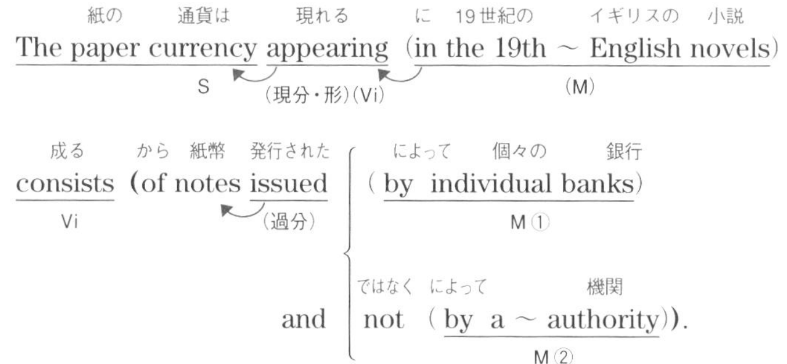

2 つの by ～は〈not A but B〉の変形タイプの〈B and not A〉（→ 8 課）でつながれています。

例題：語句 currency 名 通貨／ consist of N「N から成る」／ note 名 紙幣／ issue Vt を発行する／ represent Vt を（文字で）表す／ stated 形 定められた／ bearer 名 持参人

第 2 文の **SV** は **bank** (**S**) **could issue** (**V**) ですが，カンマではさまれた挿入の〈large or small〉は**譲歩の副詞節〈whether A or B〉「A であろうと B であろうと」の簡略タイプ**なのです。

においって　19世紀　ほとんど　どの〜でも　銀行

(In the 19th century) virtually any bank, [(whether it is)

M　(副)　(形)　S　(接)　(S)(Vi)(省略)

大きくても小さくても　ことができた　を発行する　それ(の)　自身の　紙幣　を表している

large **or** small], could issue its own notes representing

(C)　Vt　O　(現分)(Vt)

約束　という　を払う　で　金　所定の　金額

a promise (to pay, (in gold), the stated amount

(O)　(不)(Vt)　(M)　(形)　(O)

に対して　持参人　があり次第　請求

(to the bearer) (upon demand)).

(M)　(M)

挿入の部分を節にすると，S は bank を受けて it，また large 〜は C と考えて，前に V として is を置きます。第 1 文の appearing と第 2 文の representing はともに前の名詞を後ろから修飾するタイプ (→ **64** 課) ですが，第 2 文のように-ing 以下が長いときは，訳例のように後で訳すのも一法です。to pay は「払う (という)」と名詞 promise につなげます (→ **57** 課)。

〈A or B〉が成句になっているものに，“rain or shine”「晴雨にかかわらず」があります。

《全文訳》 19 世紀のイギリスの小説に登場する紙幣は中央政府機関（によって）ではなく個々の銀行によって発行される紙幣から成る。19 世紀には，大小にかかわりなくほとんどの銀行でも独自の紙幣を発行することができたが，その紙幣には，請求があり次第持参人に対して，所定の金額を金で支払うという約束が示してあった。

(解説・解答→別冊：p.62)

演習 99　次の英文を訳しなさい。

To a European, money means power, the freedom to do as he likes, which also means that, consciously or unconsciously, he says; “I want to have as much money as possible myself and others to have as little money as possible.”

(法政大)

演習:語句 mean Vt を意味する／ consciously 副 意識的に／ unconsciously 副 無意識的に

100 〈文修飾の副詞＋SV〉は「～なことに」

次の英文の下線部を訳しなさい

Unfortunately, for the past century some humanists have been at odds with technologists, viewing technology as a harmful force beyond their control —— all the more intolerable because of its human origins. This attitude is part of the humanist's traditional focus on the past and unwillingness to embrace either the art or technology of the present.

（大阪大）

解法 文頭にくる副詞に出会うことが多いですが，これは射程の長い副詞で，**文の内容について話し手や筆者の判断を示し**，〈**副詞** SVX.〉の形をとります。これは「～なことに」と訳すと便利です。〈**It is ＋形容詞＋ that SVX.**〉**と，形式主語構文で書き換えられることも多く**あります。

では，例題です。冒頭の **Unfortunately** が目に入りましたね。

不幸なことに　の間　過去１世紀　（ものがいる）人文主義者たちの中には
Unfortunately, (for the past century) some humanists
（文修飾の副詞）　M　S

（～して）きた　争って　と　科学技術者　を～と見なして
have been (at odds) (with technologists), viewing
Vi（現完）　C　M　（分詞構文）(Vt)

科学技術（を）　と　有害な　力　手に負えない
technology (as a harmful force) (beyond their control)
(O)　(C)　(M)

それだけ　ますます　耐えがたい　～のために　人間による　生まれ
—— all the more intolerable (because of its human origins).
（副）（比）（形）　M

分詞構文 viewing は中心的には been を修飾すると考えて（→ 67 課）(they) have

例題：語句 be at odds with N「N と不仲で」／ view O as C「O を C と見なす」／ harmful 形 有害な／ beyond one's control「手に負えない」／ embrace Vt を受け入れる

viewedと理解しましょう。「～と見なして［見なしたので］（争ってきた）」「（争って）～と見なしてきた」ぐらいの意味です。〈the＋比較級〉（→83課）は，ここではbecause ～と連動して，「～なのでそれだけ」となります。

第2文は**andとorに着目**して**共通関係**をキャッチしましょう。

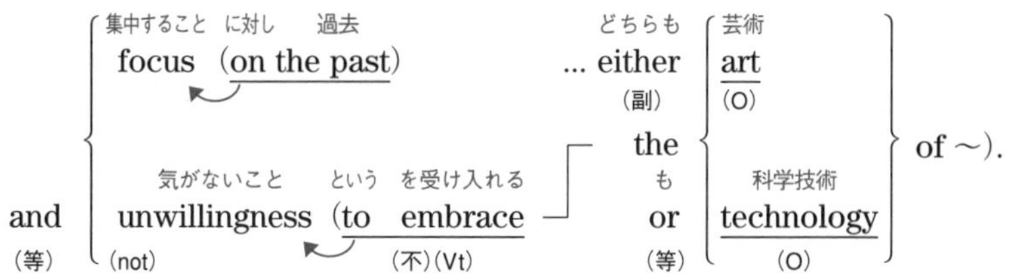

相関接続詞〈**either A or B**〉「AかBのどちらか」がunwillingnessのnotを意味する接頭辞**unと連動**して「**AもBも～ない**」となるところが注意どころです。to embraceは「受け入れたいという」とunwillingnessにつなげる（→57課）のですよ。

なお，文修飾の副詞はHe unfortunately made a mistake.のように動詞の前に，またHe made a mistake, unfortunately.のようにカンマを打って文尾に置くこともあります。

《全文訳》 不幸なことに過去1世紀にわたって，人文主義者によっては，科学技術を有害な手に負えない —— 人間によって作りだされたためにそれだけよけいに耐えがたい —— 力と見なして科学技術者と争ってきたものがいる。こうした態度は人文主義者が伝統的に過去に目を奪われ，現代の芸術も科学技術も受け入れようとしないことの1つの表れである。

（解説・解答→別冊：p.63）

演習 100　次の英文の下線部を訳しなさい。

Unfortunately, there are people who read a lot, but not well. To avoid becoming such a reader, we must consider the difference between learning by instruction and learning by discovery.

（東北学院大）

演習:語句 avoid Vt を避ける／instruction 名 教えられること

復習トレーニング

p.2 ～ p.200 までの英文 100 題を，解釈のポイントを示す太字なしで掲載しています。学んだことを思い出しながら，もう一度自分で和訳してみましょう。

また，音声は，各英文を英文ごとに 1 回目はスロー・スピードで，2 回目はナチュラル・スピードで読んでいます。1 回目は意味を考えながら，2 回目はその意味を確認しながら聞いてみましょう。

音声 ▶

TR 2　本文：p.2

❶ Words are not the only means of communication. Gestures also communicate. Some gestures are used in more than one culture. Others differ from culture to culture.

TR 3　本文：p.4

❷ In the development of civilization the use of tools grew and multiplied. Later the use of steam power revolutionized the whole industrial organization and transportation.

TR 4　本文：p.6

❸ Japan has a problem. Japanese girls don't want to marry Japanese farmers any more and by the end of the century over half the villages in Japan could be ghost towns.

TR 5　本文：p.8

❹ Tokyo produces more than 5 million tons of garbage per year — an average of about one kilogram per person per day — and getting rid of it all has become a major headache for the authorities. A large proportion of Tokyo's trash is waste paper.

TR 6　本文：p.10

❺ The significance of malaria in colonial history can scarcely be overrated, for it was a major hurdle in the development of the American colonies. To the newly arrived settlers or "fresh Europeans," it frequently proved fatal.

TR 7

本文：p.12

❻ A temple like that of Olympia was surrounded by statues of victorious athletes dedicated to the gods. To us this may seem a strange custom for, however popular our champions may be, we do not expect them to have their portraits made and presented to a church in thanksgiving for a victory achieved in the latest match.

TR 8

本文：p.14

❼ Older people usually find it more difficult to acquire the new skills required by technological changes, and they do not enjoy the same educational opportunities as young workers.

TR 9

本文：p.16

❽ Much has been spoken and written about the past experiences of war and we all know the effects of war too well, yet in the name of peace the stockpiling of armaments is going on, and we are told that safety lies not in disarming but in rearming.

TR 10

本文：p.18

❾ Dogs communicate in many ways. They not only bark, but they howl, growl, snarl, and whine. Animals communicate with each other not only with sounds and movements, but with smell.

TR 11

本文：p.20

❿ The Western way of thinking is analytical. If a Westerner has a problem, or wishes to discuss a complex subject, he tries to analyse it. He tries to break the problem or the subject down into separate parts.

TR 12

本文：p.22

⓫ Although some well-to-do people objected to free schools because they would have to pay taxes to educate the children of others, most Americans realized that public education was important in a democracy.

TR 13 本文：p.24

⑫ We are creatures of the visible and the perceivable. If something cannot be seen or felt, we imagine it does not exist. We feel pity for the physically disabled, because we can see his twisted limbs; but we are indifferent to the emotionally troubled, because their troubles are buried inside their head.

TR 14 本文：p.26

⑬ Advertisers use many methods to get us to buy their products. One of their most successful methods is to make us feel dissatisfied with ourselves and our imperfect lives. Advertisements show us who we aren't and what we don't have.

TR 15 本文：p.28

⑭ Reading and learning ability depend on something more definite than broad, general knowledge. To a significant degree, learning and reading depend on specific broad knowledge. The reason for this is that reading is not just a technical skill but also an act of communication.

TR 16 本文：p.30

⑮ The novelist presents us with people. He tells us what kind of people they are, whether they are good, bad, or indifferent. Within the limits of a book he tells us what happens to the people brought to our attention. The story depends on what they do, and particularly what they do in relationship with each other.

TR 17 本文：p.32

⑯ To the people of ancient Egypt, life on earth was short. Life after death, however, was eternal. Therefore they built their tombs of stone and they took their possessions with them into another world.

TR 18 本文：p.34

⑰ Cultures vary, as individuals do. The French and Chinese are noted for their cuisine, the variety of their dishes, and their interest in food, whereas English cooking has a low reputation.

TR 19 本文：p.36

⓲ In Japan, argument is impolite. The Japanese way enables everyone in a discussion to avoid all conflict. A discussion need never become an argument, as it so often does in the West. Because the point being discussed is never "important," argument is unlikely.

TR 20 本文：p.38

⓳ Although the world was known by educated people to be a sphere, nobody had been all the way around it, and in Columbus's time nobody knew how big it was.

TR 21 本文：p.40

⓴ The important thing is to make sure each child has a chance to join in the fun if he wants to. It is a waste of time to try to force him to play.

TR 22 本文：p.42

㉑ A child who starts to talk is making a very bold leap into the world. Anyone who has learned a foreign language at home, and then used it for the first time in a foreign country, has felt for himself how bold and risky this leap is.

TR 23 本文：p.44

㉒ From the point of view of the individual, he should do the work which makes the best use of his abilities. In fact people are found to choose the jobs which require their abilities, and in vocational guidance this is one of the main considerations.

TR 24 本文：p.46

㉓ Population experts project that the world's inhabitants may reach 20 billion in the next century. But they warn that this may be the maximum population that the earth can sustain. When we have reached this limit, what will happen to the human species?

TR 25 本文：p.48

㉔ In those European countries that Americans are most likely to visit, friendship is quite sharply distinguished from other, more casual relations, and is differently related to family life.

TR 26 本文：p.50

㉕ A banker I know has his work time under control and now spends more time with his family on his boat. By planning his time carefully he's found it easier to take on new projects and adapt his day-to-day routine to fit his long-term plans.

TR 27 本文：p.52

㉖ Language has always been — as the phrase goes — the mirror to society. English today is no exception. In its world state, it reflects very accurately the crises and contradictions of which it is a part.

TR 28 本文：p.54

㉗ The world we live in is changing fast, and our language is changing along with it. Every living language grows and changes. It changes as the people who use it create new words and find new meanings for old ones.

TR 29 本文：p.56

㉘ Recently, when I asked Americans I know why they had had children, they talked about family values, about the kind of people they want to be, about the kind of world they want to leave behind.

TR 30 本文：p.58

㉙ The stock market is important to many people because they make money by investing in it. It is a place where some people sell things and others buy things. An exchange of things takes place.

TR 31

本文：p.60

㉚ Educate yourself about the realities of sex discrimination in our society by reading books on the subject and by looking critically at the way men and women are stereotyped on television, in movies, and in advertising.

TR 32

本文：p.62

㉛ There is a time in the life of every boy when he for the first time takes the backward view of life. Perhaps that is the moment when he crosses the line into manhood. The boy is walking through the main street of his town. He is thinking of the future and of the figure he will cut in the world.

TR 33

本文：p.64

㉜ The prosecuting counsel began by telling the court what he intended to prove by evidence. Then he called his witnesses. These persons can say what they know only in answer to questions, so the examination of witnesses is very important.

TR 34

本文：p.66

㉝ London newspapers have just announced that road deaths for September dropped by nearly eighty as compared with the previous September. This is very well so far as it goes, but the improvement will probably not be kept up and meanwhile everyone knows that you can't solve the problem while our traffic system remains what it is.

TR 35

本文：p.68

㉞ When you know a language, you can speak and be understood by others who know that language. This means you have the capacity to produce sounds that signify certain meanings and to understand or interpret the sounds produced by others.

TR 36 本文：p.70

35 Conflict is often considered undesirable in our society. You may believe that conflicts cause marriages to dissolve, employees to be fired, and loss of teamwork to occur. Arguments, disagreements, and fights do force people apart and damage relationships.

TR 37 本文：p.72

36 Most of us know, and all of us should know, the solid satisfaction that comes from doing a thing well. In writing, also, the forming of even a single good sentence results in the added joy of successful creative effort.

TR 38 本文：p.74

37 Nobody can expect to understand everything about a picture and no one needs to like all works of art. Artists are people who constantly look for what has not been seen, felt or understood before and for ways of presenting what they find in paintings, drawings or sculpture. It may take people some time to catch up with what they have done.

TR 39 本文：p.76

38 A generalization is a statement that includes more than what is actually observed. It proceeds to a rule or law that includes both the observed cases and those not yet observed. Thus the generalization may not be true, even though the observations on which it is based are true.

TR 40 本文：p.78

39 Only 100 years ago man lived in harmony with nature. There weren't so many people then and their wants were fewer. Whatever wastes were produced could be absorbed by nature and were soon covered over. Today this harmonious relationship is threatened by man's lack of foresight and planning, and by his carelessness and greed.

TR 41 本文：p.80

40 The expression "mother-tongue" should not be understood too literally: the language which the child acquires naturally is not, or not always, his mother's language. When a mother speaks with a foreign accent or in a pronounced dialect, her children as a rule speak their language as correctly as other children, or keep only the slightest tinge of their mother's peculiarities.

TR 42 本文：p.82

41 Studies in the United States have shown that most people want their first child to be a boy, that couples who have only daughters are more likely to "keep trying" than those who have only sons, and that both mothers and fathers — especially fathers — show more interest in and pay more attention to their sons than their daughters.

TR 43 本文：p.84

42 World conditions are constantly changing, and attitudes must change with them. If they do not, catastrophe is bound to follow. The attitude that now is most in need of change is the way we view the relationship of ourselves and our countries to other lands.

TR 44 本文：p.86

43 In Britain there are a number of Sunday newspapers, many of which are connected with the "dailies," though not run by the same editor and staff. The Sunday papers are larger than the daily papers and usually contain a greater proportion of articles concerned with comment and general information rather than news.

TR 45 本文：p.88

44 The scientist's concern is truth, the artist's concern is beauty. Now some philosophers tell us that beauty and truth are the same thing. They say there is only one value, one eternal thing which we can call x, and that truth is the name given to it by the scientist and beauty the name given to it by the artist.

TR 46 本文：p.90

45 If someone says, "I'm not angry," and his jaw is set hard and his words seem to be squeezed out in a hiss, you won't believe the message that he's not angry; you'll believe the metamessage conveyed by the way he said it — that he is.

TR 47 本文：p.92

46 Only a minority of people became real punks and there are few left in Britain now, but high unemployment continues to have a strong influence on the attitudes and behaviour of young people. They fear unemployment. Today's teenagers feel that the good things in life will come to them if they can get a job.

TR 48 本文：p.94

47 The recently rediscovered insight that literacy is more than a skill is based upon knowledge that all of us unconsciously have about language. We know instinctively that to understand what somebody is saying, we must understand more than the surface meanings of words; we have to understand the context as well.

TR 49 本文：p.96

48 It remains true of the new generation that most college graduates continue to seek economic security and are attracted to companies with established reputations. Therefore they tend to accept employment in traditional companies where family-style cooperation is still highly valued, at the same time that they seek to define themselves as individuals.

TR 50 本文：p.98

49 The working hours for countries outside the E.C. may not be quite comparable, but it appears that workers in the U.S. and Canada put in more time than most Europeans, and the Japanese work even longer than the Portuguese, more than 2,100 hours a year.

TR 51

本文：p.100

50 Language, a human invention, is a mirror for the soul. It is through language that a good novel, play, or poem teaches us about our own humanity. Mathematics, on the other hand, is the language of nature and so provides a mirror for the physical world.

TR 52

本文：p.102

51 How is it that a child swiftly and seemingly without much effort learns to speak and understand? The process of language learning begins well before the first birthday, and most children use language with considerable skill by their third year.

TR 53

本文：p.104

52 Can a brain ever get filled up? Let us put the question in other words: Can a brain become so filled with knowledge that it can remember no more? Can it be so full that new facts can not be packed into it without displacing old ones?

TR 54

本文：p.106

53 Of the many good reasons why people should make a habit of seeking advice, the best is that nobody is infallible. As the great Elizabethan playwright Ben Jonson wrote, "No man is so wise that he may not easily err if he takes no other counsel but his own."

TR 55

本文：p.108

54 A normal English family, especially when it has just moved into a new district, wants to be friendly with those living in the same area, yet it often hesitates because there is a fear that some neighbours might want to be too friendly and make such a habit of calling that the members of the family could not call their home their own.

TR 56

本文：p.110

55 In cold, mountainous regions of the world, people have traditionally built houses so that one side almost touches the mountain. Thus, this side of the house is protected from cold winds. Modern architects who plan houses are finding this old tradition to be very useful.

TR 57

本文：p.112

56 Because of man's great capacity for adaptability and his remarkable ingenuity, he can improve in a great variety of ways upon the manner in which other animals meet their needs. Man has the ability to create his own environment, instead of, as in the case of other animals, being forced to submit to the environments in which he finds himself.

TR 58

本文：p.114

57 It is easy to see why many people visiting Japan for the first time talk and write of it just in terms of unresolved contrasts — the computer and the kimono, the chrysanthemum and the sword. On the other hand, any attempt to find a single category to include all the phenomena of contemporary Japanese social and political life is likely to be equally misleading.

TR 59

本文：p.116

58 One must be fond of people and trust them if one is not to make a mess of life, and it is therefore essential that they should not let one down. They often do. The moral of which is that I must, myself, be as reliable as possible, and this I try to be.

TR 60

本文：p.118

59 In primitive times, one had a feeling of unity with one's family. The horizon was too narrow to see farther than that, though the family wasn't as narrow then as it often is with us. It included a variety of cousins and distant connections, often marked by a common name. Such an extended family might be called a "clan."

TR 61

本文：p.120

60 What is it about an island that always catches at your heart? The Isle of Wight is no exception: big enough to give a feeling of complete freedom, varied enough both in scenery and kinds of entertainment, and yet small enough to be cosy.

TR 62 本文：p.122

61 Many in Japan take pride in the idea that their native tongue is too difficult for most foreigners to master. But the increasing number of Japanese-language students around the world may demolish some of the myth surrounding the self-professed uniqueness of the Japanese people.

TR 63 本文：p.124

62 To be a leader in business today, it is no longer an advantage to have been raised as a male. Women may even hold a slight advantage since they need not "unlearn" the old military style of business organization and manners in order to run their departments or companies.

TR 64 本文：p.126

63 The bright child is willing to go ahead on the basis of incomplete understanding and information. He will take risks, sail unknown seas, explore when the landscape is dim, the landmarks few, the light poor. To give only one example, he will often read books he does not understand in the hope that after a while enough understanding will emerge to make it worth while to go on.

TR 65 本文：p.128

64 In contrast to the learning of reading or arithmetic, a child masters language without formal teaching; indeed, much of the learning takes place within a fairly limited linguistic environment, which does not specify precisely the rules governing competent language use.

TR 66 本文：p.130

65 At present, the employer thinks only of getting cheap labor, and the worker only of getting high wages. This results in many people getting pushed, or pushing themselves, into jobs that could be better done by others, and is very wasteful.

TR 67

本文：p.132

66 As for timber, a recent article in *Newsweek* says that Japan receives forty percent of the wood exported from the world's jungles. Cutting down trees helps speed a phenomenon called "global warming," which increases temperatures and causes higher levels of water in the earth's oceans.

TR 68

本文：p.134

67 In politics, "like votes" can win elections, and the same phenomenon exists in business. Business leaders who can be tough-minded but likable will be the future's management elite. That's because leaders need to function comfortably in public, winning the goodwill of everyone.

TR 69

本文：p.136

68 It was at lunch on a cold Sunday in late January that we first heard the noise. It sounded like a tapping; slightly metallic. Reluctant to leave the table, at first we speculated on the possibilities. But when the tapping became persistent, or rather insistent, we went to investigate. And so we came upon the blackbird, pecking at the window.

TR 70

本文：p.138

69 If you see someone at a dinner party holding a fork in his right hand with the prongs pointing up, you can be sure that person is American. English people would hold their knife in their right hand and the fork in their left with the prongs pointing down. This is regarded in England as good manners even though it can make eating more difficult.

TR 71

本文：p.140

70 The aid administered and received before a doctor is available is often of vital importance. First aid is the health-related help that must be given *first* in any emergency. Often a doctor cannot get to the scene of an accident. Victims may have to wait for skilled medical attention until they can be taken to a hospital or other emergency center.

TR 72 本文：p.142

71 It is part of the North American culture that people should be kept at a distance, and that contact with another person's body should be avoided in all but the most intimate situations. Because of this social convention of dealing with others at a distance, people in the U.S. have to place much reliance on their distance receptors, their eyes and ears, for personal communication.

TR 73 本文：p.144

72 The full participation and empowerment of women is essential to the development of a culture of peace. It was the monopolization of warfare by men that led to the exclusion of women from power.

TR 74 本文：p.146

73 Will war and peace continue to be rivals? Nuclear power can be used for the betterment of man or against him. The greatest hope of mankind lies perhaps in this very paradox. If all the earth's resources were utilized for peaceful purposes, a great deal of human wants and sufferings would disappear.

TR 75 本文：p.148

74 I am confident that if a teacher were to ask his pupils to make regular reports on himself, he would discover that many unexpected details were blocking his effectiveness. Habits of dress, mannerisms of speech, intonations of voice — things easily corrected, but obstacles of importance when they are not — would be revealed to him.

TR 76 本文：p.150

75 When I try to explain why I am happier in Tokyo I generally begin with a series of negatives. In Tokyo I am not worried even if I walk down a dark street late at night. In Tokyo the subway cars are not defaced with graffiti or filled with people who look as if they might suddenly resort to violence.

TR 77

本文：p.152

76 Francine and I have been married now forty-six years, and I would be lying to say that I have loved her for any more than half of these. Let us say that for the last year I haven't, let us say this for the last ten, even. Time has made torments of our small differences and tolerance of our passions.

TR 78

本文：p.154

77 The electric light bulb, which we take for granted, would not have been possible without the work of the American scientist Thomas Edison, nor would much of the dyeing and drugs industries without the work of the English chemist Perkin.

TR 79

本文：p.156

78 The saying "Early to bed and early to rise, makes a man healthy, wealthy, and wise," which has been attributed to Benjamin Franklin, American statesman and all-around genius, has greatly strengthened the superstitious belief that sleep is more restful before midnight.

TR 80

本文：p.158

79 Manners are not a demonstration of weakness, but a sign of common sense. Manners are mankind's way of saying, "Let's not fight unless we have to" —— and there may be no higher wisdom than that, in business, in love and marriage, in the transactions of everyday life.

TR 81

本文：p.160

80 A Presidential slip of the tongue, a slight error in judgment —— social, political, or ethical —— can raise a storm of protest. We give the President more work than a man can do, more responsibility than a man should take, more pressure than a man can bear. We abuse him often and rarely praise him. We wear him out, use him up, eat him up.

TR 82 本文：p.162

81 With a population nearly half of the U.S.'s squeezed into an area no bigger than Montana, Japan has virtually no room left in its crowded cities. Developers have built towering skyscrapers and even artificial islands in the sea, but the space crunch keeps getting worse.

TR 83 本文：p.164

82 "Our kinship with other animals does not mean that if their behavior seems often to be under the influence of instincts, this must necessarily also be the case in humans," says an anthropologist. He quotes one authority who has written: "There is no more reason to believe that man fights wars because fish or beavers are territorial than to think that man can fly because bats have wings."

TR 84 本文：p.166

83 The ideals and practices of child rearing vary from culture to culture. In general, the more rural the community, the more uniform are customs of child upbringing. In more technologically developed societies, the period of childhood and adolescence tends to be extended over a long time, resulting in more opportunity for education and greater variety in character development.

TR 85 本文：p.168

84 Boldness means a deliberate decision to bite off more than you are sure you can chew. And there is nothing mysterious about the mighty forces referred to. They are the hidden powers that all of us possess.

TR 86 本文：p.170

85 Workaholics are the people who always have more to do than they can ever complete. They work hard out of compulsion, and for them, work has the highest priority in life. Because of their hard work, workaholics usually keep getting promoted in business, though their lack of creativity keeps them from reaching the top levels.

TR 87

本文：p.172

86 In a survey of 13,000 people carried out by the American magazine *Psychology Today*, a compelling 79 per cent of those who were pet owners said that at some time their pet had been their closest companion. The fact comes as no surprise to practicing veterinary surgeons, who have been front-row observers of the subtle changes in their clients' relationship with their pets.

TR 88

本文：p.174

87 Viewed as a whole, Japanese society is not very efficient. Although the real income for each person is about the same as in the U.S. or the former West Germany, Japanese employees must work an average of 2,160 hours to earn that income; Americans work only 1,980 hours, and West Germans a mere 1,640 hours.

TR 89

本文：p.176

88 There is no time, in all of a child's growing up, when he will not be seriously hurt if he feels that we adults are not interested in what he is trying to say.

TR 90

本文：p.178

89 The American's attitude toward authority, rules, and regulations was the despair of government officials and strict supervisors. Nowhere did he differ more sharply from his English cousins than in his attitude toward rules, for where the Englishman regarded the observance of a rule as a positive pleasure, to the American a rule was at once an insult and a challenge.

TR 91

本文：p.180

90 Outside Central and South America, Great Britain was the main source of settlers. Not only could she provide plenty of emigrants, but her rulers and ministers tended to dislike ruling white colonies and did not stand in the way of their independence. The memories of the American War of Independence went deep.

TR 92 本文：p.182

91 As a result of my inexperience, I had the naive idea that artists just look at what is in front of them and copy it, getting better as they go along. Only recently have I learned that life does not copy itself on paper, and that to make, with lines and colors, an image that looks like something real, takes technique.

TR 93 本文：p.184

92 Because one of our foremost desires is to remain on friendly and cooperative terms with others we must keep their requirements firmly in mind: from this awareness of the things which please and displease the people round us come the beginnings of conscience.

TR 94 本文：p.186

93 In Europe, the concept of a regular rest is in large part linked to religion. First, it is written in the Bible that after creating the world in six days, God contemplated it, judged that it was good and then took a rest on the seventh day, the last of the week. Since then, Sunday has been the day of the Lord for the Christians, as is Saturday for the Jews and Friday for the Muslims.

TR 95 本文：p.188

94 An example: a woman decides to get a divorce and live alone. Is that good or bad? Well, of course, this depends upon one's perspective. Breaking up the "sanctity" of a marriage could be considered "bad." So also could the discomfort of periods of loneliness.

TR 96 本文：p.190

95 The human brain contains, I am told, 10 thousand million cells and each of these may have a thousand connections. Such enormous numbers used to discourage us and cause us to dismiss the possibility of making a machine with human-like ability, but now that we have grown used to moving forward with great swiftness, we are becoming less pessimistic.

TR 97

本文：p.192

96 Once a child receives a certain reputation among his classmates, their usual responses almost force him to maintain the same role, and it is very difficult, if not impossible, to reverse the early image.

TR 98

本文：p.194

97 When one person teaches another through speech or writing, this process is called learning by instruction. As we all know, however, we can gain knowledge without being taught. This is discovery, the process of learning something by observation, examination, or searching for facts, without being taught.

本文：p.196

98 In Britain the retirement pension, or "old-age pension" as it is popularly called, may be received by any man from the age of sixty-five (provided he has made his weekly contributions to the fund) if he ceases to work, and by any woman from the age of sixty.

TR 99

本文：p.198

99 The paper currency appearing in the 19th century English novels consists of notes issued by individual banks and not by a central government authority. In the 19th century virtually any bank, large or small, could issue its own notes representing a promise to pay, in gold, the stated amount to the bearer upon demand.

本文：p.200

100 Unfortunately, for the past century some humanists have been at odds with technologists, viewing technology as a harmful force beyond their control —— all the more intolerable because of its human origins. This attitude is part of the humanist's traditional focus on the past and unwillingness to embrace either the art or technology of the present.

日本語さくいん

英文さくいん

A

B

R

S

T

桑原　信淑（くわはら　のぶよし）

東京外国語大学英米語学科卒業。都立高校教諭，県立高校教諭を経て，私立中高一貫校の教諭となる。長年，難関大学を目指す受験生の指導にあたり，その実力がつく講義には定評がある。代々木ゼミナール，駿台予備学校，河合塾，Z会東大マスターコースなど，予備校での指導経験も豊富。著書に『入門英文解釈の技術 70』（桐原書店），『英文解釈の技術 100』（共著／桐原書店）がある。

杉野　隆（すぎの　たかし）

金沢大学教育学部英語科卒業。明治学院大学大学院英文学科修士課程修了。都立高校教諭・私立女子大学講師を経て，代々木ゼミナール講師。長文読解の講義で人気を博し，生徒から絶大な信頼を得る。著書に『英文解釈の技術 100』（共著／桐原書店）がある。趣味は囲碁と小唄。

英文校閲： Karl Matsumoto, David A. Biasotti, David F. Goldberg

●大学受験スーパーゼミ　徹底攻略

基礎英文解釈の技術100 音声オンライン提供版

1994年 7 月 30 日 初　　版第 1 刷発行
2008年 11 月 12 日 新装改訂版第 1 刷発行
2024年 3 月 30 日 音声オンライン提供版第 1 刷発行
2024年 8 月 10 日 音声オンライン提供版第 2 刷発行

著　者　桑原　信淑
　　　　杉野　隆
発行者　門間　正哉
印刷・製本　TOPPANクロレ株式会社

発行所　株式会社 桐原書店
〒114-0001 東京都北区東十条3-10-36
TEL　03-5302-7010（販売）
www.kirihara.co.jp

▶ 装丁／竹歳明弘（スタジオ・ビート）
▶ 本文レイアウト／新田由起子（ムーブ），大塚智佳子（ムーブ）
▶ DTP／沼田和義（オフィス・クエスト），大塚智佳子（ムーブ）

Printed in Japan
ISBN978-4-342-21011-2

大学受験スーパーゼミ 徹底攻略・きっちりわかる

基礎 英文解釈の技術100

桑原信淑／杉野 隆 共著

音声オンライン提供版

演習問題／解説・解答

桐原書店

大学受験スーパーゼミ 徹底攻略・きっちりわかる

基礎 英文解釈の技術100

桑原信淑／杉野　隆　共著

音声オンライン提供版

演習問題／解説・解答

桐原書店

1 演習1 （問題→本冊：p.3）

Sally had lived abroad most of her life, but at last she came back to England to live. She had always loved trees and flowers, and now she aimed to buy a small house in the country with a garden.

【全文訳】サリーは人生の大方の期間，外国暮らしをしていたが，ついにイギリスで暮らそうと戻って来た。(それまでは)いつも木と花を愛していて，これから田舎に庭付きの小さな家を買おうとした。

【解説】述語動詞は had lived(過去完了)，came(過去時制)，had loved(過去完了)，aimed(過去時制)。(for) most of her life「彼女の人生のほとんどの期間」は had lived を修飾，to live は副詞的用法(目的)「暮らすために」で，came back「戻った」を修飾。

第2文の後半の now は物語の中などで「今や，そこで」の意味。with a garden は house を修飾して「庭のある家」。

came，aimed の2つの過去時制が「基準時」(→19課)。

2 演習2 （問題→本冊：p.5）

<u>The motive for the voyages of Christopher Columbus in 1492 and of John Cabot in 1497 was to find a shorter route.</u> However, their journeys across the Atlantic Ocean brought the Europeans knowledge of the American continents, not spices. Their discoveries affected the history of the world.

【全文訳】<u>クリストファー・コロンブスの1492年の航海とジョン・カボットの1497年の航海の動機は，より近道の航路を見つけることだった。</u>しかしながら，大西洋を渡る旅によって，ヨーロッパの人々は香辛料ではなくて南北アメリカ大陸を知ることとなった。2人による発見は世界の歴史に影響を与えた。

【解説】第1文は前置詞句を(　)にくくり，**and が結ぶ共通関係**をとらえる(→37課)。

The motive {(for the voyages) (of Christopher Columbus) (in 1492)
and {(of John Cabot) (in 1497)

for the voyages「航海の」は motive を修飾し，ほかの前置詞句は voyages を修飾している。文の骨格は motive was (to find)「動機は～を見つけることだった」となる。

motive (S) was (V) (to find) (C→O(Vt))

第2文の骨格は以下のようになる。“knowledge, not spices” は “not spices but knowledge” (→8課)「香辛料でなく知識」。

journeys (S) brought (V) Europeans (O1) knowledge (O2)

第3文の of the world「世界の」は history に対する修飾語。

3 演習 3 （問題→本冊：p.7）

According to official statistics, 600,000 Japanese visited Britain last year. At that rate, Britain will be welcoming a million Japanese tourists, by 1993.

【全文訳】公式統計によれば，60 万の日本人が昨年イギリスに行った。その調子だと，イギリスは 1993 年までに 100 万の日本人旅行者を歓迎することになろう。

【解説】第 1 文の visited（過去時制）も第 2 文の welcoming も他動詞で，それぞれ Britain，tourists を目的語にしている。第 2 文の At that rate は直訳すると「その割合[率]で」だが，述語動詞が未来進行形なので「その調子でいくと」とした。

4 演習 4 （問題→本冊：p.9）

A human language is a signalling system. As its materials, it uses vocal sounds. It is important to remember that basically a language is something which is spoken: the written language is secondary and derivative.

【全文訳】人間の言語は合図をするための体系である。それは道具として音声を使う。本質的には言語は口から出た言葉ということを思い起こすことは重要である。書き言葉は二次的で派生的である。

【解説】be 動詞と結合する文の主要素は第 1 文の system（名詞），第 3 文の important（形容詞）と something（代名詞），：（＝コロン）の後に続く secondary と derivative（ともに形容詞）。

第 1 文の signalling は動名詞で，for signalling「合図をするための」の意味。

第 2 文冒頭の As は materials を目的語とする前置詞で，its，it はともに前文の A human language「人間の言語」を指す。uses は他動詞で，sounds が目的語。

第 3 文の **It** は**形式主語**（→ 48 課）で，**to remember ... spoken が真主語**（＝具体的内容）。remember の直後の **that** は**接続詞**で，that ... spoken までの名詞節は remember の目的語。「…ということを思い起こす（こと）」の意味（→ 11 課）。**which** は**関係代名詞主格**（→ 22 課）で先行詞は something。第 3 文の過去分詞が形容詞になった written は language を修飾していて，「書かれた（言葉）」→「書き（言葉）」の意味になる。

5 演習 5 （問題→本冊：p.11）

European sailors were afraid to sail straight westward into this vast unknown. That way to Asia seemed too many miles. For you had to be able to go there *and back*.

【全文訳】ヨーロッパの船乗りたちは恐くてまっしぐらに西へ航海して，この広大な未知の世界に入って行くことができなかった。アジアへ向かってその道を行くのは遠すぎると思われた。というのは，そこへ行ってまたさらに戻って来なければならなかったからである。

【解説】第 1 文の be afraid to Ⓥは「恐くてⓋできない」。

第 2 文で to Asia は way を修飾する前置詞句。(many) miles は seemed の補語。

第 3 文の For は後に you (S) had to be able to go (Vi) が続くので接続詞で，「というのは…」という意味になる。

6 演習 6 （問題→本冊：p.13）

In two thousand years all our generals and politicians may be forgotten, but Einstein and Madame Curie and Bernard Shaw and Stravinsky will keep the memory of our age alive.

【全文訳】2 千年後には現代の将軍と政治家がみんな忘れられることがあっても，アインシュタイン，キュリー夫人，バーナード・ショー，そしてストラヴィンスキーのおかげで，私たちの時代が忘れられることはないであろう。

【解説】In ～は「(今から)～経ったら」「(今から)～後」の意味。may ～ but ... の may は「～かもしれない」の意味だが，but と一緒に使われて「～だろうが(しかし)」「確かに～だが…」となる。文構造のポイントは以下の通り。

will keep (Vt) the memory (O) alive (C)

alive は「生きて(いる)」の意味の形容詞。of our age は memory を修飾する前置詞句で，「私たちの時代の」「現代に関する」。**O と C の間の S と P の関係**を考えると "The memory will be alive." という内容になる。

7 演習7 （問題→本冊：p.15）

Even advanced nations of Western background, if they happen to be small, frequently find it necessary to utilize foreign languages for many purposes. A Danish scholar, for instance, will find it more sensible to publish in English for a world audience than in Danish for a limited number of fellow Danes.

【全文訳】欧米の影響下にある先進国でさえ，たまたま小国だと，多くの目的で外国語を使用することが必要だと思うことがよくある。たとえばデンマークの学者は，限られた数の同国人向けにデンマーク語で出版するよりも，世界の読者向けに英語で出版するほうが得策だと思うだろう。

【解説】第1文の骨格は，nations (S) find (Vt) it (O(形)) necessary (C) (to utilize) (O(真))であり，意味上は，

it (S(形)) is (V) necessary (C) (to utilize) (S(真))。if 節は主部と述部の間に挿入された副詞節(→ 10課)。

第2文も同様の形式目的語を使った構文で，will find (V) it (O) more sensible (C) (to publish) (O(真))

となっているので，意味上，it (S(形)) is (V) more sensible (C) (to publish) (S(真))と把握する。

8 演習8 （問題→本冊：p.17）

Thin, salted, crisp potato chips are Americans' favorite snack food. They originated in New England as one man's variation on the French-fried potato, and their production was the result, not of a sudden stroke of cooking invention, but of a fit of anger.

【全文訳】薄い塩味のパリパリしたポテトチップスはアメリカ人の大好物の軽食である。それらはある男が(フレンチ)フライドポテトに手を加えて作った変種としてニューイングランドで生まれた。そしてそれらが作られたのは突如として発生した料理法の発明の結果でなく，かっとなった結果なのである。

【解説】第1文の salted は chips を修飾する。

第2文の前半は **as は前置詞**で as one man's variation「ある男が変えたものとして」，さらに on the French-fried potato は variation に対する形容詞的な前置詞句で，「フレンチフライドポテトに対する(変形物)」「フレンチフライドポテトの(変種)」。後半の their production は「それらの生産」「それらが作られたこと」で，文構造は以下の通り。

their production was the result, not { of a sudden stroke ～,
but { of a fit ～.

9 演習 9 （問題→本冊：p.19）

Reading aloud is an educational tool as well as an instrument of culture. As an educational tool, reading aloud is an aid to greater accuracy and better understanding of the written word.

【全文訳】声に出して本を読んでやることは文化を伝える手段であるだけでなく教育の手段でもある。教育の手段として，声に出して本を読んでやることは書き言葉をより正確に伝え，より良く理解するのに役立つ。

【解説】**〈B as well as A〉「A だけでなく B も」の相関表現**をマークする。文構造は以下の通り。

Reading aloud is ｛an educational tool / (as well as) an instrument (of culture).

S（動名）（副）Vi　an educational tool：（形）C　an instrument：C

第 2 文の **As** は「〜として」の**前置詞**。文構造は**共通関係**(→ 39 課)に着目する。

Reading (aloud) is (an) aid to ｛(greater) accuracy / and (better) understanding｝(of (the) (written) word).

S　Vi　C（前）　accuracy：（名）　understanding：（名）　(of (the) (written) word)：M

10 演習 10 （問題→本冊：p.21）

When I speak of internationalization, I do not mean the changing of external life styles but the development of internal new attitudes. Our motivations must be in step with the conditions of the time.

【全文訳】国際化について話すとき，私は外面上の生活様式を変えることではなく内面的な新しい態度を育てることを意味して(話して)いる。私たちの動機付けは現代の状況に合っていなければならない。

【解説】第 1 文の主節中の **〈not A but B〉「A ではなくて(むしろ)B」**をマークする。do not mean を「意味しない」と訳さないこと。**not が実際に否定するのは the changing**「(〜を)変えること」である。骨格だけを示すと以下のようになる。

I（私は／S） mean（を意味する／Vt） ｛not（ではなく） the changing（変えること／O） / but（(むしろ)） the development（育てること／O）

When は副詞(的従属)節の先頭に立つ**接続詞**で，when 節は mean を修飾する。

第 2 文の in step ～は形容詞的前置詞句で，be の補語。of the time「現代の」は conditions を修飾する前置詞句。

⑪ 演習 11 （問題→本冊：p.23）

> The stranger in London, especially if he has come, say, from Paris, finds London at first a little drab, but later on as he explores the city and begins to make friends he finds that it has its own special intimacy and charm.

【全文訳】ロンドンに初めて来た人は，特にたとえばパリから来た場合，初めは少々つまらないと思う。しかし後でその都市［ロンドン］を踏査して友人を作り始めるうちに，それ［ロンドン］独自の特別な親しみと魅力があるのに気づく。

【解説】前半は主節の主語と述部の間に副詞的 if 節が挿入されているが，at first「初めのうちは」を(　)にくくり　a little を除くと，stranger finds London drab「初めて来た人はロンドンをつまらないと思う」。but の後は［as ... friends］のようにくくる。まず **as** は「～しながら，～するうちに」の**従属接続詞**。この課のポイントは finds の直後の that を見のがさず，さらに finds that it has ... の形から that を it has ... とセットにし，**that 節が finds の目的語**であることを確認して「それ［ロンドン］が…を持っているのがわかる」とする。

⑫ 演習 12 （問題→本冊：p.25）

> Typical American teenagers are in fact very ordinary. They think their teachers make them work too hard, they love their parents but are sure they don't understand anything, and their friendships are the most important things in their lives.

【全文訳】典型的なアメリカの十代の若者は実際はとても平凡である。彼らは(自分たちの)先生たちは自分たちをあまりに勉強させすぎると考えているし，彼らは自分の(両)親を愛してはいるが，親は何もわかっていないと確信している。そして彼らの友情は人生で最も大切なものなのである。

【解説】第 1 文は(in fact)とくくれば，teenagers are ordinary となる。

第 2 文は**等位接続詞 but，and に着目**する。but は love と are sure を結ぶと考えるのが無理がない。さらに and は their friendships are ... things とほかの SVX を結ぶと考える。この課のポイントは think と are sure の後に SVX が続くことから，名詞節を導く接続詞 **that を補ってみる**ことである。文構造は以下の通り。

They think (that) their teachers make them work too hard,
they { love their parents
but { are sure (that) they don't understand anything,
and their friendships are ... things ...

make は使役動詞。「～に…させる」

13 演習 13 (問題→本冊：p.27)

How the water is used affects the supply. In some dry areas, groundwater is used for irrigation. Most of this water changes into vapor and disappears from the surfaces of plants or the land.

【全文訳】水がどのように利用されるかは供給に影響する。乾燥した地域の中には地下水が灌漑に利用されるところがある。この水の大部分は水蒸気に変化して，植物や大地の表面から消える。

【解説】How は疑問詞で名詞節の先頭に立つが，この名詞節の役割(S，O，C)は述語動詞 affects との関係で決まるので，How ... used が affects の主語である。

第 2 文の **some** は「いくつか」と訳さないで**「一部の」**あるいは先の訳のように「(…の地域の中には～のところ)もある」とする。

第 3 文の changes と disappears の主語は(of this water)とくくると Most とわかる。change into ～「～に変化する」「変化して～になる」。

14 演習 14 (問題→本冊：p.29)

All the classic works for children are written in adult language, often of a very high standard of literary style. They are sometimes difficult to read. The reason for this is that children's books were not written just for children.

【全文訳】すべての古典的な子ども向けの作品はおとなの言葉，しかもしばしば非常に高い水準の文語体の言葉で書かれている。それらは読みにくいことがある。この理由は，子ども向けの本は子どものためにだけ書かれたのではないからである。

【解説】第 3 文の主語 reason についている for this の this は前文を指す。文構造は，

The reason (for this) is [that children's books were not written ...].
S M Vi C

となる。**that** が名詞節を導く**接続詞**で，that 節全体は is の補語である。were not written just for children において not は just for children と結合して「単に子ども向けに書かれたのではない」。言外に not just ... but (also) for adults「おとな向けにも(書かれた)」を読み取ること。

⑮ 演習 15 （問題→本冊：p.31）

The difficulty when strangers from two countries meet is not a lack of appreciation of friendship, but different expectations about what constitutes friendship and how it comes into being.

【全文訳】2つの国の見知らぬ者同士が会うときの問題は友情に対する評価の認識がないことではなくて，何が友情を構成し，どうやって友情が生まれるかについて期待がさまざまなことである。

【解説】第1文では，

difficulty ［when ... meet］ is not a lack
S　Vi　C

という形で，when 節が，difficulty を修飾している。これは when は節の始まりを示す語であり，meet と is は構造上も意味の点でも結合しないことで理解できる。(from two countries) は strangers を修飾し，「2つの国からの［出身の］」の意味。a lack of ～は「～の欠如」「～がないこと」。**is の後の not をマークして次の but と連動させて「～ではなくて(むしろ)…」**と押さえる。この課のポイントは前置詞 about が，2つの名詞節 what ... friendship と how ... being を目的語にして，前置詞句を形成している点にある。この場合は expectations を修飾している。different expectations「さまざまな期待」→「期待がさまざまなこと」とした。

⑯ 演習 16 （問題→本冊：p.33）

Much has been written in the past few years about the bond between people and their pets. Pets help keep us young: they decrease loneliness, and they give us the opportunity to be needed.

【全文訳】この数年，人々とそのペットの絆についてたくさん書かれてきた。ペットのおかげで私たちは若いままでいられる。彼らのおかげで寂しさが減るし，自分が必要とされる機会が得られる。

【解説】第1文の前置詞句を( )にくくると，以下のようになる。

Much has been written (in the past few years) (about the bond)
S　V(現完・受)　M①　M②

(between people and their pets).
M③

①は述語動詞を修飾する。②は years にかけたのでは論理的に通らないので，①と同様に述語動詞にかけるのが妥当。③は bond を修飾して「～の間の(絆)」となる。

第2文 keep us young は keep (Vt)，us (O)，young (C) で「私たちを若くしておく」

だが，**無生物主語構文**なので，**訳す場合は目的語 us を主語のようにする**とよい。to be needed は opportunity を修飾する形容詞的な to Ⓥ。

⑰ 演習 17 （問題→本冊：p.35）

Whatever the professionals tell us, pure necessity will force more men to get to know their children. In 1950 only about 10 per cent of mothers with small infants worked. Today more than half do. It is becoming harder for their husbands to avoid taking care of the children during their free time.

【全文訳】専門家が私たちに何と言おうと，単に必要に迫られて自分の子どもとつき合うようにならざるを得ない男性が増えるだろう。1950 年には幼い子どもを抱える母親のうち働いている人は約 1 割に過ぎなかった。今日では 5 割を超える母親が働いている。その夫たちがあいている時間に子どものめんどうをみないですますのは，より難しくなってきている。

【解説】第 1 文の **Whatever ... は譲歩の副詞節**で，Whatever (O2) the professionals (S) tell (Vt) us (O1) の文型なので「何を言ったとしても」と訳す。whatever = no matter what。〈force O to Ⓥ〉「O にⓋするよう強いる」と〈get to know ～〉「～を知るようになる」が組み合わされているが，**more men を訳文の主語にする**とよい。

第 2 文では with は「～を持っている，～のいる」の意味の前置詞で，(with small infants) は mothers を修飾する。

第 3 文の **do** は**代動詞**で，前文に戻って動詞を探すと worked があるところから do = work と決める。

第 4 文は**形式主語構文**で **〈It is ... for O to Ⓥ〉** とキャッチして「O がⓋすることは…である」とする。**avoid** は**(動)名詞を目的語**にし，to Ⓥを目的語にしない。

⑱ 演習 18 （問題→本冊：p.37）

"That is easy to understand, Dad," said the daughter. "Anything that can be handled, even if softer than butter, is called solid. So water is not solid, for I can't take up a pinch of it in my fingers as I can with sand."

【全文訳】「それはわかりやすいわ，おとうさん。たとえバターより軟らかくても手で持てるものは何でも固体と呼ばれるのだわ。だから水は固体じゃないんだ。だって砂だと指でつまめるのに水はつまめないんだもの」と娘は言った。

【解説】to understand は「理解するのに」の意味で，easy を修飾する副詞的用法の to

Ⓥ。Anythingの次のthatは関係代名詞主格(→22課)で，Anything that ...「…なものは何でも」。**even ifの後にはit isが省略**(→43課)。Anything ... is called solid. の
S　V(受)　C

callは〈call O C〉のパターンを取り，「OをCと言う[考える]」の意味。**solid**は名詞の場合は可算名詞でa solidのように使うが，本問では**aがないので形容詞**と判断する。forは接続詞(→5課)で「なぜなら」。ポイントはcan't〜as I can ... とasの前にnotがあることに着目して，**「とは違って」「なのに」**ぐらいに訳す。助動詞canの後に動詞の原形を補うと(→42課)，I can = I can take up a pinch in my fingersの意味である。with sand「砂については」「砂の場合は」。

19 演習19 (問題→本冊：p.39)

It happened so quickly, so unexpectedly, that Little Jon's cry was almost instantly cut short as the blackness closed over him. No one knew the hole was there. It hadn't been there the day before and in the twilight no one had noticed it.

【全文訳】それは実に速く，そして突然起こったので，暗闇が襲うと同時にリトル・ジョンの叫びはほとんど瞬時にさえぎられた。穴がそこにあるとは誰も知らなかった。前の日はそこになかったし，たそがれ時には誰も穴に気づかなかったのだ。

【解説】**冒頭のIt**は読み進むとわかる種類のitである。blackness, holeとあるので，itはリトル・ジョンが穴に落ちたことを指すと考えられる。so〜that ... は「とても〜なので…」(→52課)。cry was cut short は「叫び声はさえぎられた」。**接続詞as**は，
S　V(受)　C

この場合「(そのとき同時に)…が起こっている」のように使う。

第2文はknewの後にthatを補ってNo one knew [(that) the hole was there]. と考える(→12課)。ポイントは2つの過去完了であるが，knew, was, hadn't been, had noticedと，**述語動詞とその時制をマークする。knew, wasが2つの過去完了の基準時**と考えられる。

20 演習20 (問題→本冊：p.41)

It is necessary in America to go out and search for interesting things, and to arrange for them. They do not happen, as they seem to in other places, of their own accord. People do not come in uninvited for a talk, and there are not many places where people gather without previously making plans because Americans live privately.

【全文訳】アメリカでは出かけて行っておもしろいものを探してさらに，その手はずを

つけることが必要である。そういうことは，ほかの所だと自然に起こるように見えるのとは違ってひとりでに起こることはない。人々は招かれずに話に加わってくることはない。アメリカ人は他人とかかわりなく生活しているので，事前に計画しないで人々が集まる場所は多くない。

【解説】第 1 文は**形式主語構文〈It is C to Ⓥ〉**である。to Ⓥ が to go out and search for ～「出かけて～を探す」「～を探すために出かける」と to arrange ... の 2 つあるが，両者ともに It の真主語である。

第 2 文の of their own accord は，

They do not happen,
as they seem to (happen) ... , } of their own accord.

と，動詞(happen)と代不定詞 to の両方に続く。to はすぐ前の happen を見て，to happen と読みかえる。形容詞 uninvited「招かれないで」は，do not come に対する付加的補語である。**where** は places を先行詞とする**関係副詞**で，where 以下は形容詞節を作って places を修飾する。without は前置詞で，動名詞 making を目的語とする。previously は making を修飾する副詞。

21 演習 21 （問題→本冊：p.43）

In England one of the 'safest' subjects is the weather. Two Englishmen who meet for the first time and do not wish to get into an argument often talk about the weather. Then they say only the most obvious things — 'A bit cold today, isn't it?'

【全文訳】イギリスでは「最も無難な」話題の 1 つは天気である。初めて会って議論を始めたくないと思っている 2 人のイギリス人は，天気の話をすることが多い。そのとき彼らは，「ちょっと寒いですね」のように最も明らかなことしか言わない。

【解説】第 1 文は(of the ... subjects)とくくると，**one が is の主語**であることが明確になる。

第 2 文がポイントで，まず who の前から［who のようにカギかっこをスタートさせる。関係代名詞主格 who の述語動詞は meet と do not wish ... であることから，**talk が離れた述語動詞**で，主語は Englishmen。often は talk を修飾する副詞なので，who の支配範囲は argument］までである。wish は「～を望む」の意味の他動詞で，to get into argument「議論を始めること」を目的語にしている。

第 3 文で，**only** は「ただ～だけ」の意味の副詞だが，「ただ～と言う」では日本語として不自然なので，「～としか言わない」とする。

22 演習 22 (問題→本冊：p.45)

People who already know a lot tend to learn new things faster than people who do not know very much. Mainly this is because knowledgeable people will have less to learn; they already know many of the key elements in the new concept. In learning about a railroad, for instance, they possess a large amount of related knowledge that makes it unnecessary to explain a lot of secondary facts about how wheels work, what the nature of iron is, and so on.

【全文訳】すでに多くのことを知っている人々はあまり多くを知らない人々よりも新しいことを速く覚える傾向がある。主にこれは，物知りの人々は覚えることがより少ないと思われるからである。彼らはすでに新しい概念の重要な要素の多くを知っているのだ。たとえば，鉄道のことを学ぶ際に，彼らは，多くの関連した知識を持っているが，その知識のおかげで，車輪がどのようにして動くか，鉄の性質はどんなか，などについて副次的な事実を多く説明する必要がないのだ。

【解説】第 1 文は［who already ... lot］「すでに多くを知っている」と［who do not ... much］「あまり多くを知らない」の 2 つの形容詞節をカギかっこに入れること。much は know の目的語になっている代名詞。

第 2 文の **because 以下は is の補語**になっている。will は推量の意味の助動詞。to learn は have の目的語である代名詞 less を修飾しており，「学ぶべき～」の形容詞的用法。in the new concept「新しい概念における」は elements を修飾している。many は know の目的語になっている代名詞。

第 3 文は，**that** は後に makes と V が続いていることから，**関係代名詞主格**であることをつかむのがポイント。前置詞 about「～について」は how 節，what 節を目的語にしている(→ 13 課)。なお，possess の目的語は 1 語だけ挙げると amount (of related knowledge) で，関係代名詞 that の先行詞でもある。

23 演習 23 (問題→本冊：p.47)

Each whale has its own characteristic song but composes it from themes which it shares with the rest of the whale community.

【全文訳】一頭一頭，鯨は独自の歌を持っているが，その歌は鯨社会のほかの仲間との共通のテーマ曲をもとにして作曲したものである。

【解説】own「自分自身の」，characteristic「特有な」はともに形容詞だが，あわせて「独自の」，「それ特有の」とした。ポイントの which は，後に続くのが it (S) shares (Vt) (with ～) となるが，shares「を共有する」の目的語が必要なので，which をその目的語と認定する。which の先行詞は themes である。the rest of ～で「～のそのほかの人々［もの］」で，この場合は「ほかの鯨」とする。

24 演習 24 （問題→本冊：p.49）

To understand any society one must look first at its values. Those values which still have the most importance in the United States are freedom, independence, competition, individualism and equality.

【全文訳】どんな社会でもそれを理解するためには，まずその価値観を考察しなければならない。今なおアメリカ合衆国で最も重要な価値観は，自由，独立，競争，個人主義，そして平等である。

【解説】第 1 文 To ... society は目的を表す to Ⓥの副詞的用法(→ 62 課)。否定語と一緒でない any は「どんな…でも」の意味。

第 2 文の **Those** がこの課のポイント。関係代名詞 which と連動しているので「あの」と訳さない。which 節は are の前までで，are の主語は values。which は主格。most は greatest と同じ意味を持っているので have the most importance「最大の重要性を持つ」→「最も重要である」とする。

25 演習 25 （問題→本冊：p.51）

Our Asian cultures teach us moderation in everything we do, and it is not for us to conquer nature but rather to live in harmony with it. We should refuse to join in the rat race that causes high blood pressure and heart attacks. The quality of a good life seems to me to be made up of living simply, closer to nature.

【全文訳】私たちのアジアの文化から私たちはすべての行動に節度を守るよう学ぶし，私たちは自然を征服するのではなく自然と仲良く暮らすべきである。私たちは高血圧と心臓発作の原因になる生存競争に参加するのを拒否すべきである。良い生活の本質は，私には，質素にそして自然により近いところで暮らすことに思える。

【解説】第 1 文の前半の文型は cultures (S) teach (Vt) us (O1) moderation (O2) だが，「文化が私たちに節度を教える」「文化から私たちは節度を学ぶ」ということ。in everything「すべてにおいて」「すべてに関して」。ポイントは everything we (S) do (V) で，**we の前に関係代名詞目的格 that が省略**されていると考え，「私たちがするすべてのこと」「私たちのすべての行動」と理解する。

後半は not を to conquer「～を征服すること」の前に移動するとわかりやすい。**〈not A but (rather) B〉A でなく (むしろ) B」**の構文。第 2 文で causes の前の **that は関係代名詞主格**で「～を起こす／～の原因になる (生存競争)」とした。第 3 文は以下のように，(of ... life)，(to me) とくくると構造が明確になる。

quality (S) seems (Vi) (to be made up of ... (C →(不)(V)(受))

「本質は…から成り立っているように思われる」と，意味もはっきりする。

26 演習 26 （問題→本冊：p.53）

Cultural evolution is the major factor responsible for human population increase. Cultural evolution includes the various ways in which human intelligence and socialization have been used by people to make life easier.

【全文訳】文化の発展は人口増加の原因となる主な要因である。文化の発展には，人間の知性と社会化を人々がより暮らしやすくするために利用してきた，そのさまざまな方法が含まれる。

【解説】第 1 文で，is の補語である factor を responsible 以下が修飾している。

第 2 文の文型は evolution (S) includes (Vt) ways (O)「発展は方法を含む」で，in which 以下がこの課のポイント。**which の先行詞は ways** だから，in which を in the ways と直して関係詞節の述部と結合させて考えると，

intelligence and socialization (S) have been used (V) (by people) in the ways

「知性と社会化は人々によってそういった方法で利用されてきた」となる。この文をもとに the ways を中心にした名詞表現にすると，「知性と社会化を人々が利用してきた方法」となる。

to make (Vt) life (O) easier (C)「生活をより容易にするために」は，述語動詞 have been used を修飾する副詞的用法の不定詞。

27 演習 27 （問題→本冊：p.55）

Likable people do not take themselves or their jobs too seriously. This is true in presentations and in face-to-face relationships. Are you the kind of person others enjoy being around? The answer to that question may be important to your career — and to your life.

【全文訳】人好きのする人々は，自分のことも仕事のこともあまりにも深刻にとることはない。これは人前で話す場合や人との接し方において当てはまる。あなたは他人が喜んでそばにいてくれるような種類の人ですか。その質問に対する答えはあなたの経歴，そして人生にとって重要であるかもしれない。

【解説】第 1 文は not ... too seriously「あまりに深刻に…することはない」「あまり深刻に…しない」とした。

第 2 文の This は前文の内容を指している。presentation は「集団の前で話すこと」。

第３文は本課のポイントで，文の骨格は以下の通り。

Are you the kind of person [others enjoy being around] ?
V S C S Vt O

the kind of person と others 以下の結合をどう理解するか。others 以下の語では around という前置詞が目的語を必要とする。**around の目的語**がその直後になければ節の先頭部分，つまり **others の前に隠れている**と考えて the kind of person (whom) others enjoy being around とする。be around N「N の周囲にいる」が enjoy の目的語になって動名詞 being になっている。「他人が，（その）周りにいて楽しいと思う種類の人」の意味になる。

28 演習 28 （問題→本冊：p.57）

Speaking a foreign language brings about more change: we grow more direct. "Je t'aime" comes much more easily than "I love you." Entering another tongue, we steal into another self, and under cover of that other self speaking a foreign tongue, we are enabled to start all over again in creating a self we have always secretly wanted to be.

【全文訳】外国語を話すとより多くの変化がもたらされる。私たちはより率直になる。「ジュテーム」の方が「アイラヴユー」よりもずっと簡単に言える。外国語を使うと，私たちはいつの間にか別の自分になって，外国語を話す別の自分にかこつけて今までひそかになりたいと思っていた自己を創造してもう一度やり直すことができる。

【解説】第１文の主語は動名詞 Speaking。

第２文の **much は比較級を「ずっと，はるかに」と強める副詞**。ただし可算名詞に付いた more を強めるときは many more books のようにする。

第３文の **Entering** は，**分詞構文**（→ 67 課）で **When we ...** のニュアンス。Entering another tongue「別の言語に立ち入る」とは第１文の Speaking a foreign language と同じ意味。that other self「その別の自己」の後に続く **speaking は現在分詞**で，a foreign tongue を目的語としているので self の後に置かれた。最後の be の補語がないことに着眼して a self (that) we have ... wanted to be「（私たちが）これまでいつもなりたいと思っていた自己」と，補語の役割をする **that の省略**をキャッチする。in creating は〈**前置詞(in)＋動名詞**〉で，「創造して，創造しながら」の意味。

29 演習 29 （問題→本冊：p.59）

Most proverbs date back to an agricultural civilization when machines played a very minor role. The lessons are simple, direct and basic. “A stitch in time saves nine”; “live and let live”; “out of sight, out of mind”; “necessity is the mother of invention”; “the grass is always greener on the other side of the fence.”

【全文訳】たいていのことわざは機械が非常にささいな役割しか持たなかった農耕文明にまでさかのぼる。それらの教訓は簡単，端的そして根本的である。「好機の 1 針は 9 針の手間を省く」（適当なときに 1 針縫えば，後で 9 針の労が省ける），「おのれも生き，他も生かせ」（世の中は持ちつ持たれつ，他人には寛容に），「去る者は日々にうとし」，「必要は発明の母」，「隣の芝生は青い」。

【解説】第 1 文中ほどの **when** が**関係副詞**だが，in the civilization「その文明においては」と副詞句に置き換えて考えてみるとよい。when 以下は，civilization に対する形容詞節である。

ことわざ部分は，in time「ちょうど良いときに，間に合って」，save「～を省く」，let live は let (others) live「（他人を）生かせ」（let は使役動詞，したがってその後の live はⓋ），(If a person is) out of sight, (he or she is) out of mind. と考える。the grass is ... は，直訳では「芝生は垣根の向こう側ではいつも（自分の側）より青い」。

30 演習 30 （問題→本冊：p.61）

If all goes well, children come to learn several basic conversational skills by 12 months of age. This is largely due to the way mothers develop their own special way of talking, to get the most out of their children — a style which is usually called ‘motherese.’

【全文訳】すべてがうまくいけば，子どもは生後 12 か月までにはいくつか基本的な会話技術を覚えるようになる。これは主に，母親たちが自分の子どもからできるだけ言葉を引き出すために彼女たち独特の話し方（普通「母親語」と呼ばれる話し方）を身に付けるためである。

【解説】第 1 文 if 節中の well は「申し分なく，うまく」の副詞。

第 2 文の This は前文の内容を指す。the way の後に in which か that を補って the way (in which) mothers develop ～「母親たちが～を開発する[～を身に付ける]そのやり方」「母親たちが～を身に付ける（その）ありさま」だが，訳文は日本語の関係で way ははっきり訳出しなかった。a style 以下は their own special way「（彼女たち）独特のやり方」の言い換え。関係代名詞 which（主格）の先行詞は style「やり方」である。

31 演習 31 （問題→本冊：p.63）

A machine has been developed that pulps paper and then processes it into packaging, e.g. eggboxes and cartons. This could be easily adapted for local authority use. It would mean that people would have to separate their refuse into paper and non-paper, with a different dustbin for each.

【全文訳】紙をパルプ化し，次にそれを加工処理して，たとえば卵箱そして紙パックといった容器にする機械が開発されている。これを地方自治体が利用できるようにするのは容易であろう。そうなれば，人々は廃物を，各々別のゴミ入れを使って紙と紙以外のものに分別しなければならないだろう。

【解説】第 1 文は，paper が名詞，it が代名詞で，and が processes (Vt) it (O) ... と何を結ぶかを考えて(→ 34 課)，**pulps** (Vt) **paper** (O) と理解できればしめたもの。そうすると **that** は 2 つの述語動詞の主語，すなわち**関係代名詞主格**(→ 22 課)と認定できる。先行詞は machine である。that 以下は machine に対する形容詞節 processes it into packaging「それを容器へと加工処理する」「それを加工処理して容器にする」。

第 2 文の This は第 1 文で話題にされた machine を指し，could はいわゆる控え目な推量を示す「～することができるであろう」。

第 3 文冒頭の It は，第 2 文の内容を受けて「この機械が自治体に利用されれば」(条件)となるので，would はその帰結。後の **would は控え目な推量**なので，訳は will とあまり差がない。with「～を使って」「～によって」。for each「各々用の」は dustbin を修飾している。

32 演習 32 （問題→本冊：p.65）

Dogs see a world that is blurred and colourless, apart from shades of grey: for they are short-sighted and have no colour vision. But a dog's sense of smell is to a man's what a symphony orchestra is to a small whistle. Some dogs have 220 million cells for smelling, compared with a man's 5 million.

【全文訳】犬は種々の濃淡の灰色を別にすれば，ぼやけて色のない世界が見えるのである。なぜかと言うと犬は近視で，色覚がないからだ。だが犬の嗅覚と人間の嗅覚を比べるとオーケストラと小さな笛の関係も同然である。人間の嗅覚細胞が 500 万個なのに比べて，2 億 2000 万個ある犬もいる。

【解説】第 1 文 **that** は**関係代名詞主格**で先行詞は world。that ... colourless までは world を修飾する形容詞節。コロンの後の for は接続詞(→ 5 課)。

第 2 文はいわゆる **A is to B what C is to D.「A と B の関係は C と D の関係(と同**

じ)」「A ： B ＝ C ： D」。文型を考えると A is (to B) ［what C is(to D)］「A は (B に

S Vi M

対して) ［C が(D に対しての)］ もの」。Reading is(to the mind) ［what food is(to the body)］.「読書は(精神にとって) ［食物が(肉体にとっての)もの］」となるが,「食物が肉体にとってのもの」とは「不可欠なもの」ということである。「オーケストラと小さな笛の関係」とは「比較にならない関係」ということ。

第 3 文の for smelling「臭いをかぐことのための」は cells を修飾する。man's 5 million の後に(cells for smelling)を補って考える。

33 演習 33 （問題→本冊：p.67）

C.A. Helvetius, the 18th-century French philosopher, once said, "Education makes us what we are." In a very real sense, education does make us what we are. We are very much the product of what we have learned and experienced in the past.

【全文訳】18 世紀のフランスの哲学者 C. A. エルヴェシウスはかつて「教育のおかげで現在の私たちがあるのだ」と言った。実に本当の意味で，まさに教育のおかげで現在の私たちがあるのだ。私たちはまさしくこれまでに自分たちが学び経験したことの産物なのだ。

【解説】第 1 文の the 18th-century philosopher は Helvetius の同格語である。once は述語動詞の前にあって「以前，かつて」の意味。

Education makes us ［what we are］.

S V O C

「教育は私たちを現在の私たちにする」→「教育によって私たちの人格ができる」。第 2 文の **does は強意の助動詞**で「実際に」「本当に」。very much は名詞(群)の前で「まさしく」と意味を強める。前置詞 of の目的語は what 以下。what は関係代名詞で，what ... past は名詞節。節内の文型は以下の通り。

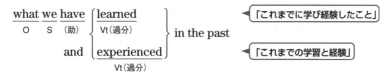

what we have ｛learned / and experienced｝ in the past

O S (助) Vt(過分) / Vt(過分)

◀「これまでに学び経験したこと」

◀「これまでの学習と経験」

34 演習 34 （問題→本冊：p.69）

If you find that you are not the best in your class, no matter how hard you try, perhaps your goal is too high. It is better to do as well as you possibly can, and then learn to be happy for the person who gets the best grades.

【全文訳】どんなに一生懸命努力してもクラスで１番になれない場合は，おそらく目標が高すぎるのだろう。できるだけしっかり勉強して，それから一番良い点数が取れる人のことを喜ぶことができるようになるほうがよい。

【解説】第１文の no matter how hard you try「どんなに一生懸命努力しても」は譲歩の副詞節で，find「（～ということ）を知る」を修飾する。try は may try となることもある。find の直後の that は接続詞で，［that ... class］は find の目的語(→ 11 課)。第２文の It は形式主語で to Ⓥ以下が真主語。ポイントは and のつなぐものの発見。and の直後の then は副詞なので，（？）and (learn to be ...) と設定し，learn は動詞の(活用が)何形かを考える。現在形なら主語が必要だが見当たらないので It を learn の主語とするのは無理。したがって learn は do と結ばれる原形で以下のように考える。

It (S(形)) is better (to (S(真)) { do ... / and (then) learn to be ...)

learn to Ⓥは「Ⓥできるようになる」。be happy for ～「～のことを［～のために］喜ぶ」。関係代名詞 who の先行詞は person。

35 演習 35 （問題→本冊：p.71）

Various people exhibit various cultural characteristics. Each people has its own way of doing things and its own “personality.” To be different, to do things differently, is not to be better or worse, superior or inferior.

【全文訳】さまざまな人々がさまざまな文化的特徴を見せる。各国民は独自の物事の処し方と独自の「国民性」を持っている。異なること，つまり，物事を違ったやり方ですることはどちらが良いというのでも悪いというのでもなければ，どちらがすぐれているというのでも劣っているというのでもない。

【解説】第２文の people は Each「各々の」が付いていて，述語動詞は has であることから集団的まとまりを持った people と取り，「国民」とする。

第３文のポイントは or が結ぶものをキャッチすることである。better(②) or worse(①) そして superior(②) or inferior(①) と①→②の順番でキャッチする。さらに is の主語を考えると以下のようになる。

(To be different), (to do things differently)], is not to be { or { better / worse, or { superior / inferior).

なお，**not A or B** は「**A でも B でもない**」と両方きちんと否定すること。

36 演習 36 （問題→本冊：p.73）

Computers are an obvious part of technology that reaches into most people's lives. Computers answer telephones, retrieve information instantly, read and answer letters, and make mathematical computations in much less time than a person can.

【全文訳】コンピューターは科学技術の，たいていの人々の生活に入り込んでいる明白な一部分である。コンピューターは電話に応答し，情報を直ちに検索し，手紙を読み，それに返事を出し，人間には無理なずっと少ない時間で数学的な計算をする。

【解説】第 1 文の that は関係代名詞主格で，先行詞は part of technology「科学技術の一部」。第 2 文の and に注目するのがポイント。また read and answer の部分にカンマがないので，セットにして letters を目的語と考える。文の構造は以下の通り。

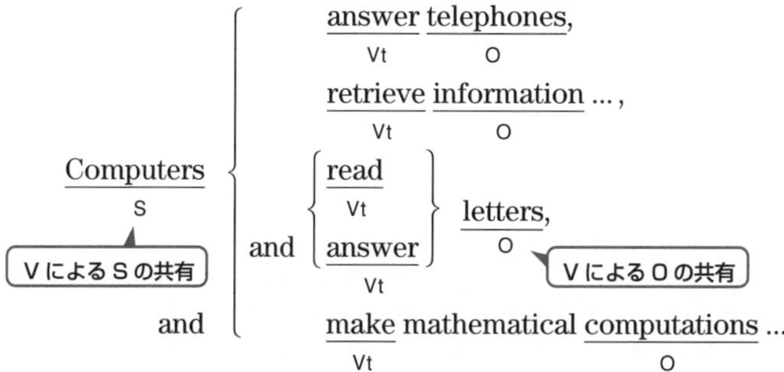

なお **much は比較級で less を強めて「ずっと～」**の意味。can の後には do が隠れている（→ 42 課）。in less time than a person can「人間ができるより少ない時間で」は，He has more books than he can read.「読み切れない（ほどの）たくさんの本を持っている」を参考にすると，「人間にはできないような短時間で」となる。

37 演習 37（問題→本冊：p.75）

> Man's progress in making weapons and tools, first of bronze and then of iron, accompanied the development of agriculture and the domestication of horses, sheep, and oxen.

【全文訳】人類が，最初は青銅で，次に鉄で武器と道具を製造するまでに進歩したのは農業が発達し，馬，羊，牛を飼いならしたことに伴ったものである。

【解説】Man's progress in ～「人類［人間］が～において進歩したこと」。ポイントは first of bronze and then of iron で and が結ぶものを的確にキャッチすることにある。
（副）　（副）

副詞をはずして of bronze and of iron と把握する。この of は〈make O of N〉「O を N で作る」の of で，2 つの of 句は動名詞 making に対する修飾語句である。

making { weapons / tools, } and { (first) of bronze / (then) of iron, ...

accompanied の目的語は **and** で結ばれた development と domestication で，各々 of agriculture, of horses ... oxen が修飾語句になっている。また次のように，**最後の of と 3 つの名詞の共通関係**もしっかりキャッチすること（→ 39 課）。

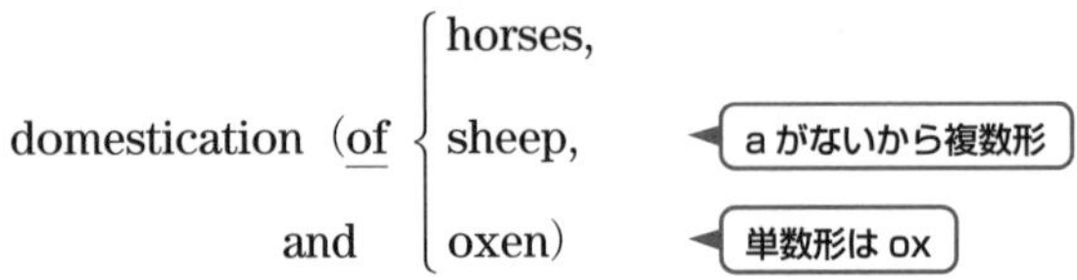

38 演習 38（問題→本冊：p.77）

> Some suggestions on how to encourage laughter for healing: instead of flowers, send the patient a funny novel, a book of jokes, a silly toy or humorous audio or video tape. Keep on the lookout for humorous happenings and stories that you can tell the patient about. Arrive at the bedside with a funny story instead of a complaint about the terrible traffic or the parking problem.

【全文訳】治療のために笑いを促す方法についてのいくつかの提案。患者には花ではなくこっけいな小説，笑い話の本，ばかげたおもちゃ，あるいはユーモアのある録音テープかビデオテープを送りなさい。患者に話せるようなユーモアある出来事及び物語を心がけて捜しなさい。病床に行くときには交通状況のひどさとか駐車するのが大変だったことについて不満を言わないで，おもしろおかしい話をしなさい。

【解説】第 1 文では how to ... という〈疑問詞 + to Ⓥ〉が前置詞 on の目的語になっている。on 以下は suggestions に対する修飾語。コロン以下の**最初の or** は novel, book，toy，tape を結んでいる。**2つ目の or** は audio と video を結んでいるので，ともに tape を修飾する。humorous は tape に対する修飾語。

第 2 文の前置詞 for の目的語は happenings と stories。下線部の **that** は**関係代名詞**で，文尾の前置詞 about の目的語である。

39 演習 39 （問題→本冊：p.79）

Boston has a claim to be the cradle of American life. It is a big, vital, beautiful city, but one torn by the racial tensions of "busing" and the racial violence of everyday life.

【全文訳】ボストンはアメリカでの生活の発祥地と言っていい。それは大きく活気のある美しい都市だが，「政策的に児童をバス通学させること」から生じる人種間の緊張と日常生活の人種間の暴力に悩む都市でもある。

【解説】第 1 文の has (V) a claim (O) (to be ～「～である権利を有する」は can be called (V(受)) ～ (C)「～と呼ばれ得る」とほぼ同じで，「～に値する」と訳してもよい。第 2 文の and がポイント。and の直後が the racial violence ... なので，and の前のほうに同じ雰囲気を持った the ～を探す。the racial tensions ... が前置詞 by の目的語なら，the racial violence も同様に by の目的語となる。また第 2 文前半の but が結ぶものは one(=〈a/an +単数名詞〉なので，a (city) と a (big, ...) city である。tensions of "busing" の of は caused(過分) by ～「～に起因する」の意味。

It is { a ... city,
but { one torn **by** { the racial tensions ...
and { the racial violence ...

by は tensions と violence の共通の前置詞

40 演習 40 （問題→本冊：p.81）

In winter, people usually tend to decrease their activity and save energy. They aren't as active or as physically fit as they are in summer. Such inactiveness, however, could affect their well-being. If you want to maintain good health and have a good figure, don't let winter keep you from your regular activities and exercise.

【全文訳】冬には，人々は普通よく活動を減らしてエネルギーを節約する傾向がある。夏ほどは活発でもないし，体調が良くもない。しかしながら，こういう不活発さが人々の健康に影響することがあろう。もし良い健康状態を維持してスタイルを良くしていたいなら，冬だからといって規則正しい活動と運動から遠ざかってはいけない。

【解説】第 1 文の **and** と第 4 文の If 節の **and** に着目すると，2 つの原形（decrease と save）による **to の共有**が見える。第 2 文の **or** が結ぶものの発見がポイント。or の直後と前のほうに **as** があることに注目し，前の as active と as（physically）fit を並べると，以下のようになる。

They aren't { **as**（副） active（形） / or **as**（副） (physically) fit（形） } **as** they are ...（接） ◀ 2 つある副詞の as が接続詞 as を共有

第 3 文の could は控え目な推量「〜だろう」。なお let は使役動詞なので，keep は Ⓥ。〈使役動詞 + O + Ⓥ〉 のパターン。

41 演習 41 （問題→本冊：p.83）

Apes and monkeys in the wild are not separated for more than a few minutes from their newborn babies, so that it is impossible to know if the first twelve hours after birth are particularly important to bonding or even if such a process occurs.

【全文訳】野生の類人猿そして猿は生まれたばかりの赤ん坊から離れるのはせいぜい数分である。その結果，生まれてすぐの 12 時間が母子の絆にとって特に重要か，あるいはそういった過程が起こるのかどうかさえ知るのは不可能である。

【解説】are not separated for more than a few minutes「数分を超えて離されることはない」→「離れるのはせいぜい数分」。**it** は**形式主語**（→ 48 課）で，to know 以下が真主語。**or が結ぶものを確定する**のがポイント。even if「たとえ…でも」と取っては副詞節になってしまい，or の前に副詞表現を見つけなければならない。know の直後の if 節は名詞節と解すべきなので，**（even）＋ if 節（名詞節）**と理解する。以下，構造の確認。

know（V） { if 節（O） / or even if 節（O） }

なお，such a process「このような過程」とは，文脈から a process of bonding「絆作りの過程」のこと。

42 演習 42 （問題→本冊：p.85）

I'm sure you remember John Everhart. Well, he left this world last week. I have yet to meet anyone who can tell a story like he could. He retired from the Army and came back home to an apartment not too far from where he was born. He was killed by a hit-and-run driver. No suspects. No arrests.

【全文訳】きっとあなたはジョン・エヴァハートを覚えていることと思います。あの…，彼は先週この世を去ったんです。私は彼みたいに話のできる人にはまだ会っていません。彼は陸軍を退いて故郷の生まれた所からあまり遠くないアパートに戻って来ました。彼はひき逃げされたのです。容疑者は見つかっていません。逮捕は一件もありません。

【解説】第 1 文は sure の後に**接続詞 that を補って**考える（→ 12 課）。

第 2 文の left は world を目的語とする他動詞で，原形は leave。

第 3 文の助動詞 **could** を考えるのがポイント。**like** は**接続詞**で，様態「～のように，～と同じやり方で」の as（→ 5 課）と交換可能。can tell a story と could を見比べると could (tell a story) と見抜ける。have yet to...の中に否定的な意味が含まれているので anyone となっている。who は関係代名詞主格で can tell の主語。who 節（who ～ could）は anyone を限定するため「彼のように話ができる（うまい）人…」とする。

第 4 文の home は副詞で「故郷へ」の意味だが訳語の都合で「故郷の」とした。where は関係副詞で where 節は前置詞 from の目的語になっている名詞節。far は副詞だが not ～ born は apartment を修飾している。

43 演習 43 （問題→本冊：p.87）

In Wales, Scotland and Ireland a seaweed called Sea Lettuce, because its green leaves look like lettuce leaves when seen in a pool, has been eaten for hundreds of years. The seaweed is gathered, cleaned and washed, then boiled and served like cabbage.

【全文訳】ウェールズ，スコットランド，アイルランドでは，水たまりに入れて見ると緑色の葉がレタスの葉のように見えるためにシーレタスと呼ばれる海草が，何百年間か食べられてきた。この海草は，集め，付着物を除き，洗った上で，キャベツのように煮て食卓に出される。

【解説】第 1 文の **called** を**過去分詞**と判断し（→ 66 課），**because 節［because ～ pool］が修飾するのは called** であるのを押さえる。ポイントは because 節の when seen に主語などを補うことにある。because 節の主語は its ... leaves なので，when (they are) seen とする。この第 1 文の大きな骨格は以下の通り。

a seaweed called Sea Lettuce has been eaten
S V(現完・受)

「シーレタスと呼ばれる海草が食べられてきた」

第 2 文では 5 個の過去分詞が is につながっている。like cabbage は，boiled と served を修飾している。

44 演習 44 (問題→本冊：p.89)

To a foreigner, a group of Japanese is a threat, a single Japanese is just another human being. Foreigners who are interested in meeting Japanese people will approach single persons, but not groups.

【全文訳】外国人にとっては，日本人の集団は脅威だが，一人の日本人はただのほかの人間に過ぎない。日本人に会う気のある外国人は個々の日本人には近づきはするけれども，集団となっている日本人には近づかない。

【解説】第 1 文の To a foreigner は 2 つの節につながっており，文尾に移動すれば以下のようになる。

a group of Japanese is a threat,
S Vi C

a single Japanese is just another human being.
S Vi C

} to a foreigner.

just = only, merely
「単に～に過ぎない」

第 2 文の **who** は**関係代名詞**で，その支配範囲は will の前まで。but の前の主節部分の構造は以下の通り。

Foreigners [who are interested (in meeting Japanese people)]
S S Vi C C(前) (動名)(Vt) (O)

will approach single persons, but not groups.
Vt O

さて but 以下にある名詞 groups の役割は？ groups と意味上対応する語は persons で，not が接着し得る語は will なので，以下のように並べると空白部分の省略が見えてくる。

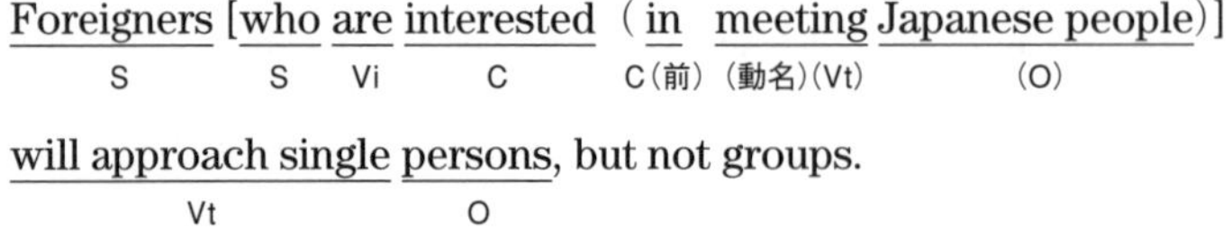

	Foreigners will		approach	single persons,
but		not		groups.

なお，will は傾向・習性・習慣を表すので，「～なものだ」ぐらいに訳す。

㊺ 演習 45 （問題→本冊：p.91）

Some people are able to consider unemotionally all the good points and bad points of a decision. This method is certainly effective, although most of us generate emotions that interfere with logic. Let me repeat that you cannot make "no" decision, only a decision either to risk a choice or a decision not to risk a choice.

【全文訳】決心したことの長所と短所をすべて感情に動かされずに検討することのできる人がいる。確かにこの方法は効果的である，とは言うものの私たちの中の大部分の者は論理を阻害する感情を来たす。繰り返して言わせてもらうと，決心「しない」ということはできないし，むしろいちかばちか選択する決意をするか，敢えて選択しないという決意をするしかないのだ。

【解説】第 1 文の unemotionally は副詞で，consider(Vt) と 2 つの points という目的語の間に割り込んでいる。

第 2 文の副詞 certainly は文中に入り込んでいるが，文修飾の役割を果たしている (→ 100 課)。although 以下は文の流れから，また直前にカンマがあるので追加的に使われていると考え，主節の後に訳すのがよい。interfere の前の **that** は**関係代名詞主格**である。

第 3 文は Let の後の repeat がⓋで，その目的語である that 節内のカンマの前後を比較して以下のようにとらえる。

you cannot make "no" decision, ◀カンマ＝but

(you can) only (make) a decision either (to risk a choice)
or (a decision) not (to risk a choice),

カンマの後に not を置かないこと。**カンマが but の役割を果たしていて** (→ 8 課)，decision を to risk，not to risk が形容詞的に修飾している (→ 57 課)。

㊻ 演習 46 （問題→本冊：p.93）

Portugal is different. It is the country that delivers the images you dream up in your mind. Whether it is the winding alleys of the ancient Alfama district in Lisbon or the colorful fishing boats in the Algarve region of southern Portugal, there are pictures to be had here that rival those in your imagination.

【全文訳】ポルトガルは違っている。ここは心の中で思い描いた画像の得られる国である。リスボンの昔ながらのアルファマ地区の曲がりくねった路地であれ，南ポルトガルにあるアルガーヴェ地方の色とりどりの漁船であれ，ここでは想像していた画像に匹敵する写真を撮ることができる。

【解説】第 2 文は文の流れから〈It is, that〉の強調構文(→ 50 課)ではないと判断する。つまり It = Portugal であり, **that** は country を先行詞とする**関係代名詞主格**である。country の前にある定冠詞の the は, 第 1 文の, ほかの国とは different「違う」,「唯一の」であることを示唆している。you dream ... の節は images に対する接触節(→ 25 課)である。

第 3 文の Whether 節は譲歩の副詞節なので,「～であろうと…であろうと」とすればよいが, it は文脈から「写真の被写体」を暗示している。

下線部の主節がこの課のポイント部分で, 以下のように考える。

there are(V) pictures(S) to be had(P) → pictures(S) are to be had(V)

文脈から had=taken。述部の〈be to be + 過分〉は〈can be + 過分〉である(→ 58 課)。here = in Portugal。 **that** は, 離れているが, pictures を先行詞とする**関係代名詞主格**である。those 以下は第 2 文の the images you dream...と意味が重なるが, those = the pictures と押さえ, in your imagination は those を修飾しているととらえる。

47 演習 47 (問題→本冊: p.95)

The story was told that one day, while comfortably propped up in bed, Rossini composed a section for one of his operas. When he was nearly finished, the sheet of music dropped from his lap onto the floor. He groped for the music, but he couldn't reach it. Rather than get out of bed, he decided to write the music over again.

【全文訳】ある日, ロッシーニが気持ち良くベッドに体をもたれながら, オペラの一楽節を作曲した, という話がある。もう少しで終わりそうになったとき, 楽譜が膝から床に落ちた。彼は手探りでその楽譜を捜したが, 手に取ることができなかった。彼は, ベッドから出ないで, もう一度初めからその曲を書くことにした。

【解説】第 1 文は The story was told「話が語られた」「話がある」。that 以下は(while ... bed)とくくると Rossini (S) composed (Vt) a section (O)で文型が完結しているので, **that は「格」がなく接続詞**。that 節は story に対する同格節。while の後に he was を補う(→ 43 課)。for one of his operas「彼のオペラの 1 つの(ための)」は section を修飾。

第 2 文は nearly「もう少しで～するところ」, be finished(with N)「(人が)N を終える」, the sheet of music「(1 枚の)楽譜」, rather than Ⓥ／Ving「V するよりも, V しないで(むしろ)」。

第 4 文の get はⓋ, over again は「もう一度初めから」という意味。

48 演習 48 （問題→本冊：p.97）

It is true that various forms of communication can be used in various ways to satisfy a variety of needs. But it is also true that particular forms are better at doing some things than others. Photographs are good at representing visual aspects of the world.

【全文訳】なるほどさまざまな意思伝達の形態が多様な必要を満たすためにいろいろな方法で利用できる。が，また実際に，特定の形態がほかと比べて事によってはうまく処理できる。写真は世界の目に見える面を表現するのにすぐれている。

【解説】第 1 文も第 2 文も It is true that ... とあるので，**It は形式主語**であることが明白。**It is true that ... は，直後の But と呼応**して「**なるほど…だ(が)**」の意味になる。接続詞 that に導かれる名詞節内は forms（S）can be used（V・受）「形(態)は使われ得る」が骨格で，to satisfy「を満たすために」と in various ways が can be used を修飾している。

第 2 文の名詞的 that 節内は，be good at ～「～が得意，～がうまい」において，good を be better at ～ than ... と比較表現にしたもの。others は「他人」としてはいけない。particular forms「特定の形態」の比較の対象が others だから other forms のことと理解する。

第 3 文の representing は前置詞 at の目的語になっている動名詞で，この動名詞の目的語が aspects。

49 演習 49 （問題→本冊：p.99）

The theory goes that Japan has achieved economic power solely through human resources. It is the hard work and thriftiness of the people which has enabled Japan to rebuild itself from almost complete destruction during the war. Now it seems that many young Japanese are not so hardworking and thrifty.

【全文訳】日本は人的資源によってのみ経済力を獲得したのだという説がある。国民が勤勉で倹約するからこそ日本は戦争中のほぼ完全と言っていいほどの破壊状態から立ち直ることができたのだ。現在では日本の若者はそれほど勤勉で倹約家でない人が多いようだ。

【解説】第 1 文の that 節は theory と関連させる。that 節内で Japan（S）has achieved（V・現完）economic power（O）「日本は経済力を得た」と文型が完結しているので，**that は接続詞**で，theory に対する同格節（→ 47 課）。

第 2 文は **〈It is, that/which〉 の強調構文**（→ 50 課）。第 2 文の and が結ぶものを考えると，以下のような**共通関係**がわかる。

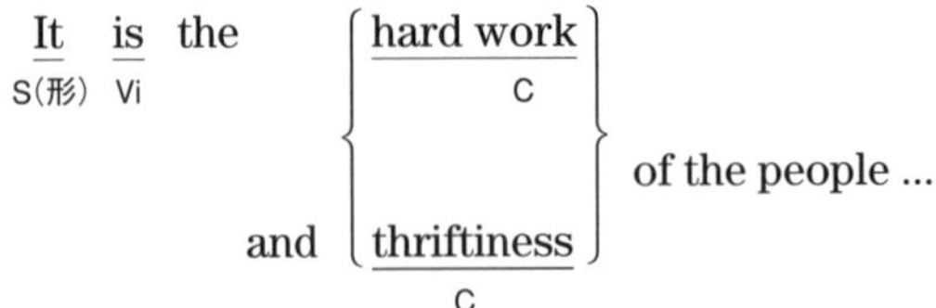

訳については which 以下が長いので，前から「勤勉で倹約することこそが」と強めて訳した。〈~ enable O to Ⓥ〉を「~によって O はⓋすることができる」と訳すと，日本語らしくなる。

第 3 文が本課のポイントで成句的な it seems that ...「…らしい，…のようだ」。

50 演習 50 （問題→本冊：p.101）

When we buy something new, we're looking for something, unlike ourselves and our other possessions, perfect. It never stays that way for long and it's this period of disillusion and disappointment that we find so hard to live with.

【全文訳】私たちが何か新しいものを買うときは，自分自身と自分のほかの持ち物とは違って何か完全なものを求めている。その新しいものは長く完全なままでいることは決してなく，私たちがとても耐えがたいと思うのは，この幻滅と失望の期間である。

【解説】第 1 文の副詞的 when 節中の new は something を修飾しているので，「何か新しいもの」とする。主節中の最後にある perfect も同様に，something perfect で「何か完全なもの」とする。カンマにはさまれた unlike ~は perfect と関連させて「自分自身と自分のほかの所有物とは違って，完全な（何か）」とする。つまり「自分自身と今までの持ち物は完全ではないが，今度の新しいものは完全だ」と考える。

第 2 文の that way「そのように」とは perfect「完全（な状態で）」ということで，stays (Vi) that way (C)「そのようなままでいる」とする。and の次の it is ... that をマークする。it を文頭の It (= something) ととらえると，非論理的。it は形式主語か強調構文の it と考える。that の後に find の目的語がないので，強調構文と判断する。〈it is, that〉を除外して this period ... disappointment を目的語を持たない find の後に移動すると，以下のような構造になる。

we (S) find (V) this period (O) ... so hard (C) to live with

「私たちはこの…の期間をとても耐えるのが難しいと思う」という意味になる。**this period ... を〈it is, that〉ではさんで強調**している。to live with「耐えるのに」は hard を修飾している。

51 演習 51 (問題→本冊：p.103)

In trying to manage a language not our own, we find ourselves having to simplify ourselves, committed not to making impressive sentences, but just to making sense. Instead of hiding behind the complicated web of fancy expressions, we are forced to come out into the open and state in simple terms what exactly it is we want to say.

【全文訳】外国語を使いこなそうとするとき，私たちは印象的な文を作ることではなく，単に意味が通じることに専心して自分の考えを簡単にしなければならなくなる。複雑な網の目のようなこった表現の陰に隠れる代わりに，私たちは明るみに出てやさしい言葉で自分が言いたいのは一体何なのかを述べざるを得ない。

【解説】第 1 文で **In trying** は **「～しようとするとき(に)」** の意味になる。not our own は language「言語」を後ろから修飾している。次の we 以下の文型は以下の通り。

we find ourselves having to simplify
S Vt O C→(現分)(助)(Vt)

この補語の中心的な語 simplify を修飾しているのが **committed ～**である。これは**分詞構文**で being committed ～とできるが，being はよく省略される。「専心しながら，専心して」とする (→ 68 課)。〈**not A but B**〉(→ 8 課) をきちんと押さえること。

第 2 文の web of ～は「～でできている網の目，～の網の目」としてもよい。本課のポイントは state の目的語である **what 節**だが，**we の前に that を補う**とわかりやすい。exactly は疑問詞と一緒に使われて「正確には，一体」の意味になり，what 節を直接疑問にすると What exactly is it (that) we want to say? となる。

52 演習 52 (問題→本冊：p.105)

A motoring friend of mine sometimes obliges me to concede that you can see quite a lot of countryside through the window of a car. Indeed, there are now so many ‘scenic drives’ that the visitors to the countryside may feel deprived if their view is not framed in a car windscreen.

【全文訳】車を運転する私の友人のおかげで，かなりの田舎の風景が車の窓から見えるのを認めざるを得なくなることがある。実際，今では非常に多くの「眺めの良いドライブウェイ」があるので，田舎を訪れる人は，もしも景色が車のフロントガラスの枠に納まっていないと，景色を奪われた気になるかもしれない。

【解説】第 1 文で concede の後の **that** は**接続詞**で，that ... car は concede の目的語になる名詞節 (→ 11 課)。(through ... car) は see を修飾する前置詞句になっている。

第２文の **so** を見つけたら **that** をマークする。(to the countryside) は visitors を修飾する前置詞句で「田舎への（訪問者）」となる。Visitors (S) may feel (Vt) deprived (C・過分)「訪問者は奪われた感じがするかもしれない」となる。if 節は may feel を修飾する副詞節だが，〈frame O in N〉で「O を N で縁どる」の意味になる。「景色がフロントガラス（の枠）で縁どられないと」「景色がフロントガラスに入っていないと」とする。

53 演習 53 （問題→本冊：p.107）

> Why is literacy so important in the modern world? Some of the reasons, like the need to fill out forms or get a good job, are so obvious that they needn't be discussed. But the chief reason is broader. The complex activities of modern life depend on the cooperation of many people with different specialties in different places. Where communications fail, so do the activities.

【全文訳】なぜ現代の世の中では読み書きの能力がとても重要なのだろうか。その理由の中には書類に必要事項を記入するとか，良い職を得る必要のように，議論しなくていいほど明白なものもある。しかし主な理由はもっと幅広い。現代生活の複雑な活動はさまざまな専門を持ったさまざまな地域の多くの人々の協力に支えられている。意思伝達がうまくいかない場合には，活動もうまくいかない。

【解説】第２文の **like** は need を目的語とする**前置詞**なので，この前置詞句は「必要のように」となる。need を修飾しているのが to Ⓥ の〈to fill ... job〉であるが，以下のような**共通関係**を把握したい。

to { fill
or { get

Some of ～は「～の中には…する［である］ものもある」と訳す。so obvious that ... は「とても明白なので…」よりは「…なほど明白な」としたほうが流れが良い。

第４文の depend on ～は，「～に依存している」「～によって決まる［左右される］」としても構わない。

第５文の so do the activities は the activities fail, too の意味である（→ 94 課）。

54 演習 54 （問題→本冊：p.109）

Through conquest and acquisition the strong overpowered the weak and made slaves of the people. Those who were made slaves and serfs were compelled, through forced labor, to work for their masters and lords upon such terms and conditions as the owners and lords fixed for them.

【全文訳】征服と獲得によって強者は弱者を制圧して彼らを奴隷にした。奴隷や農奴にされた人々は，強制労働を通して，自分たちを所有している人々と領主が奴隷・農奴である自分たちに押しつけた条件で無理やり働かされた。

【解説】第 1 文の冒頭の前置詞を(Through ... acquisition)とくくり，以下の文構造を押さえる。

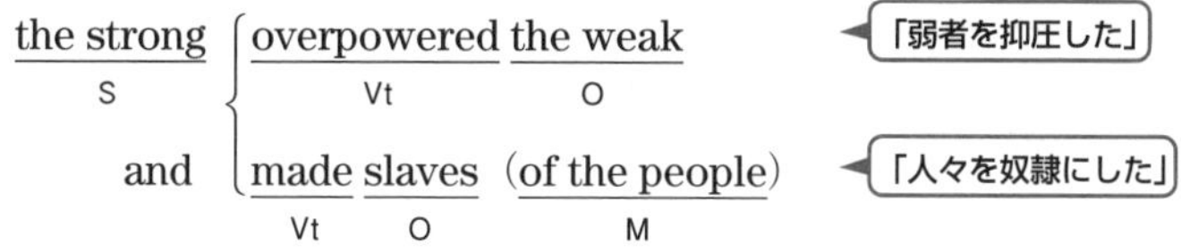

なお the people は文脈から the weak の言い換えと判断する。

第 2 文の Those who は＝ The people who であり，who 節は serfs までである。次に〈compel O to Ⓥ〉のパターンを思い浮かべ，それを受動態にして Those were compelled to work「人々は働くことを余儀なくされた」とする。ポイントは **such ～ as** に目を付けることにある。fixed の目的語は as であることを確認して［as ... them］のようにくくる。for them「彼ら（＝奴隷や農奴にされた人々）用に」の意味である。「彼らのために定めた（条件…）」→「彼らに押しつけた（条件…）」。

55 演習 55 （問題→本冊：p.111）

Although a friendly letter should be light-hearted and avoid familiar complaints and personal problems, there are times when you have to tell bad news. Don't use the shock approach. Prepare the reader with some introductory hints, then tell the full story, so your letter won't give the impression that there is worse to come.

【全文訳】親しみのこもった手紙は快活な内容が良く，ありふれた不平および個人的な問題は避けるべきであるが，悪い知らせを伝えなければならないときもある。（そんなときは）動揺を与える知らせ方をしてはいけない。読む人があなたの手紙でもっと悪い話があるという印象を受けないように，（読む人に）いくつか前置きとなるヒントを与えて心の準備をさせてから全部を伝えなさい。

【解説】第 1 文の従属節［Although ... problems］内は avoid も should につながる原形で，その目的語は complaints と problems である。主節内の **when** は**関係副詞**で when ... news の節は times を修飾している。

第 3 文の with ... hints は「…のヒントを使って」が直訳である。ポイントは ..., so ... won't にある。カンマがあるが，so を「それで」とはできない。**so** that ... won't と考える。impression［that ...］とすると，［　　］内は that を含まずに文型が成立しているので，**that 節は impression に対する同格節**である。さらに there is ... は worse is to come と同じ意味で，「もっと悪いことが（話で）出て来ることになっている」（→ 46 課）となる。

56 演習 56（問題→本冊：p.113）

Crying is the only reliable way in which young babies can signal the adults who take care of them — a way of communicating which includes a variety of cries to convey different information.

【全文訳】泣くのは生まれて間もない赤ん坊が自分の世話をしてくれるおとなに合図する唯一の確かな方法 — 異なった情報を伝えるさまざまな泣き声を含んだ意思伝達の方法 — である。

【解説】初めの部分で，まず **in which** に注目する。次に who に目をやると，

Crying is (the only reliable) way
S Vi C

が大きな骨格で，way に対して［in which ... them］が形容詞節として修飾しているのがわかる。さらに節内は babies (S) can signal (Vt) (the) adults (O) の文型になっている。in which (〈前置詞＋関代〉) については，which の先行詞は way なので，in the way「そのやり方で」と読み換え，さらに「young babies が大人に合図できる方法」とする（→ 26 課）。take の前の **who** は adults を先行詞とする**関係代名詞主格**。ダッシュ（–）の後は，**which** が includes を V とする**関係代名詞主格**（→ 22 課）で way が先行詞。

この課のポイントは終わりのほうにある **to convey** である。convey は information を目的語にしているが，この to Ⓥ を指で隠しても which includes a variety of cries と文型がくずれないので，この to Ⓥ は修飾語（句）であるが include ではなく直前の名詞 cries を修飾すると考えて「伝える（叫び）」とすると意味が通る。

57 演習 57 （問題→本冊：p.115）

Many young Japanese express the wish to become *kokusaijin*. They study English conversation, travel abroad, and may even make a point of claiming that they dislike Japanese food. It is probably better to be even that kind of *kokusaijin* than to be a nationalist who constantly insists on the superiority of everything Japanese.

【全文訳】「国際人」になりたいと述べる若い日本人が多い。彼らは英会話を習い，海外旅行をし，常に「和食が嫌いだ」という主張までするかもしれない。多分，そういった「国際人」であっても，絶えず日本のものは全部すぐれていると主張する愛国主義者であるよりはましだろう。

【解説】第 1 文の述語動詞 express の目的語 wish と，その直後の to Ⓥ がポイントである。wish にはやはり同形の動詞 wish があるところから，the wish to ... は「国際人になりたいという願い」とする。

第 2 文の may even make a point of claiming は「決まって…と主張することさえあるかもしれない」としてもよい。

第 3 文の **It** は**形式主語**（→ 48 課）で，to be even that kind of *kokusaijin*「そういう種類の国際人でさえあること」がその具体的内容である。than の後に it is を補うと，It is ... better to be ... than（it is）to be ... となる。**who** は**関係代名詞主格**で，who ... Japanese は nationalist を修飾する。the superiority of everything Japanese は everything Japanese is superior と読み換えられる（→ 72 課）。Japanese は everything を修飾する形容詞。

58 演習 58 （問題→本冊：p.117）

In the English-Japanese dictionaries which I have at hand, the word "privacy" is to be found. It is defined, however, not by an equivalent Japanese noun, but by an explanatory sentence, suggesting that the situation which the word describes has not had an important place in the Japanese tradition.

【全文訳】私の手元にある英和辞典には，「privacy」という単語が載っている。しかしながらその語は対応する日本語の名詞によってではなく，説明文によって定義されている。それによって「privacy」という語が表す状態は，日本の伝統の中で重要な位置を占めてこなかったことが察せられる。

【解説】第 1 文の **which** は**関係代名詞目的格**で have の目的語になっており，［which ... hand］までの節は dictionaries を修飾している。次に the word "privacy"（S）is to be found（V・受）と把握する。この be to ～は「見つけられる」と可能の意味だが，

「見つかる」→「載っている」とした。

第2文の however は最初に訳し，次に〈**not A but B**〉の構文を見落とさないようにする。**suggesting** は直前の名詞 sentence を修飾する**現在分詞**(→ 64 課) だが，目的語である that 節が長いので，日本文は別にした。この **that** は**接続詞**で (→ 11 課)，that 節内の骨格は the situation (S) has not had (Vt・現完) ... place (O) となっている。**which** は**関係代名詞目的格**で，describes の目的語になっている。[which ... describes] の節は situation を修飾している。

59 演習 59 (問題→本冊：p.119)

> Compare the amount of time you spend on crowded city streets to the time you spend walking along the seashore or through the woods. Your health is simply too important for you not to think of this. The difference in your health when fresh air is supplied to your lungs and blood is dramatic and obvious.

【全文訳】込み合った都市の通りで過ごす時間数を海辺か森を散歩して過ごす時間と比べてみなさい。健康は実にこのことを考えないわけにはいかないほど重要である。新鮮な空気が肺と血液に供給されるときの健康上の違いは感動的ではっきりしている。

【解説】第1文では you spend on ... streets は amount (of time) を修飾する接触節であり，you spend walking ... woods までも同様に to の後の time を修飾する接触節だが，**ともに spend の目的語が見当たらないところに着眼**する (→ 25 課)。なお the time は既出の the amount of time「時間量」「時間数」と同じ意味である。

第2文は too important ... this の構造を把握するのがポイント。つまり，以下のように構造をとらえる。

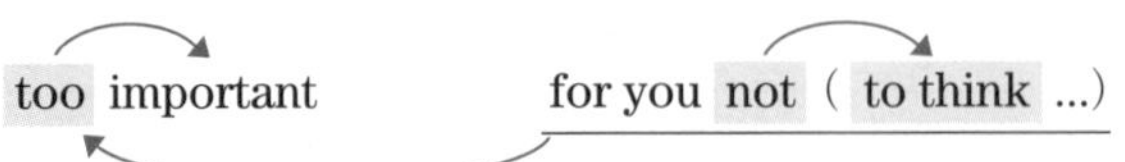

このように，not が to think を打ち消して，「(あなたが) 考えないのにはあまりにも重要だ」となる。

第3文は when ... blood までの節が difference を修飾すると考えると流れが良い。接続詞 when で始まる節が形容詞節になる例である。

60 演習 60 （問題→本冊：p.121）

All girls in Ames, even Shirley, baby-sat. When we were eleven or twelve, old enough for our mothers to approve our staying out late at night, we were expected to accept baby-sitting jobs eagerly.

【全文訳】エイムズの女の子は皆，シャーリーまでが子守をした。私たちは 11 歳か 12 歳で，母親たちに夜遅くまで外出しているのが認めてもらえる年になると，喜んで子守の仕事を引き受けるものと考えられた。

【解説】**第 2 文の副詞節**を把握するのがポイントになる。enough と old，そして enough と for ... to ～の関係は以下の通り。

old enough for mothers to approve ～ ◀「母親たちが～を認めるのに十分な年齢」

staying は動名詞で our がその意味上の主語である。（→ 65 課）「私たちが（外に出て）いること」となる。

61 演習 61 （問題→本冊：p.123）

When Chris Evert began her career as a tennis player it was still seen as unfashionable for women to be exercising and getting into shape. Also, women who wanted to win were seen as not being feminine. Chris Evert has made it possible for two generations of women to feel that running and sweating are OK.

【全文訳】クリス・エヴァートがテニスの選手として人生のスタートを切ったときは，まだ女性が運動して体作りをするのは時流に逆らうものと考えられていた。また勝ちたいと考える女性は女性らしくないと考えられた。クリス・エヴァートのおかげで 2 世代の女性たちが走ったり汗をかくのは結構なことだと思えるようになった。

【解説】第 1 文の When で始まる節は player までで，it was ... が主節になる。it は**形式主語**で，for ... shape までがその具体的中身。ここで for women to ... を「女性が…すること」と意味上の S と P の関係を把握しなければならない。文構造は以下の通り。

it (S) was seen (V（受）) as unfashionable (C)

第 2 文の who は関係代名詞主格で，who ... win までの節は women を修飾している。

women (S) were seen (V（受）) as not being feminine (C) ◀「女性は女性らしくないと考えられた」

第 3 文は文型を次のように押さえる。

Chris Evert has made it possible
S Vt O C

it は形式目的語(→ 7 課)で，中身は for two generations of women to feel ...「2 世代の女性たちが…と思うこと」である。feel の後の **that は接続詞**で，that 以下は名詞節をなし，feel の目的語である。

62 演習 62 (問題→本冊：p.125)

A proverb is often defined as a popular short saying, with words of advice or warning. But to become a proverb, a saying has to be taken up and assimilated by the common people. In the process, its origin is forgotten. Once it has become proverbial, the saying is used as part of popular wisdom; the user is no longer interested in its origin.

【全文訳】ことわざはよく，忠告や警告を含んで民衆の間に広まっている短い言葉と定義される。が言葉がことわざになるには，民衆に取り上げられて吸収されなければならない。その過程で起源は忘れられてしまう。いったんことわざになると，その言葉は民衆の知恵の一部として使われるが，使う人はもはやその起源には関心がない。

【解説】第 1 文は受動態である。with ～は「～を持った，～を含んだ」とする。popular は文の流れから，つまり第 2 文の taken up ... by the common people とつなげて「民衆の」「民衆の間に広まった」とする。

第 2 文の冒頭の But は弱い感じになっているので，「で」「が」ぐらいに訳す。**to become ... がこの課のポイント**になる。つまり述語動詞も持たない，目的語にもなっていない，また修飾する名詞もないところから**副詞的用法**と判断して，まずは目的「～するために(は)」とする。意味上の主語は a saying である。

第 3 文の process「過程」とは，「取り上げられて吸収される過程」である。

第 4 文の **Once** は**「いったん～したら」**という意味の**接続詞**。become proverbial は文脈から become a proverb と考える。

63 演習 63 (問題→本冊：p.127)

To be realistic, it would be very difficult to return to living standards of the past. But we can make efforts to reduce our energy consumption by conserving energy and developing new technologies.

【全文訳】現実的な話をすれば，過去の生活水準に戻るのは非常に困難であろう。が，エネルギーを保存しまた新しい技術を開発することによってエネルギー消費を減らす努力をすることはできる。

【解説】第 1 文は前課と似ているが，冒頭の **To be realistic** は意味上の主語を it would be ... の it とはできないところから，“if we ...” の意味の**独立不定詞**とする。「現実的に言えば」の意味である。**it は形式主語**で具体的内容は to return ... である。would は「だろう」を表す控え目な推量である。

2 文の前置詞 by の目的語は conserving と developing という 2 つの動名詞である。

64 演習 64 （問題→本冊：p.129）

Signposts, giving place-names, stand everywhere about the English countryside directing travelers to cities, towns and villages. Most counties have nameboards to mark their boundaries; and some of the more helpful also label streams and rivers.

【全文訳】地名標識がイギリスの田舎のいたる所に立っていて，それを見て旅行者は都市，町，村への道を知る。たいていの州に境界線を示す地名板があり，便利なものの中には小川や川の名が書いてあるものもある。

【解説】第 1 文の骨格は Signposts (S) ..., stand (V) ... directing (C・現分) である。directing は付加的補語である (*cf.* He (S) died (V) young (C). He died で文型は完成するので，young は付加された補語)。「(旅行者に都市…)への道を教えながら立っている」が直訳である。**giving** が前出の名詞 signposts を修飾する**現在分詞**で，この課のポイントになっている。この場合は place-names という付属物(この場合は目的語)を持っているので，名詞の後に置かれた。

第 2 文の **to mark** は nameboards を修飾し，それが to mark の意味上の主語なので，nameboards which mark ... と考えられる。後半部分の the more helpful は，地名板を「役立つもの」と「そうでないもの」に分けて考えている表現方法で，**絶対比較級**と言う。

65 演習 65 （問題→本冊：p.131）

One of the worst parts of urban life, as the sociologists call it, is riding in automatic elevators. The ride is all right. It is smooth and safe and free. But the silence gets a person. There is something strange about being sealed in a small room with a lot of other people without a word being spoken.

【全文訳】社会学者の言う都市生活の最も不快な面の 1 つは自動エレベーターに乗ることである。乗ることそのものは問題ない。円滑で安全でただである。しかし沈黙には閉口する。言葉が交わされることなくほかの多くの人と一緒に狭い部屋に閉じ込められるのは何だか妙な感じだ。

【解説】第1文の as the sociologists call it は「社会学者の言う」の意味で urban life を修飾する「直前の名詞を修飾する as 節」である(→ 98 課)。**riding** in ... は「…に乗ること」の意味の**動名詞**であるが，これが第2文の The ride，第3文の It と引き継がれる。

第5文にある**前置詞** about「〜には」，without「〜なしで」**の後の-ing** がポイントである。まず about の後の **being sealed** は「閉じ込められること」の意味の**動名詞(句)**で意味上の主語は明記されていないが，文脈から a person と察せられる。without の後の **being spoken** は「話されること」の意味の**動名詞(句)**だが意味上の主語が a word と明示してある。「言葉が話されることなく」とする。

66 演習 66 (問題→本冊：p.133)

Literacy gives us access to the greatest and most influential minds in history: Socrates, say, or Newton have had audiences vastly larger than the total number of people either met in his whole lifetime.

【全文訳】読み書きができると歴史上最も偉大で最も影響を与えた人物に近づくことができる。例えばソクラテスやニュートンは両者がその全生涯のうちで会った人の総数よりもはるかに多くの読者を得てきた。

【解説】Literacy (S) gives (Vt) us (O1) access (O2) (to ... は「読み書きの能力が私たちに…への接近(の機会)を与える」が直訳だが，**無生物主語構文**なので「読み書きの能力のおかげで私たちは…に近づくことができる」のように訳を工夫すると自然な日本語になる。前置詞 to の目的語は minds であり，2つの最上級がそれを修飾している。

コロンの後の or は and に等しい意味合いを持っている。形容詞の比較級である larger (than ...) は，後ろから audiences を修飾しているが，vastly は larger の意味を強めている。

本課のポイントは3行目の **met** が**過去形**(→述語動詞)か**過去分詞**(be や have / has / had と結合しない場合は修飾語)かの判定にある。修飾語としての過去分詞なら削除できるので，met に対する修飾語(句)と(見られる) in his ... lifetime も一緒に削除すると，either の持つ役割・品詞が不明になる。either を副詞と見ようにも not が見当たらない。過去分詞ではないと判断する。過去形なら either は主語になるはずである。隠れた関係代名詞を見抜くパターンで(→ 25 課)，以下のように考える。

people [(that) either met ...] ◀ either は代名詞

(that) = O, either = S, met = Vt

67 演習 67 （問題→本冊：p.135）

Diana stood and watched the train disappearing from view. Being disappointed she turned away. She had missed it by seconds and she hated being late for the office. Then she thought of the letter in her bag. It was from her son, Stephen. She had longed to open it before she left the house.

【全文訳】ダイアナは立って列車が視界から消えていくのをじっと見た。がっかりして顔をそむけた。数秒差で乗り遅れてしまったし，職場に遅れて行くのは嫌だと思った。そのとき，バッグの中に入れておいた手紙のことを思い出した。それは息子のスティーヴンからのものだった。家を出る前に開けたいと思っていたのだった。

【解説】第 1 文の and 以下の文型は watched（Vt） the train（O） disappearing（C・現分）となるが，**O と C の関係を**考える（→ 6 課）。

第 2 文がポイントで，**Being disappointed** が名詞の役割を果たしていない，また，形容詞として名詞を修飾していないことも併せ考えて，副詞的である，つまり**分詞構文**だと判定する。訳は「がっかりしたので」「がっかりして」ぐらいにする。

第 3 文の前置詞 **by** は**「差」**を表し，and 以下の文型は hated（Vt） being late（O）... である。「職場（会社・勤め先）に遅れることを嫌だと思った」のである。

第 4 文の in her bag は letter を修飾しているので，「彼女のバッグの中にある手紙」が直訳となる。

第 5 文で her son, Stephen とカンマがあるので Stephen が**同格語**。「スティーヴンという息子」とする。

第 6 文は過去完了に注意し，「（ずっと）開けたいと思っていた」とする。

68 演習 68 （問題→本冊：p.137）

Simply stated, discovery is learning without a teacher, and instruction is learning through the help of one. In both cases, the activity of learning is experienced by the one who learns.

【全文訳】わかりやすく言うと，発見とは教師なしで学ぶことであり，教育を受けるということは教師の助けによって学ぶことである。どちらの場合も学習活動は学ぶものが経験するのである。

【解説】第 1 文の冒頭の stated が主語を持っていないこと，直後にカンマがあることで，stated が discovery を修飾しないことに気づく。これは（Being）simply stated の意味の**分詞構文**であり，If it（= discovery）is simply stated と書き換えられる。one は不定代名詞で a teacher の代わりをしているので，through the help of one は「教師の助けによって」とする。

第２文の the activity of learning は「学習活動，学ぶ(こと)という活動」と解するが，of は**同格の of**(→ 71 課)である。最後の the one は＝ the person の意味で，**who** は**関係代名詞主格**であるから who learns が one を修飾する。

69 演習 69 (問題→本冊：p.139)

Opening the gate, Vernon Berry walked through the little garden with a smile on his face and a large book in one hand. Long experience had taught him how to sell books to people who did not want them. He had a fine, deep voice and could talk well. He could make people laugh. He was clean and well-dressed. He was one of those men that people like at once, and he knew it. In short, he was a success.

【全文訳】門を開けると，バーノン・ベリーは顔に微笑を浮かべ，片手に大きな本を持って小さな庭を歩いて行った。長い経験で，彼はほしくない人々に本を売りつける方法を知っていた。彼はすばらしい太い声をしていて言葉が巧みだった。彼は人々を笑わせることができた。彼は清潔でいい身なりをしていた。彼は人々がすぐに気に入る人たちの一人であり，彼はそのことを承知していた。要するに，彼は売り上手だった。

【解説】第１文の **Opening** は**分詞構文**で，When(After) he opened と解するとよい。ポイントは with 以下にある。内容を摘出すると a smile was on his face「微笑が顔にあった」，a large book was in one hand「大きな本が片手の中にあった」となる。

第２文は「長い経験が～を彼に教えた」が直訳だが，無生物構文なので「長い経験のおかげで彼は～がわかった」とする。**who** は**関係代名詞主格**で people を先行詞としている。them は前出の books を指す。

第４文の **make** は**使役動詞**だから laugh はⓋである。

第６文の those は men を先行詞とする関係代名詞目的格(like の目的語)の誘導役なので，訳は不要(→ 24 課)である。

70 演習 70 (問題→本冊：p.141)

The novel is based on the behavior of human beings as they appear in everyday life, and it is not quite accidental that it came into vogue during the eighteenth century when man was regarded as of central importance in the universe. The novel is an offshoot of humanism.

【全文訳】小説は日常生活に現れる人間の行動に基づいているし，人間を宇宙で最も重要であると考えた18世紀の間に小説が流行したのはまったく偶然というわけではない。小説は人間主義の派生物である。

【解説】第 1 文の前半の as they ... life という節が is based を修飾すると考えると意味が流れないし，they が human beings を指すことも考え併せて **as 節**は human beings を修飾すると考えると「日常生活に現れる人間」と意味が取れる（→ 98 課）。

and の後の **it** は**形式主語**で，that 節をその具体的内容とする。that 節内を検討すると，when は the eighteenth century を先行詞とする関係副詞なので，when ... universe は形容詞節である。as の次の of ... importance は形容詞の役割を持ち，補語として機能している。in the universe は importance を修飾するので，of 以下は「宇宙における中心的な重要性を持っている」→「宇宙で最も重要な」とする。of importance = important である。

71 演習 71 （問題→本冊：p.143）

> The thing that is common to all sufferers from stress — whether the overstress of the high-pressured life or the under-stress of boredom and frustration — is a feeling of not being in control of your life.

【全文訳】ストレス — 圧迫の強い生活が原因の過剰なストレスであろうと退屈と欲求不満が原因の過小ストレスであろうと — に悩む人たちすべてに共通なのは自分の生活を思い通りにできていないという気持ちである。

【解説】ダッシュの前の部分で **that** は**関係代名詞主格**で thing を先行詞とする。common to ～「～に共通する」で sufferers (from stress)「ストレスが原因の悩む人たち」→「ストレスが原因で悩む人たち」として意味をつなぐとよい。The thing の述語動詞は 2 つ目のダッシュの次の is で，文全体の骨格は The thing (S) is (V) a feeling (C) である。

さてポイントはダッシュの後の a feeling of not being ...。この of は感情の内容を説明する being ... と feeling をつないでいる**同格の of** である。「…でないという感情」とすると意味が通る。この 2 つのダッシュにはさまれた部分で overstress と under-stress という名詞が S，O，C いずれの役割をするのかを考える。**whether 節**は S・O・C・名詞の同格節のどれでもないので**譲歩の副詞節**であり，whether (it is) という**省略**と判断する。it は from の次の stress を受けている。or が whether 節の中で使われ，〈whether A or B〉「A であろうと B であろうと」となることにも留意する。

72 演習 72 （問題→本冊：p.145）

> Some resistance remains. A few developing countries severely restrict or prohibit the use of English, viewing its spread as "cultural imperialism." In Bangladesh, Parliament passed a bill replacing English with Bengali in official work.

【全文訳】いくらか抵抗が残っている。いくつかの発展途上国は英語の普及を「文化帝国主義」と見なして英語を使うことを厳しく制限したり禁止したりしている。バングラデシュでは国会が，公務では英語をベンガル語に切り替える法案を通した。

【解説】第 2 文の骨格は以下の通り。

（A few ...） countries (S) severely (副) { restrict (Vt) or prohibit (Vt) } the use (O)

developing は countries を修飾する形容詞なので「発展途上（の）国（々）」とする。後半の **viewing** は**分詞構文**。and view「そして～を…と見なす」とする。ポイントは（the）use of English である。use［jú:s］を動詞の use［jú:z］に換え，of をはずすと use（Vt）English（O）とできるので，この **of** は**目的格関係の of** である。なお its spread は it（= English）spreads という内容なので，「それ（=英語）が普及すること」と読む。

第 3 文の **replacing** は**分詞構文**と解すると「法案を（1 つ）通して英語をベンガル語に…」となってしまう。法案を通すことに焦点がいってしまうので，ここは bill「法案」に対する形容詞的修飾語「英語を…にする法案」とする（→ 64 課）。

73 演習 73 （問題→本冊：p.147）

> If our ancestors were brought back to life in the late twentieth century, they would surely think that the world was governed by a powerful new religion. They would see shining buildings reaching up to the sky, the old churches and shrines hidden in their shadows.

【全文訳】仮に私たちの先祖が 20 世紀末に生き返らせられたら，きっと彼らは世の中が強力な新しい宗教に支配されていると考えるだろう。彼らは輝く建物が空に届き，古い教会や聖堂がその陰に隠れているのを目にすることだろう。

【解説】第 1 文の were brought ... の内容から**仮定法過去**とわかる。主節の surely は文修飾（→ 100 課）で「きっと…」と訳す。think の目的語になっている that 節内の

was は would think の持つ仮定の意味が及んでいることを示す。ここに is を使うと「現実にそうだ」ということになってしまう。that は接続詞である。

第 2 文の would see は第 1 文 If 節を念頭に置いた仮定法で，文の骨格は以下の通り。

would see (Vt) ｛(shining) buildings (O) reaching (C(現分)) ～, ◀「建物が届いている(のを見るだろう)」

(the old) ｛churches (O) and shrines (O)｝ hidden (C(過分)) ～. ◀「教会や聖堂が隠(さ)れているのを見るだろう」

74 演習 74 (問題→本冊：p.149)

People often ask me why I choose to spend so much time in Japan. If I were to answer that it is because I need certain rare documents that can be obtained only in Japan, most people would accept this as a reasonable explanation. To be more exact, however, I need extremely few documents that are not available in the university library, and it is more convenient for me to use this library than any in Japan.

【全文訳】人はよく私になぜそんなに多くの期間を日本で過ごしたがるのかと尋ねる。もし私が，日本でしか入手できないある珍しい資料が必要だからと答えることがあれば，大方の人たちはこの答えを理にかなった説明だと認めるだろう。しかしながらより正確に言えば，大学の図書館で入手できない資料で私が必要とするものは極めて少ないし，大学の図書館を利用するほうが日本のどんな図書館(を利用する)よりも便利である。

【解説】第 1 文の文型は以下の通り。

ask (Vt) me (O1) [why I ... Japan] (O2→)

why 節は間接疑問(名詞節)である。

第 2 文の If 節の文型は以下の通り。

I were to answer (Vt) [that (O→(接)) it (S) is (Vi) [because I need ... Japan] (C)]

この because 節の中では，that が documents を先行詞とする関係代名詞主格である。この **were to は可能性のあることの仮定**を示す。it は why 節の内容を受けている。

第 3 文では最初に however を訳す。**To be ...** は**独立不定詞**(→ 63 課)である。that

は関係代名詞主格である。I need ... library は「私は大学の図書館で入手できない極めて少ない文書を必要とする」が直訳。後半は than (it is ... for me to use) any (library) in Japan と，カッコ内を補って考える。and の直後の **it** は for me to use ... を内容とする**形式主語**である。

75 演習 75 （問題→本冊：p.151）

Americans view time as being tangible, almost as if it were something that could be touched. They can spend it or save it. In some ways, they treat it like money. In fact, in English, there is an expression "Time is money."

【全文訳】アメリカ人は時間を，ほとんどまるで触れられるものであるかのように有形だと見なす。彼らはそれを使ったり貯えたりする。いくつかの点で彼らはそれをお金みたいに扱う。事実，英語には，「時は金なり」という表現がある。

【解説】第 1 文の後半は as they (= Americans) would view ... tangible if it were ... の下線部「彼らは…を有形だと見なすであろう」が潜んでいると考えられる。なお tangible の前の **being** は**分詞**である。if 節中の it は time を指し，**that** は something を先行詞とする**関係代名詞主格**である。関係詞節中の助動詞が **could** と過去形なのは，**仮定の意味が that 節にも及んでいる**ためである。

第 2 文の or が結合するものを考えると，以下のようになる。

They can { spend it
or { save it.

第 3 文の like は money を目的語とする前置詞なので，like money「お金のように」「まるでそれがお金であるかのように (= as if it were money)」は treat を修飾する。"Time is money." は expression に対する同格表現である。

76 演習 76 （問題→本冊：p.153）

Already computers can perform mathematical functions in a short time that human mathematicians would require a lifetime to duplicate. Computers can also work without the likelihood of error. That, however, doesn't mean that computers are "smarter" than mathematicians.

【全文訳】すでにコンピューターは人間の数学者ならまた同じことをするのに一生かかるような数学的機能を短時間で果たすことができる。コンピューターは，また間違う可能性なしに機能することができる。しかしながら，それだからコンピューターは数学者より有能だということにはならない。

【解説】第 1 文の中ほどの **that** は**関係代名詞目的格**である。それは to duplicate「〜を繰り返す」の目的語が必要であることから判断できる。ポイントは that 節中の **would** の使い方にある。いわゆる**「控え目な推量」**と考えると，「数学者が同じことをするのに一生必要とする（と思われる）」となり，実際に「同じことをする可能性」を認めていることになる。コンピューター利用を前提とした論調なので，条件を備えた仮定法過去と見るべきである。条件になるのは would require の主語である。「人間の数学者なら」とする。なお that の先行詞は functions である。

第 2 文の **of** は「間違いの可能性」「間違うことがあり得る」と読むべき**主格関係を表す of** で，Error is likely. という内容である。

第 3 文の That は第 1 文と第 2 文の内容をまとめたものである。

77 演習 77 （問題→本冊：p.155）

Franklin could have made a fortune merely by patenting his inventions, but he refused to do so. He believed that new ideas should be used to benefit all people.

【全文訳】フランクリンはただ自分の発明品を特許化するだけで金持ちになれただろう。だが彼はそうすることを拒否した。彼は新しいアイデアはすべての人々のためになるように利用されるべきだと思った。

【解説】第 1 文の **could have made** をマークしておき，さらに but の後の he refused ... に目をやると，「そうする（＝特許化する）のを拒否した」とあるので，could have made は**仮定法過去完了**だと確信する。条件に当たるのは by patenting his inventions「自分の発明品を特許化することによって」「自分の発明品を特許化すれば」と読む。全体は「発明品を特許化すれば一財産作れた（＝金持ちになれた）だろうに」とする。

78 演習 78 （問題→本冊：p.157）

Like many native Italians, my parents were very open with their feelings and their love — not only at home, but also in public. Most of my friends would never hug their fathers. I guess they were afraid of not appearing strong and independent. But I hugged and kissed my dad at every opportunity — nothing could have felt more natural.

【全文訳】多くの生粋のイタリア人と同様に，私の両親は感情と愛情の表現が—家でだけでなく人前でも—とても開けっ広げだった。私の友人のうち大方の人は決して自分の父親に抱きつくことがなかった。私の考えでは彼らは人から頼りなげで自立していないなと思われるのを懸念していたのだ。だが私は父をあらゆる機会に抱き締め，キスをした—これより自然に思えることはなかったはずだ。

【解説】第 1 文の Like は Italians を目的語にする前置詞なので，「イタリア人のように」とする。be open with は「～について開けっ広げ」とする。ダッシュの後は**〈not only A but also B〉「A だけでなく B もまた」の相関表現**で，重点は B にある。

第 2 文の **would は過去の習慣・回想**を表す。

第 3 文の前置詞 of の目的語は appearing という動名詞である。not は appearing を否定するので，「しっかりしていて自立しているようには見えない」が直訳である。

第 4 文のダッシュに続く部分の could have felt は「もし～なら」という条件があって「感じられたであろうに」というのではない。He cannot have been sick.「彼は病気だったはずがない」に準じて考える。過去形の could に控え目な感じを込めたものである。「もっと自然に見えることがあったはずがないだろう」が直訳である。比較級の後に（to me）than to hug and kiss my dad ...「…父を抱き締め，キスをすることほど」と補って考えるのがポイントである。

79 演習 79 （問題→本冊：p.159）

> To have friends in foreign countries is a great source of joy and as one grows older one tends to travel not to see famous places but to visit these friends. There is no greater pleasure for a *kokusaijin.*

【全文訳】外国に友人がいるというのは大きな喜びの源だし，年をとるにつれて名所見物をするためでなくそういった友人のところに行くために旅行をする傾向がある。「国際人」にとってこれ以上の楽しみはないのだ。

【解説】第 1 文の後半で，as 節中に比較級が使われていることからも，**接続詞 as** は **in proportion as「～につれて」**の意味である。主語の one は「（自分も含めて）人は」の感じである。**not を見たら but に注目**する（→ 8 課）。

第 2 文は There is no greater pleasure for a *kokusaijin*（than to visit these friends）と補い，実質的には To visit them is the greatest pleasure for a *kokusaijin.* と同じである。なお them → these friends → To visit friends in foreign countries とつなげるとよい。these friends = one's friends in foreign countries あるいは the friends（whom）they have in foreign countries である。

80 演習 80 （問題→本冊：p.161）

As we congratulate ourselves on a world becoming increasingly democratic, we should recall that several times before in the past century it seemed that democracy had won universal acceptance, but the acceptance was much less trustworthy than had been imagined.

【全文訳】世界が徐々に民主主義的になるのを喜ぶ場合，以前，前世紀にたびたび民主主義が世界的に受け入れられたと思われたものの，その受け入れ方は考えられていたよりはずっと当てにならなかったことを思い起こすべきである。

【解説】第 1 文の従属節内の**接続詞 as** は**「〜するとき，〜しながら」**の意で，**主節と従属節内の出来事が同時**であることを示す。**becoming** は**動名詞**で，a world がその意味上の主語と理解すると，「(どこであっても，1 つの) 世界・地域が次第に民主主義的になっていくことを喜ぶ」となる。becoming を分詞と考えると，on の目的語は world のみになり，「…している世界を喜ぶ」となって意味の重点が world に置かれるので，文の流れが良くない。主節は以下のようにする。

should recall ［that ... imagined］
(Vt) O→(接) O

but の後に接続詞 that を補うと，the acceptance 以降も recall の目的語であることが明確になる。but の前の部分 it seemed that「…と思われた」を見つける (→ 49 課)。次に but の後にある than がポイント。以下のように考えると文構造がわかりやすい。

than had been imagined
S V (過完・受)

than を less trustworthy を先行詞とする**関係代名詞**として less とセットで考えるとよい。**much** は**比較級を強める**ので，「ずっと，はるかに」と訳す。

81 演習 81 （問題→本冊：p.163）

By the 1820s the ratio between the sexes in America had evened out in the East and South, but the old imbalance followed the frontier. Thus the male-female ratio in California in 1865 was three to one, in Colorado no less than twenty to one.

【全文訳】1820 年代までにはアメリカにおける男女の比率は東部や南部では五分五分になったけれども，以前の不均衡が辺境地についてまわった。したがって 1865 年のカリフォルニアでの男女の比率は 3 対 1 であり，コロラドでは 20 対 1 にものぼっていた。

【解説】第 1 文は the ratio (S) ... had evened out (V) とまず押さえる。2 つの前置詞句 between ... sexes と in America は，ともに ratio を修飾する。

第 2 文はカンマの前後を並べて構造を考える。

the male-female ratio (S)	in California	in 1865	was (V)	three to one, (C)
■■■	in Colorado	■■■	■■■	no less than twenty to one. (C)

以上のように，**空白部分の省略**が見える（→ 44 課）。no less than は as many [much] as と同じで後に数が続いているから「20 も（多くの数）」と読み，結果として「20 対 1 にものぼる」とする。

82 演習 82 （問題→本冊：p.165）

A man like Kasparov studies chess constantly and has memorized large numbers of openings, closings, and midgame situations, so that in some respects he plays mechanically. A computer can, in principle, do this with greater memory capability and thus, eventually, outmatch any human being. But this no more shows any real superiority than when it carries out vast numbers of mathematical operations simultaneously.

【全文訳】カスパロフのような人は常にチェスを研究して相当数の序盤，終盤そして中盤を記憶してしまっていて，その結果，場面によっては機械的にチェスをする。理論的にはコンピューターはそれよりも大きい記憶力で機械的にチェスをすることができるし，それだから結局はどんな人間にも優る。しかし，だからといってコンピューターのほうが本当にすぐれていることにまったくならないのは，それが膨大な数の数学の演算を同時に行う場合と同様である。

【解説】第 1 文で前置詞句 like Kasparov は man を修飾している。large numbers of「相当多くの」。so that ～「その結果～」。in some respects は，内容から「場面によっては」とした。

第 2 文の do this は play mechanically のことである。

第 3 文の〈no more...than〉をマークするのがポイント。次のように語句を補うと意味がはっきりする。

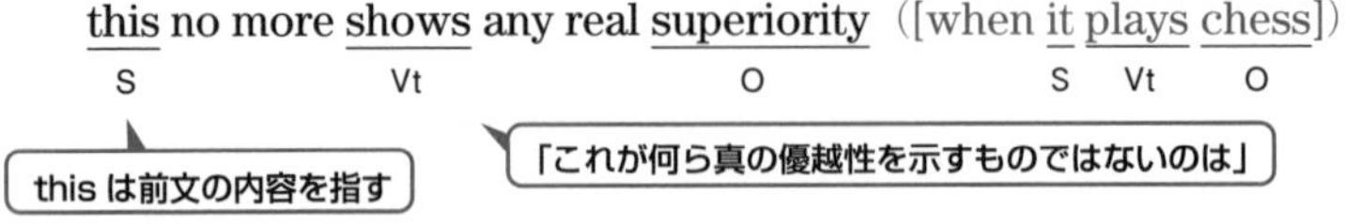
this no more shows any real superiority ([when it plays chess])
S Vt O S Vt O
this は前文の内容を指す
「これが何ら真の優越性を示すものではないのは」

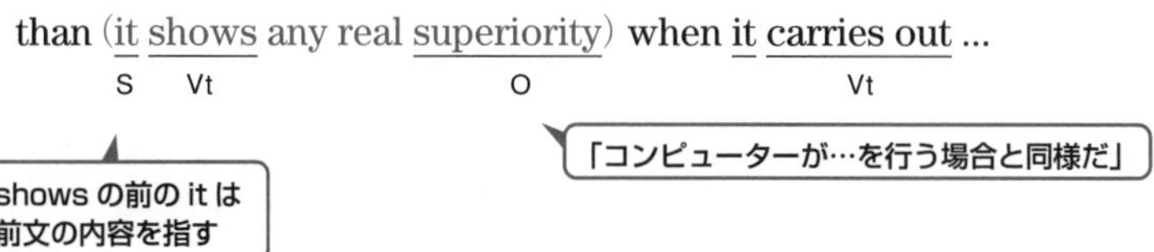

shows の前の it は前文の内容を指す

83 演習 83 （問題→本冊：p.167）

> Look at the context of each word — the sentence that it's in, and the sentences that come before and after. Look to see if the word is repeated later in the text; the more often it's used, the easier it is to understand.

【全文訳】各単語の文脈 — それが使われている文とその文の前後の文 — に注意を払いなさい。よく見てその単語がテキストの中で後で繰り返されているかどうか確かめなさい。使われている回数が多ければ多いほど，それだけその語は理解しやすいのである。

【解説】ダッシュの後は，ダッシュの前にある "context" を説明している。"sentence" の直後の **that は関係代名詞の目的格**だが，本来は内容的に以下のように考えるとよい。

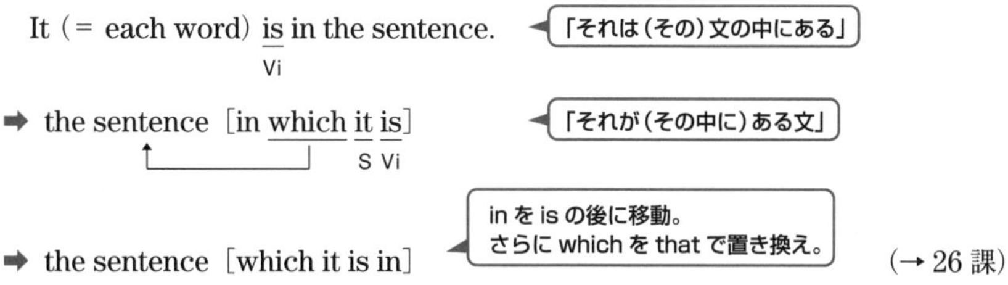

It (= each word) is in the sentence.
Vi
「それは(その)文の中にある」
➡ the sentence [in which it is]
S Vi
「それが(その中に)ある文」
➡ the sentence [which it is in]
in を is の後に移動。
さらに which を that で置き換え。

（→ 26 課）

come の直前の **that** は**関係代名詞主格**で，その先行詞は "sentences"。before も after も副詞だが，何の前後かを考えるために前置詞に見立てると，before and after the sentence that it's in が続く。

第 2 文は Look to see ...「…を確かめるためによく見なさい→よく見て…を確かめなさい」とした。ポイントになるのがセミコロンの後の 2 つの the であり，ともに副詞である。it はセミコロンの前の the word を指す。

84 演習 84 （問題→本冊：p.169）

I was not the best high school student, but still, there was one scholarship to New York University which my teachers thought I could win so that I could afford to go to college. New York University was looking for liberal arts students to take part in an experimental program called "The X Group."

【全文訳】私は高等学校の優等生ではなかったが，それでも先生たちの考えでは，私が大学に行けるようにもらえるニューヨーク大学の奨学金があった。ニューヨーク大学は「X グループ」と呼ばれる実験カリキュラムに参加する一般教養の学生を求めていたのだ。

【解説】第 1 文で前置詞句 to ... University は scholarship を修飾し,「ニューヨーク大学(へ)の奨学金」となる。which が関係代名詞なのはすぐわかるはず。ポイントは，以下のように SV を決め，which がこの場合は目的格であることを押さえること（→ 23 課）。

which my teachers (S) thought (Vt) I (S) could win (Vt)

同時に先行詞になりそうなのは scholarship で，それを目的語にするのは win である。win (Vt) a scholarship (O)「奨学金をもらう」が頭に浮かべばしめたものだ。以下のように意味をつなぐ。

which (O) 〈my teachers thought〉 I (S) could win (Vt)　「私がもらえる，と先生たちが思った（奨学金）」

so that ... college「私が大学に行けるように」は win を修飾する。

第 2 文の to take part ... は students を修飾するので，who would take part ...「…に参加してくれる（学生）」と解釈する。called は program を修飾する過去分詞である。

85 演習 85 （問題→本冊：p.171）

To find a wonderful book that has been lost for hundreds of years is an exciting discovery. But for the individual boy or girl, or man or woman, it is not more wonderful than to find a great book on a library shelf. To hunt and find such a book is one of the great adventures which readers have that other people do not have.

【全文訳】何百年もの間行方不明だったすばらしい本を見つけるのは，胸躍る発見である。しかし少年少女，男女 1 人 1 人にとっては，それは図書館の本棚で著名な本を見つけることに優るわけではない。こういった本を探して見つけることは，読書家にはあってそれ以外の人々にはない大きな冒険の１つである。

【解説】第１文の骨格は以下の通り。

To find ... is ... discovery
S Vi C

主部の **that** は book を先行詞とする**関係代名詞主格**で，has been lost を述語動詞とする。that 節は years までである。

第２文の骨格は以下の通り。

it is not more wonderful
S Vi C

it は前文の主部である To find から years までを指す。この場合 **more than** を「以上」としてはならない。more than は厳密には**「超えている」**ということである。X is more than Y（X ＞ Y）の否定は，X is not more than Y（X ≦ Y）「X は Y 以下」「多くとも Y と同じ」なので，本文は「優るわけではない」「せいぜい同程度のすばらしさ」とする。

ポイントは第３文の①［which ... have］と②［that ... have］の２つの関係詞節の意味のつなげ方であるが，①が adventures を修飾し，②が adventures ＋［①］を修飾する。「読書家の持つ冒険（の中）で，ほかの人々が持たない（大きな）冒険」となる。

86 演習 86 （問題→本冊：p.173）

It takes no great moral or spiritual qualities to feel sorry for a person who has fallen from a tremendous height, or has suffered a loss which cannot be replaced. We can easily put ourselves in his place, and feel sorrow for ourselves.

【全文訳】大変高い地位から落ちてしまったり，取り返しのつかない損害を被った人に同情するのには，大して道徳的・精神的長所を必要としない。私たちはたやすくそういう人の身になって気落ちすることができる。

【解説】第１文〈It takes O to Ⓥ〉は「Ⓥするのに O を必要とする」の意味になるが，**no** は qualities ではなく **great を打ち消し**ている。no great = small, little「ささいな，大したことのない」の意味なので，「同情するのに大して道徳的・精神的長所を必要としない」とする。or は has fallen と has suffered を結び，以下のような構造になる。

to feel sorry for a person
└[who (S) { has fallen (Vi) from...height,
or has suffered (Vt) a loss (O)
└[which (S) cannot be replaced (Vt)]].

who も **which** も**関係代名詞主格**である。

87 演習 87 （問題→本冊：p.175）

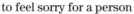

Not all new sports have managed to excite the public for long. In the 1970s, for example, skate-boarding became enormously popular with many children and teenagers. The number of accidents, though, was a cause of considerable concern to parents, and before more than a handful of skate-boarding rinks could be opened, the sport had virtually died out.

【全文訳】すべての新しいスポーツが長期にわたって大衆を夢中にしてこれたわけではない。たとえば1970年代にはスケートボードは多くの子どもや10代の若者に非常に人気となった。しかし，事故の数が親たちにとって大変な心配の種で，ほんの一握りのスケートボード・リンクしか開設されないうちに，このスポーツはほぼすたれてしまっていたのだ。

【解説】第1文冒頭の**Not**が**all**を打ち消して**部分否定**になるから，「すべての新しいスポーツが(…できた)わけではない」とする。

第2文のカンマにはさまれたfor exampleは先に訳す。

第3文のカンマにはさまれたthoughは副詞なので，最初に「でも」と訳してしまい，「でも事故の数が…」とする。before more than a handful of ... could be opened「一握りを越えた…が開設され得る前に」→「ほんの一握りの…しか開設されないうちに」とする。

88 演習 88 （問題→本冊：p.177）

None of the things that now most need to be done for the world have much chance of working unless coupled with the control of population. By present indications our present population of 3.5 billion will have doubled by the end of this century.

【全文訳】世界のために今最もなされなければならないことは，すべて人口抑制と結びつければうまくいく可能性が高い。現在の見通しでは現在35億の人口は今世紀末までに2倍になってしまうだろう。

【解説】第 1 文の骨格は None(S) ... have(V) much chance(O)「多くの可能性を持つものはない」となるが，**that** は things を先行詞とする**関係代名詞主格**であり，that 節は world までである。副詞的従属節のしるしである unless の後に，〈S + be〉を unless(they are)coupled のように補い (→ 43 課)，「そういったこと (= the things that ... world) が人口抑制と結びつけられなければ」とする。全体の骨格は「…結びつけられることがないと…の中のどんなものも多くの可能性を持たない」が直訳なので，「…結びつけられれば…の中のものはみな多くの可能性を持つ」と訳せる。chance of working は chance [that they will work]「(それらが) うまくいくという見込み」と同じ意味であり (なお **that** は**接続詞**で，that 節は chance に対する**同格節**)，**of** は**「同格の of」**(→ 71 課) である。

第 2 文の By は「～によれば」，文尾の by the end ～は「～末までには」，population of ～は「～の [から成る] 人口」の意味である。

89 演習 89 (問題→本冊：p.179)

Not until the school years do the deeper ties of friendship and genuine group belongingness begin to develop. The school offers an entirely new world of experiences for the child. Besides gaining new intellectual knowledge and skills, he must also learn to obey certain rules.

【全文訳】就学年齢に達して初めて，より深い友情の絆と本当の集団帰属意識が芽生える。学校は子どものための経験が用意されている，まったく新しい世界を提供するのである。新しい知的な知識と技能を得るだけでなく，子どもはまた定められた規則を守ることができるようにならなければならない。

【解説】冒頭から Not until the school years do ... と奇妙な語順である。until が前置詞か接続詞かを判断しなければならないが，いずれにしても副詞句／節であり，その直前に Not がついている。文の骨格は以下の通り。

Not (until ...) do the ... ties ... and ... belongingness begin to develop

M (助) S① S② Ⓥ O

通常ならば，以下の語順である。

The ... ties ... and ... belonginess do not begin to develop until the school years

S Vt O

「…絆と…帰属意識は就学年齢までは芽生えない」だが，下線部を**「(就学年齢) になって初めて芽生える」**とするとわかりやすい。

第 2 文の world of experiences は「経験の，経験から成る」の意味で，for the child「子どものための」が experiences を修飾している。全文訳は world of experience の部分を「経験が用意されている世界」と意訳した。

90 演習 90 （問題→本冊：p.181）

Anyone who is dreaming of a trip to the moon can get a little foretaste of it by climbing about on the dead volcanic cones of Easter Island. Not only does his own hectic world seem immeasurably distant, but the landscape can easily give an illusion of being on the moon.

【全文訳】月旅行を夢見ている人は誰でも，イースター島の死火山円錐丘（えんすいきゅう）をあちこち登って少々月に行った気分になれる。自分自身の大忙しの世界が果てしなく遠く思えるだけでなく，風景のおかげで容易に月にいるという幻想が得られる。

【解説】第 1 文の **who** は Anyone を先行詞とする**関係代名詞主格**であり，who 節は moon までである。anyone who を 1 語にすれば whoever「～の人は誰でも」である。第 1 文の大きな骨格は以下の通り。

Anyone (S) can get (Vt) ... foretaste (O) (of it)

it は the moon を指す。by climbing ... は can get を修飾する前置詞句である。

ポイントは第 2 文。**Not only が文頭**に来て，以下の語順になっていることに気づくことが重要である。

does (助) ... world (S) seem (Vi) distant (C)

助動詞 does が主語（と思われる）world の前に飛び出しているのをキャッチする。当然 seem は原形である。**Not only と連動した but(also)を意識**する。illusion of being on the moon の部分は of 以下は「どういった illusion」かを説明している。**of** は**同格**を表し（→ 71 課），of 以下は同格節にすると，that he is on the moon「（自分が）月にいるという（幻想）」となる。なお，landscape（S） can give（Vt）... illusion（O）「風景が…幻想を与えることができる→風景のおかげで…幻想が得られる」とする。

91 演習 91 （問題→本冊：p.183）

Americans have long accepted literacy as a supreme aim of schooling, but only recently have some of us who have done research in the field begun to realize that literacy is far more than a skill and that it requires large amounts of specific information.

【全文訳】アメリカ人は長い間にわたって，読み書きの能力を学校教育の最高の目的であると見なしてきたが，最近になってこの［教育の］分野で研究を続けてきた私たち［アメリカ人］の中の一部の人たちが，読み書きの能力は技術というものをはるかに超えるもので，特有の情報を大量に必要とするということに気づき始めた。

【解説】前半は述語動詞が**現在完了**であることに注意して「（これまで）…と見なしてきた」とする。後半 but の直後の **only recently**「最近になって初めて」を見て，**関係代名詞主格 who で始まる節の切れ目**も考えていく。

begun は過去分詞であるが，後に to realize と続くので，begun（Vt）（to realize）（O）と VO の関係で，過去分詞の begun はこの場合は助動詞としての have とセットで述語動詞となっている。

who の先行詞は some（of us）「（私たちアメリカ国民の中の）一部の人々」で who 節は field までだが，in the field（of education）「（教育の）分野で」と補ってみるとよい。

realize の目的語は and で結ばれた that literacy ... skill と that it（= literacy）... information の 2 つの名詞節である。最初の接続詞 that は省略できるが，2 つ目の that はあったほうが従属節であることが明確になる。far は more を「ずっと」「はるかに」と強める。

92 演習 92 （問題→本冊：p.185）

Almost a hundred and eighty years ago, a steam engine was used to pull a train. The first trains were so slow that one of them lost a race with a horse. But from these slow beginnings came our freight trains and our streamlined passenger trains that travel over a mile a minute.

【全文訳】ほぼ 180 年前に蒸気機関が列車を引くのに使われた。初期の列車はとても遅かったので，そのうちの 1 つは馬と競争して負けた。しかしこういうスピードの遅い初期の列車から発達したのが現在の貨物列車と分速 1 マイル以上で走る現在の流線形の客車である。

【解説】第 1 文で used の後は to pull（pull は原形）なので，was used to pull a train「列車を引くために使われた」（used は過去分詞で to ... は目的を表す副詞的な to Ⓥ）とする。

第 2 文は **so と that をマーク**（→ 52 課）して訳す。them は the first trains「初期の列車」を指す。

第 3 文は，**骨格となる SV は何か**を探るのがポイントである。時制を持つ述語動詞（→ 1 課）はまず came であるが，その主語は（from ... beginnings）と前置詞句をまとめると，後続の our freight trains と our streamlined passenger trains とわかる。**前置詞句が文頭に来た倒置**である。長い主部が後ろに来て落ち着いたリズムになっている。these slow beginnings — the first trains である。文尾のほうの **that** は，passenger trains を先行詞とする**関係代名詞主格**である。

93 演習 93 （問題→本冊：p.187）

There are millions of Hindus and Jains in India who, for religious reasons, will not eat meat. The idea of eating beef is particularly abhorrent to them, as is the eating of pork to Muslims and Jews. The Apache Indians will not eat fish, although edible trout are available in their streams.

【全文訳】宗教的な理由で肉を食べない何百万ものヒンズー教徒やジャイナ教徒がインドにいる。牛肉を食べるという考えを特に彼らは嫌悪するが，それは豚肉を食べることをイスラム教徒及びユダヤ教徒が嫌うのと同様である。アパッチ・インディアンは，食べられる鱒が川で捕れるのに魚を食べない。

【解説】第 1 文で **who** は Hindus and Jains を先行詞とする**関係代名詞主格**であるが，**for religious reasons**「宗教的理由で」が述語動詞の前に挿入されている。will は習慣・習性を表す（第 3 文の will も同様である）。

第 2 文の前半の **of は同格**を示す（→ 71 課）ことは Eating beef is ... abhorrent という文が作れることでもわかる。ポイントは**カンマの後の構造**にある。以下のように並べると，語句の対応がわかる。

as 節の is = is particularly abhorrent であり，as は「同様に」の意味の接続詞であるがリズムの関係で as VS の語順になっている。the eating of pork は「豚肉を食べること」となる。**of は目的格の of** である（→ 72 課）。

第 3 文終わりの their は The Apache Indians を指す。

94 演習 94 （問題→本冊：p.189）

Songbirds typically lose up to half their body weight during a single crossing over a large lake. Up to 90 percent of the young songbirds that migrate die en route or at the wintering grounds. Sudden winds and open water claim many feathered victims. So does timing. Going too late brings the risk of storms; too early means food may still be ice-locked.

【全文訳】鳴き鳥は一般に大きな湖を 1 回飛んで渡る間に体重が半分にまで減る。移動する幼い鳴き鳥のうち 90 パーセントもが途中あるいは越冬地で死ぬ。突風と氷結しない海が鳥がたくさん犠牲になる原因である。時機の選択もまた（犠牲を生む）原因になる。あまり遅く渡ると嵐の危険があるし，早過ぎると餌がまだ氷に閉ざされているかもしれない。

【解説】第 1 文の骨格は Songbirds (S) lose (Vt) half ... weight (O) である。このとき half は形容詞で，half of the body weight とすれば half は代名詞とされるが，意味は同じである。前置詞句の (over ... lake) は crossing を修飾するが，during ... lake までは「大きな湖の上を 1 回渡る間に」とする。

第 2 文の **that** は songbirds を先行詞とする**関係代名詞**なので［that migrate］とくくる。第 2 文の骨格は 90 percent (S) die (Vi) ... である。

第 3 文は claim (Vt) ... victims (O) と押さえて，「(…のために鳥が) 犠牲になる」とする。ポイントの〈So VS〉は，Timing claims ... victims, too と，内容を明らかにすることである。

第 5 文のセミコロンの後の too early は going too early の意味で，その後の構造は以下の通り。

means ［(that) food may be ice-locked］
Vt O→ S V(受)

という構造である。ice-lock は「～を氷の中に閉じ込める」の意味である。

95 演習 95 （問題→本冊：p.191）

On our last trip to the United States, my son bought postcards at each of the cities we visited. These, he told everyone who asked, were his “pimentos” from his vacation. What he meant to say, however, was mementos — you know, not a small red pickled thing that goes into potato salad, but a souvenir that would help you remember and reminisce about a trip.

【全文訳】私たちがこの前（アメリカ）合衆国に旅行したとき，私の息子は行った先々の都市で絵葉書を買った。尋ねる人みんなに対して息子は，こういったものが自分の休暇の「ピメント (＝赤ピーマン)」だよ，と言った。しかしながら，息子の言おうとしたのはメメント (＝記念品) — ほらあの，ポテトサラダに入れる小さい赤いピクルスにしたやつじゃなくて，旅のことを記憶に留めて思い出話をするのに役に立つようなみやげもの — のことだったのだ。

【解説】第 1 文の last は「この前の」意味の形容詞なので，動詞 took を修飾する副詞に転用すると，全体は When we last took a trip to ... となる。we (S) visited (Vt) は cities に対する接触節である (→ 25 課)。

第 2 文では以下のように変形するのがポイントである。

These, he told everyone..., were... → He told everyone [(that) these were...]
S S Vt O Vi S Vt O1 O2→

第 3 文の What は関係代名詞で，以下のように文型を押さえる。

[What ... say] was mementos
S Vi C

ダッシュの後の you know は「君もわかるだろ。ほらあの…さ」の感じである。**〈not ... but〉**（→ 8 課）を見落とさないこと。goes の前の **that**，would の前の **that** は各々 thing, souvenir を先行詞とする**関係代名詞主格**である。would は控え目な推量の仮定法過去である。なお，以下の**共通関係**を把握したい。

help you (to) { remember / and reminisce about } a trip

96 演習 96 （問題→本冊：p.193）

The colors in grasslands are both brilliant and subtle. Open space seems to stretch out indefinitely; indeed it can inspire an observer to feel, if only for a moment, that there are no bounds or limits on one's existence.

【全文訳】草原で見られる色はとても鮮やかでありまた何とも言えない。広々した空間が無限に広がっているように思える。実際その空間を見る者は，ほんの一瞬ではあっても，人の存在には境界も限界もないと感じることができる。

【解説】第 1 文の前置詞句（in grasslands）は colors を修飾する。「草原における→草原で見られる」とした。**〈both A and B〉「A であり（かつ）B」**をマークする。

第 2 文のセミコロンの後の部分で it は open space を指すが，「広々とした空間は見る者を…と感じさせる」は「広々とした空間を見る者は…と感じることができる」ということである（カンマにはさまれた挿入部分を指で隠すと，以下の関係が明確になる。

feel [that there ...]
Vt O→

挿入部分は feel を修飾するが，節の形にすると if he does (so) only for a moment となる。この代動詞 does (so) は = feels that ... である。「たとえほんの一瞬であっても（…と感じる）」とすればよい。that 節内は or を no と連動させて，「（人の存在には）境界も限界もない」とする。なお one は「人というもの」の意味の代名詞である。

97 演習 97 （問題→本冊：p.195）

You may have experienced some kind of culture shock; but, as is very well known, one of the big impacts of traveling abroad is the strong impression you receive when you come back home.

【全文訳】皆さんはある種のカルチャーショックを経験ずみかもしれないが，実によく知られているように，外国旅行の大きな衝撃の1つは，帰国したときに受ける強い印象である。

【解説】第1文の〈**may have 十過去分詞**〉は，現在から過去の出来事を推量する表現なので，「**…を経験したかもしれない**」とする。

後半部分の［as ... known］節の主語 **as** がポイントとなる**関係代名詞**である。このasの指す内容は，後出の one of ... home という節全体である。この場合は as は**主格**。

［as is ... known］
S　V（受）

訳は「非常によく知られていることだが」「非常によく知られているように」。impacts of traveling abroad は「海外旅行をすることによる衝撃」。文の骨格は one（S）... is（Vi）... impression（C）であり，you receive ... home は impression に対する接触節（→ 25 課）である。**receive の後に目的語が見えない**ことが目のつけどころである。when ... home の副詞節は receive を修飾する。「帰国したときに受ける（強い）印象」とする。

98 演習 98 （問題→本冊：p.197）

Corporations as we have known them were created by men for men. After World War II, America's veterans exchanged their military uniforms for factory clothing and gray suits, but military organization and rules of behavior continued to govern the business world. Since World War II, however, the number of working women has increased 200 percent, and their presence is changing the nature of corporations in various ways.

【全文訳】私たちが今まで知っている会社は男性が男性のために作った。第二次世界大戦後，アメリカの退役軍人は軍服を工場服とグレーのスーツに着替えたが，軍隊の組織とその行動規則は実業界を支配し続けた。しかしながら，第二次世界大戦以来，働く女性の数は200パーセント増えたし，彼女たちの存在によって会社の性格はさまざまに変わってきている。

【解説】第1文の［as we（S）have known（Vt・現完）them（O）］の直前に Corporations

という名詞があることに目をつけるのがポイントである。as 節は corporations を修飾するので，「私たちがこれまで知っている会社」とする。were created (by men) (for men) は，「男性によって男性のために作られた」が直訳である。

第 3 文は however を最初に訳す。文の骨格は以下の通り。

... number ... has increased (by) 200 percent
S Vi

「数は 200 パーセント(だけ)増した」，つまりは「3 倍になった」ということである。working は women を修飾する現在分詞なので，「働く女性」とする。

後半の文の骨格は以下の通り。

... presence is changing ... nature
S Vt O

「(働く女性の)存在が会社の性格を(さまざまに)変えてきている」が直訳である。

99 演習 99 (問題→本冊：p.199)

> To a European, money means power, the freedom to do as he likes, which also means that, consciously or unconsciously, he says: "I want to have as much money as possible myself and others to have as little money as possible."

【全文訳】ヨーロッパ人にとっては，金は力すなわち彼が好きなようにする自由を意味するが，またそれ［力］があれば意識的であれ無意識的であれ，彼は「自分自身はできるだけたくさんの金を手にしたいが，他人にはできるだけ金を手にしてもらいたくない」ということも意味する。

【解説】冒頭の To a European は通常であれば以下のような語順になる。

Money means power (to a European)
S V O

「金はヨーロッパ人にとっては力を意味する」の語順であるが，power にかかわる表現が続くので文頭に置かれた。

the freedom ... は power に対する**同格語句**。**as** は**「ように」の意味の接続詞**なので，形容詞的な to Ⓥ である to do ... likes は，「彼が好きなようにする(自由)」とする。**which** は power を先行詞とする**関係代名詞主格**である。関係詞節の骨格は以下の通り。

which means [that ... he says ; ...]
S Vt O→

that 節内のカンマにはさまれた挿入部分で，**or の前後の語の意味が対立**していることに気がつくのがポイントである。whether he consciously or unconsciously does so とすると節になる（does so は says ... のことである）。

引用符の中は and が結ぶものを考えると，want の目的語は to have ... myself と others to have ... possible であることがわかる（→ 35 課）。I の同格語になっている myself は，副詞的に have を強め，（I want）others to have as little money as possible は「他人にできるだけ少ないお金を手にしてほしい」が直訳である。

100 演習 100 （問題→本冊：p.201）

Unfortunately, there are people who read a lot, but not well. To avoid becoming such a reader, we must consider the difference between learning by instruction and learning by discovery.

【全文訳】残念なことに大いに読書はするが，やり方がへたな人々がいる。こういった読者にならないためには，教わって学ぶのと発見して学ぶのとの違いをよく考えなければならない。

【解説】ポイントは冒頭の Unfortunately という文修飾の副詞である。「残念なことに，遺憾なことに」とする。第 1 文の骨格は there are（V） people（S）であり，**who** は people を先行詞とする**関係代名詞主格**である。but が（not）well と何を結ぶのかは並べてみる。

who but not	read	a lot, well.

a lot と対応する副詞 well「うまく」は動詞を修飾するはずなので，read がそれになる。not =（do）not（read）である。people who ... は「大いに読書はするけれどもうまくは読書しない人々」となる。

第 2 文の to Ⓥ，To avoid ... は目的を示し（→ 62 課），avoid の目的語である **becoming は動名詞**であるから「このような読者になることを避けるために」が直訳である。文の骨格は以下の通り。

we (S) must consider (Vt) ... difference (O) （between ...）

between 以下は difference を修飾し，2 つの by ～は各々直前の動名詞 learning を修飾する。

桐原書店